中国金融安全报告(2014)

东航金融·中央财经大学·复旦大学·第一财经
联合课题组

上海财经大学出版社

图书在版编目(CIP)数据

中国金融安全报告(2014)/东航金融・中央财经大学・复旦大学・第一财经联合课题组著.—上海:上海财经大学出版社,2014.5

ISBN 978-7-5642-1879-9/F・1879

Ⅰ.①中… Ⅱ.①东… Ⅲ.①金融-风险管理-研究报告-中国-2014 Ⅳ.①F832.1

中国版本图书馆 CIP 数据核字(2014)第 077236 号

□ 责任编辑 陈 佶

□ 封面设计 程新忆

□ 版式设计 钱宇辰

□ 责任校对 胡 芸 卓 妍

ZHONGGUO JINRONG ANQUAN BAOGAO(2014)

中 国 金 融 安 全 报 告(2014)

东航金融・中央财经大学・复旦大学・第一财经

联合课题组

上海财经大学出版社出版发行

(上海市武东路 321 号乙 邮编 200434)

网 址:http://www.sufep.com

电子邮箱:webmaster @ sufep.com

全国新华书店经销

上海叶大印务发展有限公司印刷装订

2014 年 5 月第 1 版 2014 年 5 月第 1 次印刷

710mm×960mm 1/16 19.75 印张 293 千字

定价:52.00 元

序

民航业是经济运行的重要血脉，而金融业则是现代经济的血液，两大产业虽然看似分离，但实则扮演着相同的角色　　都是保障国民经济健康运行的基石，而“安全”无疑是经济可持续发展的基本前提。

作为东航集团实施多元化拓展战略的重要金融平台，东航金融凭借良好的专业敏感性与强烈的职业使命感，充分发挥自身专业优势，借助涵盖汇率、利率、内外盘期货与国内外资本市场的全方位的研究平台，对国内、国外金融现状与趋势演变保持密切关注，在金融风险研究与资产管理实践等领域进行了有益尝试，为东航集团实践央企社会责任注入了不可或缺的“金融力量”。

2010 年以来，东航金融开始以《中国金融安全报告》为载体，通过自主编写系列报告的形式，以独立的、个性化的视角，展现他们对金融安全领域的思考、理解与建议。《中国金融安全报告(2014)》是东航金融研究院、中央财经大学、复旦大学以及上海第一财经传媒有限公司研究人员通力合作的结晶。本报告聚焦七大领域：我国银行业不良贷款风险、地方政府债务风险、我国信托业风险、中国保险业对中国金融安全的影响、人口与财富结构变化对金融业发展的影响、美国量化宽松政策逐步退出对中国的影响以及人民币国际化路径选择。

希望《中国金融安全报告（2014）》能够继续发挥桥梁作用，抛砖引玉，吸引更多专业人士、监管部门与更广泛人群的关注，以期汇聚更多力量共同促进中国金融安全体系的构建与完善。

中国东方航空集团公司总经理 刘绍勇

2014 年 4 月 15 日

前言

2010年以来，东航金融开始以《中国金融安全报告》为载体，通过自主编写的系列报告的形式，以独立的、个性化的视角，展现我们对金融安全领域的思考、理解与建议。《中国金融安全报告(2014)》是东航金融、中央财经大学、复旦大学与第一财经研究人员通力合作的结晶，旨在对国内外金融风险现状、趋势演变及各类金融风险隐患保持密切关注，充分发挥自身专业优势，以独立的、个性化的视角，展现我们对金融安全领域的思考、理解与建议。

本报告聚焦七大领域："我国银行业不良贷款风险"、"我国信托业风险"、"人口与财富结构变化对金融业发展的影响"与"人民币国际化路径选择"(第一章、第三章、第五章以及第七章，由中央财经大学中国银行业研究中心郭田勇教授撰写)；"地方政府债务风险"与"美国量化宽松政策逐步退出对中国的影响"(第二章与第六章，由上海第一财经传媒有限公司研究院撰写)；"中国保险业对中国金融安全的影响"(第四章，由复旦大学经济学院保险系陈冬梅副教授撰写)。东航金融研究院负责《中国金融安全报告(2014)》全书的统稿与统筹相关事宜。

希望《中国金融安全报告(2014)》能够继续发挥桥梁作用，抛砖引玉，吸引各界人士参与我们的交流与讨论，以求更有效地检视、规避与化解各类金融风险隐患，增强我国金融体系面对内、外部冲击的防御能力。

东航金融·中央财经大学·复旦大学·第一财经

联合课题组

2014年4月15日

目录

国内篇

第一章

我国银行业不良贷款风险

核心观点

自2011年第四季度以来，在我国经济增速放缓、利率市场化加快推进、互联网金融快速发展等因素的影响下，我国商业银行不良贷款余额和不良贷款率终止“双降”趋势，截至2013年年底，双双保持了持续八个季度的上升。同时，不良贷款的收回率和盘活率下降，导致不良贷款的化解难度加大，信用风险隐患增加，这将对银行业乃至整个金融体系带来严重影响。

本章首先从不良贷款的结构变化、银行类型、行业分布及地域差异等角度阐述我国银行业不良贷款的现状及未来走势。其次，价格泡沫、金融同质化和银行自身积累的金融风险是不良贷款诱发系统性金融风险的关键因素。不良贷款在促使银行业改革创新的同时，也降低了银行的盈利性和流动性，加大了银行体系自身的脆弱性。再次，从利率市场化的历史进程入手，借鉴美国、日本、德国和中国台湾地区在利率市场化过程中采取的步骤及改革经验，对比我国银行业所处的利率市场化阶段，阐述其对我国银行业的短期影响和长期影响。最后，针对国家政府、商业银行与资产管理公司如何有效应对不良贷款，提出了可供借鉴的政策建议。

1.1 我国银行业不良贷款现状与未来走势

1.1.1 我国银行业不良贷款现状

不良贷款是指存在潜在风险的贷款，如借款人不能或有迹象表明不能按原定的贷款协议按时足额偿还商业银行的贷款本金和利息，则该资产形成银行的不良贷款。根据贷款不同的风险程度，我国自 2002 年起将其分为五类：正常、关注、次级、可疑、损失，其中，后三者被认为是不良贷款。

降低不良贷款规模和比率是 21 世纪初商业银行改革的重点，在权衡安全性、盈利性和流动性的前提下，达到尽可能低的不良贷款率是商业银行良好经营效率和效益的表现。此前，我国商业银行不良贷款余额和不良贷款率一直保持着“双降”走向，然而，自 2011 年第四季度以来，商业银行不良贷款“双降”趋势终止，不良贷款余额和不良贷款率开始出现反弹。截至 2013 年，在我国经济增速放缓等因素影响下，中国商业银行不良贷款率和不良贷款余额保持连续八个季度上升，且在不同的地区、行业呈现出不同的特点。这表明，在经济增速下行压力增大的背景下，银行的资产质量也持续承压，信用风险隐患有所增强，银行对信用风险的管理控制亟须进一步加强。

1. 我国商业银行不良贷款继续上升

由表 1—1 和图 1—1 可以看出，2008～2011 年无论是不良贷款余额还是不良贷款率大致呈下降走势，这说明，在这段时间我国不良贷款的状况是在不断改善的。但是，以整个下降趋势为背景来看，从 2011 年开始，不良贷款的情况有恶化的征兆，不良贷款余额和不良贷款率逐渐反弹，这说明不良贷款的收回率和盘活率在下降，不良贷款的化解难度进一步增强。

表 1—1　　2008～2013 年商业银行不良贷款情况

项目＼年份	2008 年	2009 年	2010 年	2011 年	2012 年	2013 年
不良贷款余额（亿元）	5 602.5	4 973.3	4 336.0	4 279.0	4 929.0	5 636.0
次级	2 625.8	2 031.3	1 619.0	1 725.0	2 176.0	2 381.0
可疑	52 406.8	2 314.1	2 052.0	1 883.0	2 122.0	2 504.0
损失	569.8	627.9	664.0	670.0	630.0	750.0
不良贷款率（%）	2.40	1.58	1.10	1.00	0.95	0.97
次级	1.10	0.65	0.40	0.40	0.42	0.41
可疑	1.00	0.74	0.50	0.40	0.41	0.43
损失	0.20	0.20	0.20	0.20	0.12	0.13

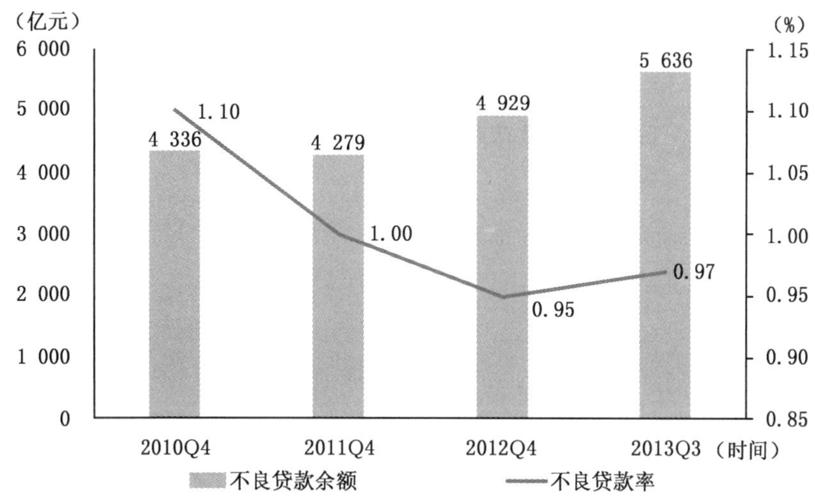

图 1—1　2010～2013 年商业银行不良贷款情况

统计显示，2013 年第一季度末我国银行业的不良贷款余额已达 5 265 亿元，较 2012 年第四季度末的4 929亿元增加 336 亿元，此后两个季度不良贷款余额继续上升，分别达到5 393亿元、5 636亿元，比上年末分别增加 464 亿元、707 亿元。至 2014 年 1 月银监会公布的数据显示，截至 2013 年第三季度末，商业银行不良贷款余额为5 636亿元，已经连续 8 个季度反弹（见图 1—2）；不良贷款率也升至 0.97%，比 2012 年第四季度高出 0.02 个百分点（见图 1—3）。这表明在经济增速下行压力增大的背景下，银行的资产质量也持续承压，信用风险隐患有所增强，银行对信用风险的管理控制亟须进一步加强。

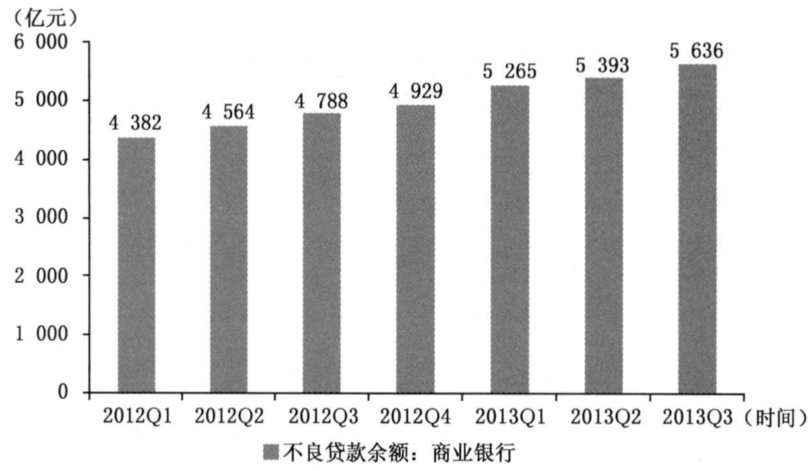

图 1—2　我国商业银行不良贷款余额变动情况（季度）

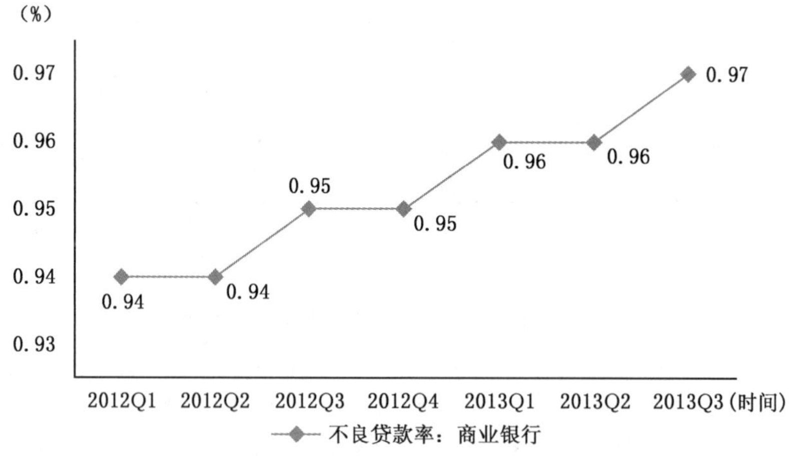

图 1—3　我国商业银行不良贷款率变动情况（季度）

上市银行报告数据也证明如此。报告期内，没有一家上市银行能同时抑制不良余额、不良率增势，而它们中间有 14 家银行不良贷款指标集体“双升”，其中不良贷款率超过银监会 0.96%平均值的有 4 家，最高值为农业银行的 1.25%。

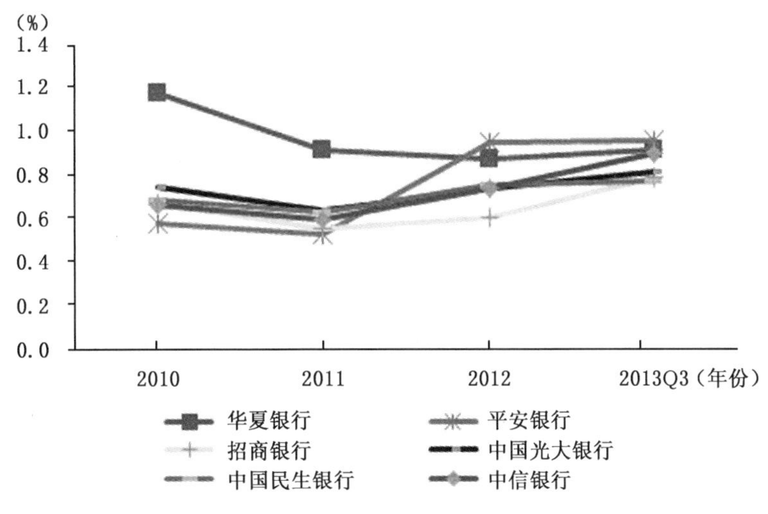

图 1—4　部分上市银行不良贷款率情况

2. 不良贷款结构变化

从不良贷款结构来看，不良贷款余额中，次级类贷款和可疑类贷款上升趋势明显，2013 年第三季度末，次级类贷款已经达到2 381亿元，比 2012 年年末增加 205 亿元；可疑类贷款上升了 382 亿元，达到2 504亿元。相比较而言，损失类贷款上升数量低一些，为 120 亿元，但该增量在损失类贷款的占比却很大，增长了 19%左右(见图 1—5)。然而，各类不良贷款的比例变化表现却并不明显，2013 年第三季度末，次级类贷款比例为 0.41%，下降 0.01 个百分点；可疑贷款比例上升 0.02 个百分点，达到 0.43%；损失类贷款比例上升 0.01 个百分比，为 0.13%(见图 1—6)。

(1)不同类型银行的不良贷款呈现出不同特点

从不良贷款的机构分布来看，除大型商业银行和农村商业银行不良贷款率有所下降外，股份制商业银行、城市商业银行、外资银行在 2013 年的不良

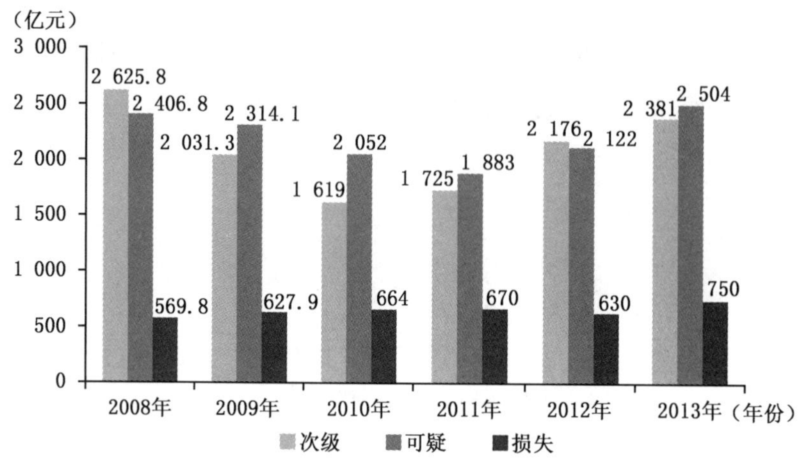

图 1－5　2008～2013 年各类不良贷款余额

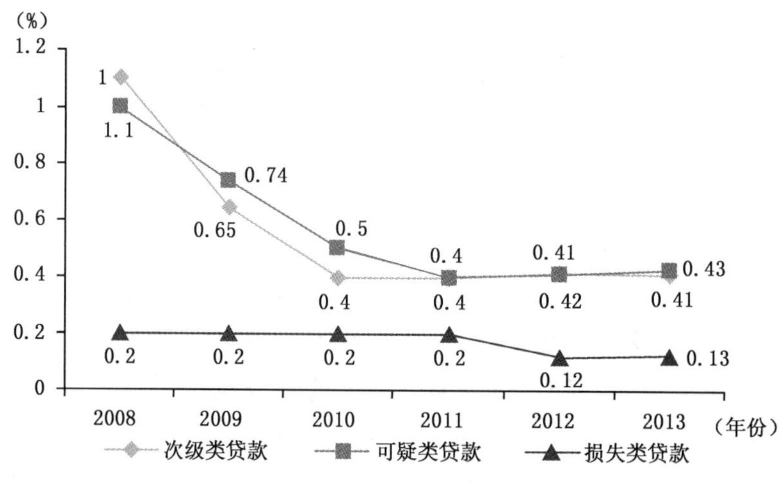

图 1－6　2008～2013 年各类不良贷款率

贷款率均有所上升。大型商业银行不良贷款率从 2012 年第四季度起一直保持在 1%以下；农村商业银行 2013 年不良贷款率较 2012 年年末的 1.76%有所下降，截至 2013 年第三季度末，不良贷款率为 1.62%，是银行业最高的；股份制商业银行不良贷款率由 2012 年年末的 0.72%上升到 0.83%，表明股份制商业银行资产质量出现恶化；城市商业银行不良贷款率上升 0.06 个百分点，外资银行不良贷款率上升 0.05 个百分点。而包括大型商业银行在内的所有类别的银行机构不良贷款余额均有所上升。股份制商业银行不良贷款余额更是突破千亿元，由 2012 年年末的 797 亿元上升到1 026亿元；国有商业银行不良贷款涨幅相对较小，2013 年三个季度增长了 270 亿元；城市商业银行不良贷款余额增长了近 25.5%，由 2012 年年末的 419 亿元增长到 526 亿元；农村商业不良贷款余额由 564 亿元上升到 2013 年第三季度末的 656 亿元，涨幅近 16.3%；外资银行由于贷款规模相对较小，因而其不良贷款额增加也相对较少，2013 年增加了 8 亿元，至 2013 年第三季度末达到 62 亿元，不良贷款率也仅为 0.57%（见表 1—2）。由此可以看出，在不良贷款的控制和管理方面，各类银行的能力良莠不齐，其中大型商业银行和外资银行较好，而股份制银行、城市商业银行和农村商业银行由于自身存在的结构和管理等原因，其不良贷款的控制和管理问题较为突出，风险控制能力亟须进一步加强。

表 1—2　　我国不同类型商业银行不良贷款额

银行类型／年份	国有商业银行	股份制商业银行	城市商业银行	农村商业银行	外资银行
2010	3 125	566	326	271	49
2011	2 996	563	339	341	40
2012	3 095	797	419	564	54
2013Q3	3 365	1 026	526	656	62

（2）不良贷款行业分布情况

从行业上看，我国商业银行不良贷款增加呈“区域集聚、行业集群”的特点。批发零售业和钢贸、光伏、造船等产能过剩行业，是银行不良贷款增长的高发行业，与 2013 年不良贷款增加密切相关。房地产、政府融资平台贷款情况总体较好，不过，房地产和平台贷款将是决定中长期资产质量走势的关键因素，不可忽视。

从上市银行的报告来看，有 10 家披露了不良贷款的行业分布情况，而批发和零售业、制造业仍旧是不良贷款最为集中的行业。除此之外，一些信贷投放较小的行业也暴露了较大风险，如居民服务、修理和其他服务业、信息传输、软件和信息技术服务业不良贷款集中程度较高。相反，建筑、房地产、交运类行业不良贷款额却出现下降。

对于上述行业不良贷款上升的原因，我们认为经济结构调整、产业升级、外向型企业需求下降、成本上升是主要原因。值得注意的是，随着利率市场化的推进，资产质量恶化的可能性增强，未来银行业将加强对发放贷款的风控，关注新增贷款投向，进一步加大不良贷款清收、处置和转化。

(3)不良贷款地域分布特点

银联信报告显示，从不良贷款分布地区看，2013 年新增不良贷款仍主要集中于东部沿海地区，主要是长三角地区。区域性风险暴露集中，其中浙江、江苏、上海上半年不良率分别上升 76、23 和 13 个基点，这三个地区出口企业较为密集、民间借贷较为活跃，受经济下行影响突出，出口乏力、民间信用体系崩溃，信用风险暴露明显。除了传统经济发达地区外，东北地区、中部地区资产质量也出现恶化之势，工行上半年不良贷款集中度最高的分别是中部地区和东北地区，分别高达 1.06%和 0.99%；此外，农行、招行和中信银行东北地区和中部地区 2013 年上半年不良贷款率双升，其中农行和中信银行东北地区不良贷款率分别高达 1.92%和 1.54%。值得欣慰的是，不良贷款问题最为突出的温州地区不良贷款率为 3.92%，而同期温州地区新增贷款量并未明显上升，温州地区的不良贷款率水平可能已接近稳定状态。

1.1.2 商业银行不良贷款上升原因分析

2013 年，受需求不足、产能过剩和效益下滑等因素影响，我国经济增速有所放缓，由此引发的对银行资产滞性效应，使得我国银行业资产质量受影响日益明显，多家银行不良贷款余额、比例出现“双升”。不良贷款上升主要有如下几大原因：

1. 经济转型、周期性波动是不良贷款上升的重要原因

金融机构资产质量存在顺周期性，随着我国宏观经济增长中枢下移，商业银行资产质量劣变的风险明显增加。当前，我国经济依然处于下行期间，中小企业经营困难，导致还款困难。2011 年中国经济从高点回落，GDP 增速逐季降低。2008 年年底出台的 4 万亿投资计划已开始显现出刺激乏力，政策

出台初期资本急速扩张拉动经济高速发展，后期逐步退出甚至负增长则拖动经济下滑。2012 年基础建设投资大幅下降使钢铁、水泥等产业增长放缓。2013 年房地产调控的力度仍旧不减，也使房地产相关产业受到影响，直接推动我国商业银行不良贷款的增加。

更重要的是，2013 年，我国经济转型进入攻坚时期，对银行业资产质量也形成一定冲击：一是产业结构转型冲击。旧产业结构向新产业结构变迁，也是增加值逐渐转移的过程。投向旧产业结构的信贷资金已经形成了实物沉淀，难以与增加值同步实现顺利转移，从而威胁到存量信贷资金的质量。二是经济增长动力冲击。最近几年宏观经济增长动力对投资驱动依赖较大，金融在资金投向上具备一定主导权。当经济动力更多依靠消费驱动时，将面临资金投向难题。未来直接融资比重上升，信贷增长放缓，商业银行不良贷款率上升压力将逐步显现。三是微观层面企业经营失败冲击。无论是存量贷款支持的企业，还是增量资金支持的新兴企业，在经济转型过程中，更容易遭遇市场的突变，经营失败的可能性明显增加，从而对银行资产质量形成巨大挑战。

2. 银行自身信贷风险管理水平有待提升

除了外部宏观经济影响外，商业银行自身信贷风险管理也对银行不良贷款的上升产生一定影响。

之前几年我国经济持续快速增长，部分风险偏好较强的银行同部分企业一样存在一定程度的盲目扩张。为抢占市场，不乏有银行忽视信贷基本原则，放松了必要的风险管理，过多地将贷款投放到一些产能过剩领域、房地产领域，以及一些主要依赖低成本、低价格和数量扩张的中低档出口领域，造成贷款集中问题。如光伏行业，前几年快速发展时期，由于政府的倡导和支持，包括国开行、工行、中行、农行等各大银行纷纷介入光伏产业，大量的投资导致产能过剩。2013 年经济发生波动，市场需求回落，成本上升，这些领域受到国际经济危机和国内经济调整的冲击较大，企业现金流发生断裂，贷款在期初隐含的信贷风险成为现实，导致银行资产质量恶化，不良贷款余额显著上升。

此外，银行的风险识别和业务操作问题同样导致不良贷款出现。如针对钢贸行业，商业银行风险控制和风险缓释机制存在一些缺陷。银行业对钢贸行业普遍采取联保、互保的风险缓释模式，这种担保贷款模式在行业持续低迷的背景下，会造成钢贸企业经营风险趋同，反而加速了风险的蔓延，并可能扩散到担保、典当、上游钢厂等其他行业，引致风险的集中爆发。

1.1.3 我国银行业不良贷款未来走势

2013年，受经济增速放缓等因素的影响，商业银行的不良贷款延续了余额和占比小幅上升的趋势，总体呈现不良贷款较快增长、拨备覆盖小幅下降的态势。同时，各家银行新生成不良贷款呈现出的主要特征基本一致：从企业规模看，以中、小企业为主；从行业维度看，主要集中于制造业中的光伏、造船、钢铁等产能过剩较为严重的子行业和批发零售行业中的钢贸行业，房地产市场的良性运行和融资渠道的进一步拓宽，使房地产和融资平台贷款质量走势相对稳健；从地域分布看，则主要集中在长三角，特别是浙江、江苏以及福建地区。这说明，银行不良贷款余额和不良贷款率的“双升”更多是受宏观经济下行、区域信用风险集中爆发等系统性风险的影响，而非某一家或几家信用风险管理能力孱弱使然。

银行业不良贷款大幅上升与宏观经济结构失衡、产能过剩、增速下滑的基本面密切相关，而银行风控漏洞、过度授信、民间借贷也起了助推作用。2014年，中国仍将经历经济结构调整和转型升级，经济整体或呈现波动，不良率波动是大概率事件，风险点可能表现于个别产能过剩的行业，如钢贸、造船、光伏及房地产，不良贷款的上升趋势可能还将持续，银行风险管理水平将承受进一步考验。不过与国际同业相比，中国银行业不良率仍然很低，且集中在局部地区、局部行业，资产质量不会有大的恶化。从目前的情况来看，我国银行业仍有充足的拨备和较强的盈利能力来应对和消化不良贷款，因此，银行业整体资产质量风险仍然可控。

1.2 我国银行业不良贷款对金融体系的冲击

银行资产负债中“短存长贷”的期限错配特点，使得资金流动性对于银行的运营具有非常关键的意义。一旦贷款无法按期收回而转化为不良资产，其低收益、低流动性和加速贬值的特性势必影响银行资金的流动性。不良贷款不能及时消化而在银行内过度积聚，则将导致银行资产负债结构的恶化。市场主体不愿再向银行出借款项，银行没有足够的流动资金开展业务，进而不能及时支付存款时，就有可能招致存款人的挤兑和倒闭。基于金融机构之间的业务关联以及市场主体面临银行危机时的信心打击，个别银行倒闭往往会产生风险传递效应，威胁到整个金融体系的稳健运行，甚至对宏观经济带来冲击。

银行不良资产不仅会影响银行功能的正常发挥，威胁整个金融体系的安全，同时，不良资产的存在和增加，又通过银行与企业放大，作用于整个国民经济，破坏国民经济的健康发展。因此，忽视银行不良资产将会酿成巨大灾难。

1.2.1 不良贷款产生风险的原因

系统性金融风险指的是整个金融体系崩溃或丧失功能的或然性。与单个金融机构风险或个体风险相比，它具有复杂性、突发性、传染快、波及广、危害大这五个基本特征。在当前美国金融危机以及欧债危机爆发的系统性影响之下，有必要对不良贷款导致系统性金融风险的机制进行研究。

第一，从导致不良贷款的原因来看，价格泡沫是诱发系统性金融风险的典型特征。在金融危机之后，国家为了刺激经济，加大投资并扩大信贷供给，一度导致经济过热，其中最显著的是房地产价格的急剧上升和物价的大幅度上涨。目前，我国购房者的月供占收入比、房屋空置率、房价收入比等均超出国际警戒线。随着国家严厉调控房地产政策的频出，房地产信贷风险不容忽视。同时，通货膨胀对金融系统性风险的影响也是多元和复杂的。价格上涨会直接导致劳动力成本和原材料成本大幅上涨，再加上“价格粘性”的原因，使得企业无法及时转嫁生产成本，处境困难。其次在通货膨胀和利率没有完全放开的背景条件下，存款资金回报率相对降低，引发“存款搬家”现象，易引发资产泡沫。为追求利润，在可贷资金减少的情况下，银行可能采取冒险性的经营活动，加剧风险。从银行方面来看，过度追求利差和内部风险控制的不完善，使道德风险扩大，产生更多不良贷款。

第二，金融的同质化会加剧系统性金融风险。就金融系统整体而言，金融的同质化风险是众多不同的市场微观主体基于同一制度规则要求、相同或相近的思维模式或认知模型预期而采取相同或类似的行为，这类行为的作用力方向基本一致，不能彼此抵消，形成金融系统内部的正“反馈环”，强化了放大作用。在正的一面会催化金融泡沫膨胀，在负的一面会加剧金融危机冲击的恶性循环，两方面都使系统缺乏收敛性，不利于保持金融稳定。目前我国存在四种金融同质化风险：(1)采用公允价值计量的会计准则取代历史成本计量时所存在的差异性，加剧了市场波动。(2)监管部门设定某些规则要求也会导致金融的同质化风险，如评级机构。大多数金融机构普遍采用相同或类似的计算机模型，导致了同质化风险。(3)金融机构的公司治理机制失效，金融高管的薪酬激励发生扭曲，这导致了追逐短期利益的冒险行为普遍化。(4)在评级市场高度垄断的情况下，金融系统在投资决策和风险管理时高度依赖外部信用评级，主要评级机构的行为失当会导致和加剧同质化风险。

第三，银行系统自身长期积累起来的金融风险。这种积累性金融风险的一个最明显和最突出的外部表现特征是我国银行系统长期积累起来的大量不良资产，并已成为我国银行体系改革与发展的一大历史包袱和棘手难题。从近几年来看，银行的不良贷款率有了显著的下降，尤其在2008年年底以后。但是实际不良资产仍然存在，只是部分转移到资产管理公司或者由政府处理。同时，历史经验也表明，每轮宏观调控后都是银行体系不良贷款比率上升的高峰期，由于CPI指数的不断攀高，近几年央行实施从紧的货币政策，货币紧缩政策及信贷规模控制的严格到位，以及投资、出口乃至整个GDP增长将逐步降温等因素，有可能导致不良贷款出现反弹。实际上，信用风险与系统性风险之间并没有完全的界限，而是有一个灰色地带，一旦信用风险无法控制，就会产生一系列系统性金融风险，美国的金融危机就是一个最好的例子。同时，金融体系的传导性会影响金融的稳定性，是银行倒闭乃至引发危机的主要原因。

另一方面，不良贷款的增加所引起的银行体系脆弱性的加剧会产生一定的经济效应，伴随其发生最明显的便是通货膨胀效应。商业银行不良贷款增加可以引发通货膨胀，主要有两条途径。其一是以银行为中介的形成途径。由于银行不良贷款比重越大，资本充足率就越低，应付意外事件冲击的能力越弱，发生金融波动的概率越大。为改变这种状况，各个银行都运用各种办法提高存款量，包括公开或变相地提高利率，这样就使得银行体系资金成本上升。这时为弥补资金成本的上升，就会盲目授信以赚取存贷差，导致贷款风险加大，如不加以控制而盲目地授信，就会使不良贷款比重加大，银行体系脆弱性加剧。这时，商业银行为保证金融系统的稳定性，会采取行动降低银行危机产生的概率，为解决不良贷款导致的流动性问题，商业银行需要增加基础货币投放量。投放量越多，平均通货膨胀水平则越高。其二是以企业为中介的形成途径。以企业为中介的形成途径建立在三种假设条件上：(1)企业都是有不良贷款的企业；(2)企业的融资方式仅为贷款；(3)不存在国际资本流动。在这个过程中，由于企业经营状况恶化，所生产的产品滞销、积压，企业无力偿还银行贷款，所积压的产品以银行不良贷款的形式发生，银行脆弱性增加。与此同时，由于产品积压，市场流通产品必将减少，同时银行的流通货币持续膨胀，导致物价上升。随着上述过程不断循环，流通中的货币持续膨胀，银行不良贷款不断增加，可流通物品不断减少，物价不断攀升。

1.2.2 不良贷款对银行功能的冲击

银行的金融安全主要由银行的经营效率所反映，在所有因素中，不良贷款反映银行的经营效率，进而又影响银行的盈利性和流动性。当银行的大量资金被确认为不良资产时，盈利水平降低，流动性危机就发生，进而促使银行进行改革创新。

1. 不良贷款降低银行盈利水平

不良资产会直接影响银行的收益能力，削弱银行实力。不良资产是银行贷款本息不能按期足额收回甚至无法收回的资产，有多少不良资产，就会相应减少一定比例的银行收入，不良资产与银行收入负相关；而不良资产比率增加，并不减少银行总资产规模，银行经营成本将有增无减。因此，不良资产的大量积聚，将使得银行收益能力大大降低，甚至导致银行亏损。

在会计核算上，计提贷款损失准备要相应地增加资产减值损失，而资产减值损失是冲减当期损益的，所以，不良贷款增加得越多，对当期利润的负影响就越大，不良贷款增加使银行利润持续减少将最终威胁银行的生存能力。

2. 不良贷款降低银行流动性

利润和流动性下降最终将影响银行的偿付能力。当银行面临巨大的不良贷款，出现流动性危机时，银行就没有足够的资金偿付客户的存款。为避免银行危机的蔓延，构建金融安全网，中央银行充当了最后贷款人的角色，满足银行的偿付需求。

当宏观经济形势不景气，企业利润增速放缓甚至出现亏损时，银行就会紧缩银根、提高利率，靠借入流动性资金维持经营的企业将难以为继。一旦资不抵债，必将引起违约破产，将给银行造成大量的不良资产；而银行不良资产的增加，会使银行面临流动性危机，如果发生挤兑，将使银行破产，危害金融稳定。

如果危机首先从中小银行开始，中小银行主要服务于中小企业，调整能力有限且受危机影响大，同时中小企业自身生命周期短，产生不良贷款的可能性大。大银行的大型客户占比高，这些企业财务能力雄厚，公司治理和内部管理比较规范，经营能力相对稳定，同时能得到更多的政府支持，自身具有较强的抗风险能力。

3. 不良贷款促进银行业深化改革

近十年来，我国不良贷款问题一直是经济工作的重点，为了防范和化解金融风险、盘活不良资产、提高国有商业银行的市场竞争力，同时也是为了适应利率市场化发展要求，我国通过进行银行体系改革的方式处理不良贷款问题。这轮改革，巧妙地以外汇储备为资源，通过不良资产剥离、海内外上市等方式，基本解决了国有商业银行资本金不足和不良贷款占比过高的问题，以资本市场为手段，实现了长期约束商业银行以达到经营规范化、透明化的目的。虽然我国现阶段基本摆脱了不良贷款困扰，但是银行不良贷款是长期存在的，并需要银行自身和监管当局时刻关注。因此，随着我国利率市场化不断发展，人民币国际化进程加深，银行业不良贷款问题的存在仍将继续促进国家深化银行业改革，进一步完善银行业经营体系。

具体而言，如何深化银行业改革，直接与银行不良贷款的化解程度息相关。一方面，银行改革的进程不可过快，现阶段银行体系的脆弱性，决定了国内银行暂时无法承受完全利率市场化及外资银行全面进入的冲击。另一方面，尽管存在“大而不倒”的现象，但是中国银行业不可能长期得到政府保护，尤其是国有大型股份制商业银行。随着存款保险制度的出台与完善，越来越多的银行要认真考虑不良贷款消解政策与银行改革两者间的搭配关系。

1.2.3 不良贷款加大银行体系自身的脆弱性

银行不良贷款是产生银行体系脆弱性的主要原因，大量不良资产对银行和经济有着重要影响。大量积聚的不良资产，成为银行经营与发展的沉重负担，影响银行功能的正常发挥，威胁整个银行体系的安全。在我国，银行是金融体系的核心，银行体系的脆弱可以代表中国金融体系的脆弱，而不良贷款率的高低直接影响银行体系脆弱性的高低。不良贷款的增多使得银行信贷风险逐渐加大，当银行信贷风险积聚到一定程度时，银行脆弱性就会形成，在受到外部冲击后，极易产生银行挤兑。若政府、监管部门、银行本身处理不当，就会发生银行危机，影响银行业乃至整个金融系统的稳定性。

首先，从实际的经济基础情况分析，中央银行充当最后贷款人角色，在银行出现危机时刻，为了解决不良贷款，向危机银行注资，这种信用救助有助于防止流动性危机的扩散和风险的蔓延，起到消除存款人及其他债权人的恐慌心理以及稳定金融市场的作用。但是这种信用救助较少使用市场化的手段，如兼并、重组等，被救助银行恢复经营能力不多，相反，大量的注资进而增加货币供应量，导致通货膨胀、货币贬值，加重了银行体系脆弱性。同时，为解决不良贷款，利用财政帮助危机银行虽然可以实现分担救助成本，但有可能造成财政赤字，如果财政赤字货币化，即财政赤字通过政府发行债券来弥补，并且购买主体为央行，那么该种发行债券融资方式与直接向央行透支的结果是一样的，都会引起货币供给量的多倍扩张，同样会导致通货膨胀、货币贬值，加重银行体系脆弱性。这也是保罗·克鲁格曼(Paul Krugman)所称的第一代货币危机。

其二，银行业以资金为经营内容，但是自有资金占全部资金的比重一般较小，绝大部分营运资金都来自于存款和借入资金，银行业的特殊地位决定了社会公众与银行的关系是一种依附型、紧密型的债权债务关系。若公众预期银行不良贷款增加，并发现银行有经营不善迹象、无偿债能力，就会导致客户大量挤兑存款，引发银行倒闭。若是流动性原因，如在短期内难以支付客户提取存款和偿还到期债务，而非银行经营不善，即使只有轻度的、不影响银行稳健性的不良贷款，由于公众掌握的信息通常是不完全、不充分的，在有关资金的使用和其他投资信息方面公众与银行处于不对称状态，这会使公众对自己掌握的信息缺乏信心，使其行为具有盲目随从的性质，迫使他们去效仿另外一些可能掌握更多信息的投资者的做法，于是便形成"羊群效应"，就会产生投机性的银行挤兑，加重银行体系脆弱性。这种情况类似于以奥伯斯菲尔德为主的经济学家所称的第二代货币危机。

其三，如果由政府或中央银行充当最后贷款人，存贷款都受能到保险，则易产生道德风险。政府为银行提供的信用担保成为了银行的软预算支持体。企业经营状况好，银行自然不用担心其还款能力；若出现违约，导致的损失由政府承担。由于银行偏向道德风险，导致不良贷款过度增长，银行体系脆弱性加剧。这就是克鲁格曼所称的第三代货币危机。

最后，若经济环境呈现开放式，由于资产价格变动使银行不良贷款增加，使银行体系本身更加脆弱，则易产生克鲁格曼所称的第四代金融危机。

总之，银行不良资产与银行脆弱性间的关系紧密，根据 Brenda Gonzales-Hermosillo 对金融脆弱性的研究：银行体系的脆弱度＝（不良贷款－资本－贷款准备金）/总资产。由此可见，不良贷款的增加必然会引起银行体系脆弱性加剧，二者呈正相关。无论从不良贷款成因与银行脆弱性表现综合分析来看，还是从四代金融危机模型来看，不良贷款对我国银行体系脆弱性影响主要基于以下三方面：一是宏观经济环境的变动。包括经济周期引发的不良贷款变动以及宏观经济政策的变化都加剧了不良贷款对银行体系脆弱性的影响程度。二是由于企业的信用风险和公众的储蓄偏好加剧了不良贷款对银行体系脆弱性的影响程度，企业与银行的委托代理关系使得企业为保证自身利益而产生道德风险，而公众的储蓄偏好助长了国有银行不良贷款的滋生。三是政府监管不利，保守监管、隐性担保也会加剧不良贷款对银行体系脆弱性的影响程度。

综上所述，不良贷款对我国银行体系脆弱性影响可以表现为两个方面：一方面，不良贷款的增加所引起的银行体系脆弱性加剧，直接表现为银行挤兑、金融机构倒闭以及小规模的银行救助。这类金融机构风险事件发生频率的增加势必会引起社会动荡和公众心理恐慌，如不加以控制，便会最终酿成银行危机，影响国民经济发展。表1—3罗列了1992～2013年中国银行体系由于不良贷款导致的各类金融机构的风险事件，从中可以看出，政府所采取的政策多数都是为了降低不良贷款以保证银行体系的稳定性。1998年、2003年、2005年国家纷纷向国有银行注资，目的在于提高流动性和盈利性来弥补不良贷款给银行带来的损失。2008年我国受到了美国次贷危机的波及，国民经济下滑，出现流动性萎缩，国家实施适度宽松的货币政策，为在短期内扭转我国经济增速下滑趋势并实现回升提供了强有力的货币信贷支持。然而，随着信贷规模的扩张，尽管银行业不良贷款继续实现"双降"，但在不良贷款数据"双降"的背后，信贷高增长下的风险隐患也在不断集聚。在经济增长和资产价格上涨的过程中，信贷风险可能被掩盖起来，而如果产能过剩和资产价格下跌，信贷风险就会暴露出来。而随着信贷规模的扩张，不良贷款就会随之增加，那么不良贷款对银行体系脆弱性的影响程度更会加剧。

表1—3　　我国银行体系不良贷款导致的风险事件

年　份	事　件
1992～1994年	各信托投资、财务公司等大量违规经营，产生大量坏账。
1998年6月	海南发展银行出现挤兑，被央行关闭。
1998年	威海市商业银行等42家存款机构被关闭。
1998年	发行2 700亿元特别国债对国有商业银行注资。
1999～2000年	四家资产管理公司相继成立，剥离四大行1.4万亿元不良资产。
2003年	国家动用150亿美元，通过中央汇金公司对建设银行和中国银行注资。
2005年	国家再次动用150亿美元，通过中央汇金公司对工商银行注资。
2007年	政府采取从紧的货币政策，经济降温，银行不良贷款增加。
2008年9月	受美国次贷危机影响，中国银行业受到不同程度损失。

续表

年　份	事　件
2008 年年末	银行业贷款结构中房地产不良贷款风险大大提高。
2009 年	中国银行业信贷总额超预期近 2 倍，信贷风险加剧。
2013 年	银行业不良贷款余额 8 年来首次出现反弹，地域主要集中在长三角地区，行业主要是光伏、钢铁、水泥等产能过剩行业。

1.3　利率市场化对我国银行业的影响

以 1996 年我国放开同业拆借市场利率为标志，我国利率市场化改革已走过了十多年的历程。目前，除存款利率外，绝大部分利率已经放开，利率市场化改革已处在最后的攻坚阶段。下一步推进利率市场化改革关键在于评估利率市场化对金融运行的影响，这种影响主要来自利率市场化的风险因素。以下通过梳理归纳一些国家和地区利率市场化过程中金融运行的变化情况，分析研究我国放开存款利率对银行业可能产生的影响。

1.3.1　主要国家或地区利率市场化的措施及经验

1. 美国（1970～1986 年）

美国的利率市场化改革是典型的市场导向型。从 1970 年开始推行利率市场化，到 1986 年完成，历时 16 年。改革的方式为逐步放开存贷款利率上下限，采取的次序为：先大额后小额，先长期后短期。美国利率市场化改革的核心在于存款利率的市场化，于 20 世纪 70 年代逐渐放开了大额存单利率，80 年代通过立法加快了改革进程并最终完成改革。

表 1—4　　美国利率市场化进程

年　份	主要进程安排
1970 年	放开 10 万元以上、3 个月以内短期定期存款和 10 万美元以上、90 天内大额可转让存单利率。
1973 年	放开所有大额短期存单利率取消 1 000 万美元以上、5 年以上的定期存款利率上限。

续表

年　份	主要进程安排
1978 年	允许存款机构开设 1 万美元以上、6 个月的货币市场存款账户。
1980 年	通过《存款机构放松管制与货币管制法》，承诺分阶段取消 Q 条例；准许所有金融机构开设 NOW 账户业务。
1981 年	允许商业银行开设支付利息的储蓄账户。
1982 年	5 月，准许存款机构引入短期货币市场存款账户（91 天期限、7 500 美元以上），并放松对 3.5 年期限以上的定期存款的利率管制；12 月，允许存款机构开设 2 500 美元以上、90 天的货币市场存款账户。
1983 年	1 月，允许存款机构引入超级可转让提款通知书账户；10 月，取消所有定期存款利率上限。
1986 年	取消 NOW 账户利率上限，取消存折账户利率下限，利率市场化改革完成。

2. 日本（1977～1994 年）

到了 20 世纪 70 年代后期，日本经济进入低速增长时期。为了促进经济增长，日本政府开始大量发行国债，由此引入了市场化的发债机制。因此，日本利率市场化改革是以国债利率自由化为突破口展开的。

日本的利率市场化正式改革是从 1984 年到 1994 年，采取了先国债利率、后其他品种的利率；先在银行间实行市场利率、后在存贷利率中实行；先长期资金市场利率、后短期资金市场利率；先大额存款利率、后小额存款利率的步骤。

表 1—5　　日本利率市场化进程

年　份	主要进程安排
1977 年	日本政府批准国债自由上市流通。
1978 年	日本大藏省首次以公募招标方式来发行中期国债，由此促成了国债发行和交易的利率自由化。
1979 年	允许银行间拆借利率弹性化和票据买卖价格部分自由化，推出以自由利率发行的大额可转让存单（CD）。
1980 年	对非居民日元存款和居民外币存款取消限制。
1983 年	实现了短期货币市场拆借利率、票据利率的完全自由化。

续表

年　份	主要进程安排
1985 年	推出了与市场利率挂钩型存款账户（MMC）。
1993 年	逐步放开定期存款利率。
1994 年	取消除活期存款外的所有存款的利率管制； 实现流动性存款利率自由化，完成了利率自由化改革。

3. 德国（1962～1967 年）

德国的利率市场化进程相比其他欧美国家来说是非常激进的。其在 1962～1967 年短短 6 年时间里就通过逐步缩小利率限制实现了利率市场化。德国之所以能够如此迅速地推行利率市场化的改革，得益于两个方面的原因：一是德国的中央银行独立性很高，可以执行稳健的货币政策；二是德国的金融机构业务领域比较宽松，被称为“全能型银行”。由于业务领域的综合性强，全能型银行对于利率的改革承受能力较强。基于此，德国才敢于快速地推进利率市场化过程。

表 1—6　　德国利率市场化进程

年　份	主要进程安排
1953 年	《资本交易法》取消债券市场利率限制。
1965 年	《利率调整法令》解除了对 2.5 年以上的定期存款利率的管制。
1966 年	对超过 100 万马克、期限在 3.5 个月以上的大额存款利率取消限制。
1967 年	4 月全面放松利率管制。

4. 中国台湾（1975～1989 年）

自 1975 年起，中国台湾启动了利率市场化的进程，在经过了 5 年的起步准备之后，首先从法律上突破了存款利率必须由金融当局直接管制的规定，再经过 9 年的逐步放宽，到 1989 年最终实现由市场决定利率。

表 1—7 中国台湾利率市场化进程

年　份	主要进程安排
1975 年	新《银行法》允许存款利率在最高限内自由浮动。
1976 年	开始推行货币市场利率自由化。
1980 年	银行公会代替“中央银行”决定放款利率的上下限，银行自行决定票据贴现、金融债券等利率。
1985 年	建立基本放款制度，逐步扩大放款利率上下限。
1986 年	将 13 种最高存款利率简化为 4 种存款利率，其他各种存款利率由银行自行决定。
1987 年	进一步扩大银行利率放款幅度，将短期放款上、下限幅度扩大为 4%，中长期放款上、下限幅度扩大为 4.25%。
1989 年	新《银行法》出台，各金融机构可视市场资金供求自行制定存贷款利率，真正实现利率自由化。

5. 四个国家和地区的利率市场化改革的经验

(1)缓慢推进是利率自由化的合理过程

将四个国家和地区的改革时间归纳如下，由表 1—8 可见，虽然从正式改革花费的时间来看，除了日本，其他国家和地区的都比较短，但不容忽视的是，改革速度的快慢与前期利率市场化管制的程度相关。美国对其贷款利率的管制相对宽松，因此对利率市场化的前期即实现了对贷款利率的放开，存款利率的自由化则经历了相当缓慢的过程。

从时间跨度来看，各国利率市场化最大的特点就是渐进式的市场化改革。国际上，日本的利率市场化改革用了将近 17 年，美国用了 16 年，中国台湾和德国的利率市场化都用了 14 年，以上四个国家和地区的利率市场化进程都经历了比较长的时间，在正式推进利率市场化之前也进行了较长时间的铺垫。

表 1—8 四个国家和地区的利率市场化进程

国家/地区	先期举措开始时间	正式改革	正式完成改革	时间跨度
美国	1970 年	1980 年	1986 年	6/16
日本	1977 年	1985 年	1994 年	9/17

续表

国家/地区	先期举措开始时间	正式改革	正式完成改革	时间跨度
德国	1953 年	1962 年	1967 年	6/14
中国台湾	1975 年	1985 年	1989 年	4/14

(2)突破口的选择和步骤安排是改革成败的关键

在放松利率管制过程中,寻找合适的突破口非常关键。一般来说,这种突破口工具应具有联结自由市场利率和管制利率的功能。美国金融界找到的突破工具是大额可转让定期存单(CDs)的发行与交易,而日本以国债的发行利率和交易利率市场化为突破口成功地实现了利率市场化。

突破口找到之后,合理的步骤安排也至关重要:从世界上一些国家和地区利率市场化改革的进程来看,可以发现成功地推进利率市场化的,在步骤安排上有不少相似点:它们基本上都是先放开银行同业拆借利率和国债利率,再过渡到贷款利率,最后才放开存款利率。而且往往从长期利率、大额交易开始放开,逐步过渡到短期利率、小额交易。从我国利率市场化改革的进程来看,我国选择了以外币利率市场化作为我国利率市场化的突破口,这是因为较之本币利率的市场化,外币利率的市场化涉及面相对较小。

(3)稳定的宏观环境和健全的微观主体是利率自由化的重要条件

从利率市场化改革的进程中,宏、微观环境对于改革的效果有着重要的影响。以上四个国家和地区在利率市场化过程中表现出来的一个共有的特点是:改革中宏微观环境有很好的铺垫。宏观上看,经济发展稳定、金融市场发达、市场退出机制健全、法律制度完善、货币当局有很好的政策执行力;微观上看,银行体系内部风险管理水平较高,金融工具种类齐全,有合理的规避风险的产品和工具。

德国的利率市场化改革中监管当局强有力的政策指引和货币政策的独立性起到了非常重要的作用。德国的利率市场化改革仅经历了 6 年的时间,但很成功,其中严格的金融监管和政策实施对改革的成功起到了保证作用。

(4)成熟的金融市场是利率自由化的必要前提

金融市场是联系各个市场的纽带,利率处于价格体系的核心主导地位。

没有一个发达、健全的金融市场，就难以建立成熟的市场体系；没有整个价格体系的自由化，也就难以实现利率的自由化。之所以美国、日本等国家和中国台湾地区的利率自由化改革会成功，就是因为它们都有成熟金融市场的依托。

(5)金融创新利率自由化的重要推动力

在美国和日本的利率市场化过程中，都伴随着金融产品的创新。利率市场化和金融创新是互为因果、相互促进的关系。美日两国的利率市场化可以说是以创新开始、进行和完成的，创新伴随着利率市场化的每一步发展。美国发行的大额可转让定期存单标志着美国利率市场化的开始，实际上它所代表的意义是区别于传统金融产品受制于法规限制而产生的突破性产品。

(6)健全的金融监管是改革平稳进行的保证

从管制利率到市场利率，不可避免地要引起社会经济运行的一些波动。为保证这一转变顺利进行，必须要有一套健全的金融监管体系。这对利率放开后的金融体系成功地发挥作用非常重要。监管体系健全的最大好处是它可以弥补改革政策设计中的不足，缓和短期内释放的冲击波，保证改革能按既定的方向进行下去。上述国家和地区利率自由化的实践过程中，健全的金融监督在改革中发挥着关键作用。利率放开后，引起社会震动小的国家和地区都具备良好的金融监管能力；与此相反，放松利率管制后出现利率大幅上升甚至金融危机的，大多未建立起有效的监管。

1.3.2 我国利率市场化改革历程回顾

我国利率市场化改革始于 1996 年，采取渐进式的总体改革思路：先外币，后本币；先贷款，后存款；先长期，后短期；先大额，后小额。目前，我国货币市场、债券市场和境内外币存贷款的利率已基本实现市场化。2013 年 7 月 20 日，央行进一步推进利率市场化改革，全面放开金融机构贷款利率管制，取消金融机构贷款利率 0.7 倍的下限，由金融机构根据商业原则自主确定贷款利率水平，并取消票据贴现利率管制，改变贴现利率在再贴现利率基础上加点确定的方式，由金融机构自主确定(见表 1—9)。

表 1—9　　我国人民币存贷款利率市场化进程

时　间	主要进程安排
1987 年 1 月	以国家规定的流动资金贷款利率为基准上浮贷款利率，浮动幅度最高不超过 20%。
1996 年 5 月	贷款利率的上浮幅度由 20%缩小为 10%，下浮仍为 10%，浮动范围仅限于流动资金贷款。
1998 年 10 月	对小企业的贷款利率最高上浮幅度由 10%扩大到 20%；农村信用社贷款利率最高上浮幅度由 40%扩大到 50%。
1999 年 4 月	贷款利率浮动幅度再次扩大，县以下金融机构发放贷款的利率最高可上浮 30%。
1999 年 9 月	商业银行对中小企业的贷款利率最高上浮幅度扩大为 30%，对大型企业的贷款利率最高上浮幅度仍为 10%，贷款利率下浮幅度为 10%。
1999 年 10 月	中国人民银行批准中资商业银行法人对中资保险公司法人试办 5 年期以上（不含 5 年期）、3 000 万元以上的长期大额协议存款业务，利率水平由双方协商确定。
2003 年 11 月	国家邮政局邮政储汇局获准与商业银行和农信社开办邮政储蓄协议存款。
2004 年 1 月	将商业银行、城市信用社的贷款利率浮动区间上限扩大到贷款基准利率的 1.7 倍，农村信用社贷款利率的浮动区间上限扩大到贷款基准利率的 2 倍。
2004 年 10 月	不再设定金融机构（不含城乡信用社）人民币贷款利率上限；城乡信用社人民币贷款利率浮动上限扩大为基准利率的 2.3 倍。中国人民银行决定允许金融机构人民币存款利率下浮，实现了“放开下限，管住上限”的既定目标。
2012 年 6 月	央行进一步扩大利率浮动区间。存款利率浮动区间的上限调整为基准利率的 1.1 倍；贷款利率浮动区间的下限调整为基准利率的 0.8 倍。7 月，再次将贷款利率浮动区间的下限调整为基准利率的 0.7 倍。
2013 年 7 月	进一步推进利率市场化改革，自 2013 年 7 月 20 日起全面放开金融机构贷款利率管制。取消金融机构贷款利率 0.7 倍的下限，由金融机构根据商业原则自主确定贷款利率水平，并取消票据贴现利率管制，改变贴现利率在再贴现利率基础上加点确定的方式，由金融机构自主确定。

利率市场化的继续顺利推进需要诸多条件。首先，商业银行作为改革的重要主体必须具备较强的自主定价能力和经营管理水平。其次，银行业的宏观审慎监管必须加以完善，只有保证监管的跟进，才能将伴随改革而来的风险和损失降到最小。此外，发达的金融市场也是利率市场化的必备条件。未

来我国利率市场化改革将以实现存贷款利率的市场化为主要内容，包括进一步扩大存贷款利率浮动区间、推出挂钩 SHIBOR 的定期存款品种等，小额短活期存款利率上限的放开将最终成为改革基本完成的标志。

长期来看，利率市场化并不是简单地放开存贷款利率，更重要的是发展多层次、更完善的金融市场体系，尤其是债券市场，通过债券市场形成的利率才是真正市场化的利率水平。只有培育一个成熟完善、具有足够深度广度的债券市场，以及有效的利率传导机制，才能确保利率合理反映市场资金的真实需求状况。因此，在未来继续放开利率的同时，也应更加注重对于我国债券市场的完善。

1.3.3 利率市场化对我国银行业的短期影响

短期来看，利率市场化改革将导致利差区间收窄，使我国商业银行盈利水平遭受冲击。我国商业银行盈利能力下滑的趋势在短期内将持续，甚至诸多经营调整落后、实力较弱的中小型银行将面临一定的经营危机。这部分将结合美国等国家的经验，分析利率市场化将对我国银行业产生的影响。

1. 存贷款利率上升，利差收窄

利率市场化将对利率走势产生两方面影响：一是官方利率与民间真实利率之间的二元结构将逐渐消失；二是利率波动的幅度及频度将加大。国际经验表明，在实施利率市场化之后，虽然利差波动幅度和频率将加大，但并不必然会收窄，而是呈现差异化的走势。

美国在实行利率市场化的最初 3～4 年，银行利差下降幅度达到 18.9%，在 1973 年、1974 年和 1979 年利差均呈现负值；此后，利差逐渐上升，并恢复到利率市场化之前的水平。目前，美国存贷利差始终保持在 3%～5%的较高水平。日本、中国台湾等国家和地区在实行利率市场化的最初几年，利差也呈现了 10%～20%的下降幅度，其中，日本利差下降幅度较大，且目前仍保持着 1%左右的低利差水平(见图 1—7 和图 1—8)。

为促进投资、刺激宏观经济增长，我国长期压低存款利率，导致存款利率明显低于其实际水平。在进行利率市场化改革过程中，存款利率将出现不同程度的上浮，不断接近其真实利率水平。在 2012 年央行两次降息后，我国大

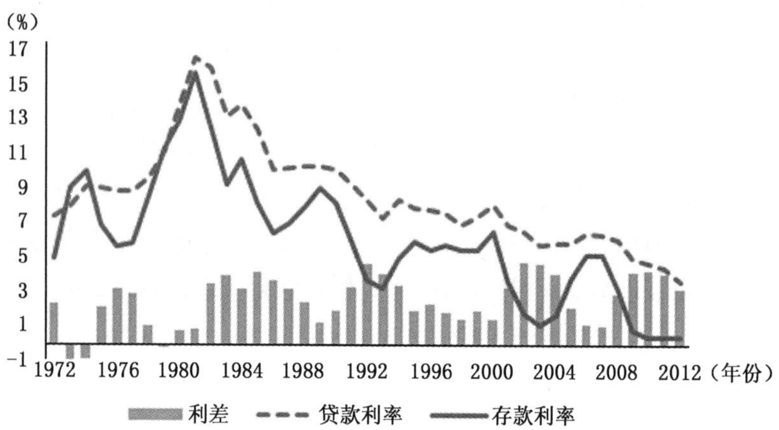

资料来源：美联储。

图1—7　美国存贷款利率及利差

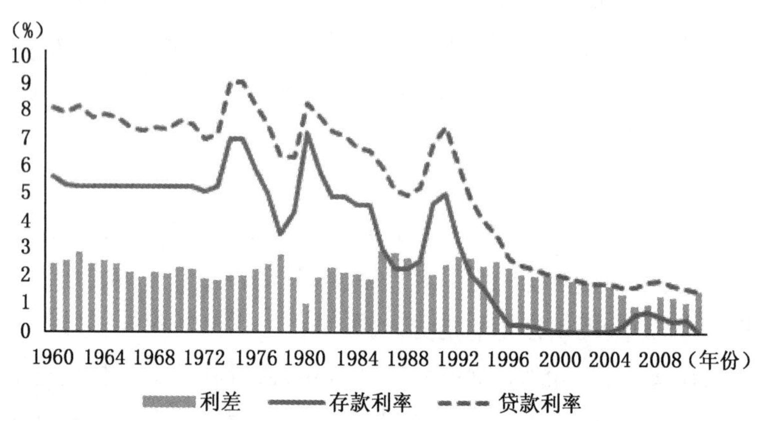

资料来源：世界银行。

图1—8　日本存贷款利率及利差

部分股份制商业银行和城商行均选择将一年期以下存款利率上浮到顶，有80%的城商行选择将各期存款利率均上浮到顶，股份制银行和城商行的利率上调幅度要明显大于大型国有商业银行。

从民间借贷利率、信托产品及理财产品收益率等数据可以看出，我国目前资本相对稀缺，实体经济对资金的需求仍然较为旺盛，贷款的市场利率显著高于官方利率。从民间融资成本来看，温州民间综合利率水平在20%以上，远高于贷款市场的官方利率。因此即使放开贷款利率的下浮空间，我国商业银行的贷款利率也不会出现明显的下降。

因此，利率放开之后，我国存贷款利率均趋于上升。但是，由于我国目前贷款利率市场化程度高于存款利率，存款利率的上升幅度将大于贷款利率的上升幅度，从而导致利差收窄。

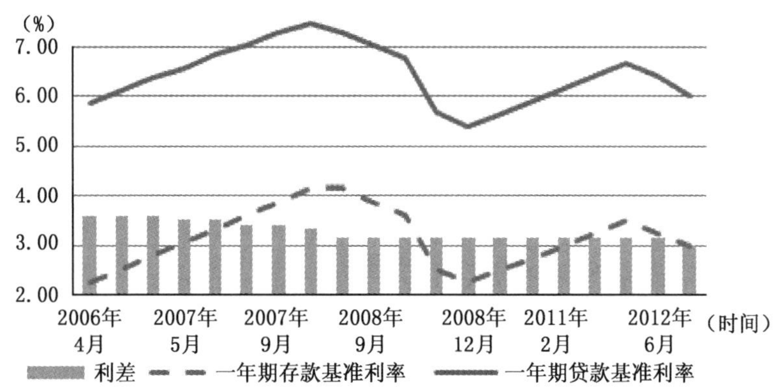

资料来源：http://www.xinhua08.com。

图1—9 我国一年期存贷款基准利率及利差

2.银行资产负债结构改变

(1)揽储压力增大

从一定程度上讲，存贷利差的收窄来自商业银行的“高息揽储”和“竞争放贷”。存款是商业银行的重要资金来源，实行利率市场化之后，商业银行之间将进行激烈的存款争夺，拉高存款成本。

由上述对我国各类银行存款利率的分析对比可知，股份制银行和城商行的揽储压力要明显高于大型国有银行。大型国有银行拥有明显的规模优势和客户优势，在利率放开之后，中小银行可以通过提高利率来弥补相比于大型国有银行的劣势，但是，更高的存款利率也提高了中小银行的资金成本，增加了其经营风险。

(2)开拓多元化资金渠道

在高息揽储的同时，商业银行也将进行金融创新，积极开拓多样化的资金渠道，降低资金成本。因此，相比于存款而言，其他资金来源的占比将有所上升。从美国的经验来看，在1970年开始实行利率市场化改革之后，存款占比从91%下降到1986年的82%，到2008年则下降到72%。相关机构根据2011年数据进行测算的结果表明，存款利率每上浮10%，上市银行的每股收益率(ROE)将平均下降约1.4个百分点。

(3)亟待完善资产负债管理水平

目前，我国商业银行的资产负债管理本质上仍属于资产负债比例管理，随着商业银行业务的不断拓展，这一管理模式的缺陷也逐渐显现。资金成本的上升将迫使商业银行进行主动的资产负债管理，提高贷款业务占比，在占比上升的同时，贷款业务的结构也将发生重要变化，商业银行将提高对高收益行业的贷款。

3. 银行盈利水平遭受冲击，大力发展中间业务

目前，我国商业银行盈利增长仍主要来源于经济增长带动的规模增长和利率管制所带来的存贷利差。2012年我国商业银行利息收入占总收入比重超过80%，而部分中小银行由于营业规模、网点等限制，业务范围更为狭窄，利息收入占总收入的比重甚至超过90%。随着存贷利差的收窄，商业银行的盈利能力将受到冲击，盈利水平将出现不同幅度的下降。

利差的收窄将导致净利息收入在总收入中的占比下降，以及中间业务的占比提高。1970年以来，美国商业银行非利息收入占总收入比重为12.1%，到1992年增长到20.5%，到2011年达到了31.87%。就绝对值来说，从1970年到2011年，美国商业银行总收入增长了18倍，其中利息收入增长了14倍，而非利息收入增长了49倍(见图1—10)。

从2003年到2012年第三季度，四大国有商业银行中间收入平均占比从12.11%增长到23.89%，特别是2009年以来，以银行卡和支付结算为代表的传统中间业务呈现迅猛增长趋势；中间业务的稳步增长在一定程度上弥补了银行业由于息差收入收窄所造成的利润下降。

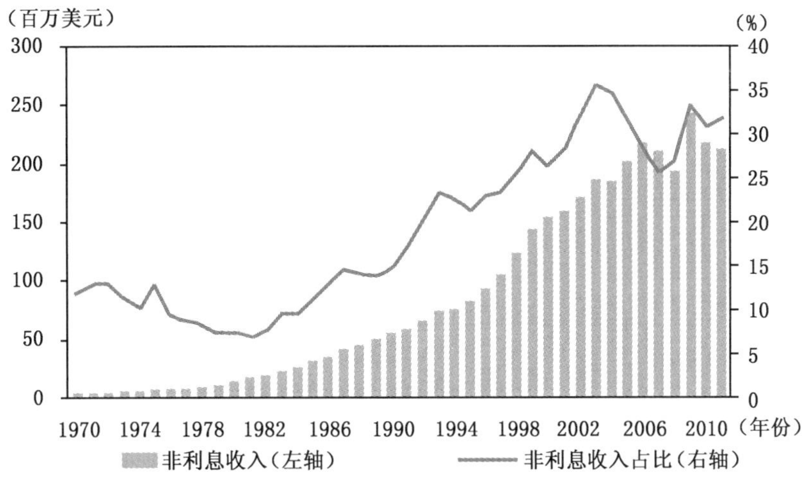

图 1－10　美国商业银行非利息收入及占比变化

4. 风险偏好提高，银行业或将面临洗牌

在利率市场化使商业银行盈利能力下降的过程中，商业银行的风险偏好将随之提高，这种风险偏好的提高主要体现在贷款在总资产中占比的提高和贷款业务中高收益高风险类型贷款占比的提高。美国商业银行在实行利率市场化之后，存贷比由 1970 年 60%左右的水平提高到 2000 年 90%左右的水平。此外，美国商业银行为了追求资产业务的高收益，大幅提高了对房地产领域和杠杆收购领域的贷款（见图 1－11）。

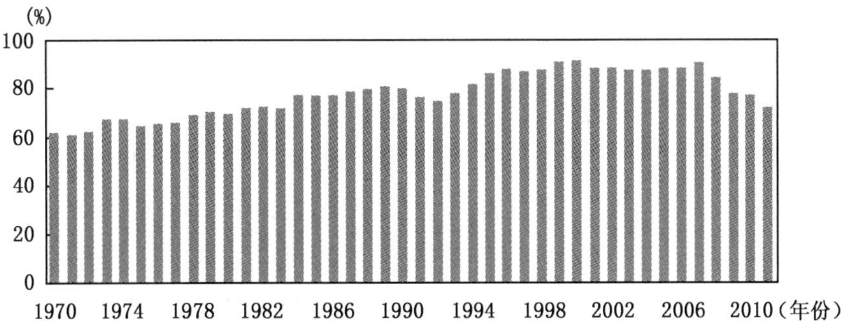

图 1－11　美国商业银行存贷比变化情况

为应对利率市场化的冲击，我国商业银行已经开始了贷款业务结构的调整，加大了对中小企业贷款的拓展力度，在未来几年中，中小企业贷款业务将继续保持较高的增速。

我国金融机构存贷比近几年存在不断下降的趋势，但绝对水平仍较高，2012年年底，金融机构存贷比为68.7%。目前，我国现行的银行存贷比硬约束为75%，许多商业银行纷纷要求调整这一监管指标（见图1—12）。

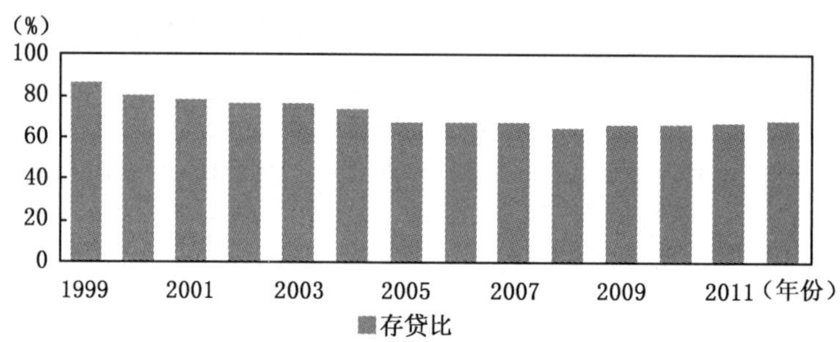

图1—12　我国金融机构存贷比变化情况

在增加风险资产占比的同时，如果风险控制无法跟上，则商业银行将面临一定的资产压力。商业银行风险偏好的提高不仅将引起"逆向选择"问题，而且将使银行面临不良贷款率上升的危险。为了避免引发系统风险甚至银行业危机，我国银行业需要尽早建立完善的风险监控体系以及合理的银行退出机制。

目前，我国商业银行风险管理意识有所提升，但还未形成完善的风险防控机制，如果银行风险管理体制与贷款风险生成机制无法完全匹配，则难以有效抑制不良贷款的增加。

整体来看，我国银行业资产质量水平较好，但不同类型的银行机构之间存在明显的不平衡性。在"优胜劣汰"的市场机制下，商业银行之间的竞争将不断加剧，从而导致商业银行倒闭数量增加、集中度提高。美国在利率市场化过程中，每年银行倒闭数量不断增加，在改革完成后的20世纪80年代，更是达到高峰。但是，尽管银行数量在下降，银行业的规模却呈现增长的趋势，其总负债、总资产均呈现持续上升的趋势。这说明，在利率市场化改革的期间及完成之后，美国商业银行兼并重组的案例增多，银行业集中度不断提高。

就我国而言，利率市场化对商业银行经营管理和风险管理能力提出了更高的要求，大型商业银行相比中小银行具有明显的规模优势。因此，尽管在利率市场化的过程中盈利能力会有所下降，但这并不会威胁到其生存发展。相比之下，业务模式较为单一的部分中小型城商行将受到较严重的波及，一方面利息收入大幅收窄，另一方面中间业务扩大又存在一定难度。因此，盈利状况会显著恶化，可能面临破产风险。可以预见，优胜劣汰的市场规则或将使银行业分化更加明显，增加银行之间的并购行为，此外，中长期市场化程度较高、创新能力较强的股份制银行将在利率市场化改革的过程中获得出色表现。股份制银行不仅存款规模稳定，成本控制能力较强，而且拥有较强的服务于中小企业和个人综合金融的能力，定价、议价能力较为突出，因此有望成为利率市场化改革的胜出者。

5. 利率风险加剧，定价及风险管理重要性提升

利率市场化之后，银行高风险资产占比将会提高，从非价格竞争走向价格竞争，这一过程中良好的定价能力对于商业银行的稳健运行十分重要。商业银行能否提高定价能力将在一定程度上影响利率市场化的进程，也是商业银行应对利率市场化面临的重要考验。

在利率市场化的环境下，利率波动的幅度和频率将大大提高，对于商业银行而言，利率波动对其经营管理的影响将加大，不仅增加了利率风险的识别和控制难度，而且，更加凸显了金融创新的重要性。目前，我国商业银行在转嫁利率风险方面的创新较为匮乏，可以参考美国等国家的发展经验，加快发展利率期货、远期利率协议、利率互换等金融工具。

1.3.4 利率市场化对我国银行业的长期影响

1. 提高资本市场运作效率

通过市场化的利率配置资金，能够突破金融抑制，提高金融市场运行效率，改善投资质量。保持实际存款利率处于适度的正数水平有利于促进一国的储蓄、投资及经济增长。世界银行在 1989 年通过对 34 个国家的研究发现，实际利率为正的国家的投资效率比实际利率为负的国家高出 4 倍。

2. 提高银行业整体经营水平

利率市场化导致我国银行业竞争程度提高，商业银行盈利模式与收入结构得以改变，进而盈利能力也将受到影响。尽管在短期内，利率市场化将冲击商业银行的盈利水平，导致存贷利差收窄，但从长期来看，随着银行逐步调整资产结构，贷款利率将逐步回升。

在美国利率市场化改革完成的一年后，商业银行的每股收益率和资产收益率（ROA）突然出现了急剧下降，直到 1993 年才恢复稳定，且恢复后的盈利水平较利率市场化之前有了一定程度的提高。在美国利率市场化之后的几年间，虽然每年都有大量的银行破产倒闭，但同时，这场危机也孕育了美国银行、摩根大通等诸多享誉全球的大型金融机构。

我国银行业竞争程度的加剧将体现在利差收窄、中间业务扩大、金融创新加强等多个方面，利率市场化将会为法人治理结构合理、经营管理能力优秀和企业信誉佳的商业银行带来前所未有的发展机遇。

在利率市场化的重新洗牌过程中，竞争力强的银行将通过经营管理和业务结构的完善提高自身盈利水平，从而存活下来，规模得以扩大；而经营效率低下的银行则将出现亏损、倒闭，最终退出银行业舞台。因此，这一筛选过程将改善商业银行当前单一的业务结构，在整体上提高我国银行业的竞争力。

3. 推动金融创新，反哺实体经济

对于金融创新而言，利率市场化改革也是重要推动力。美国银行在改革的过程中，加强了存款、贷款、衍生品等领域的一系列创新，使得存贷款业务的重要性逐渐下降，而投资交易类业务的重要性不断提高。诸如存款类金融工具、以衍生和证券化为主的资产类工具以及资产证券化等重要金融创新，均出现在美国利率市场化改革期间。对我国银行业而言，利率市场化所带来的经营管理压力也必将促进其加速金融创新。

此外，从宏观经济运行角度来看，利率市场化意味着一场重大的分配改革，是国民增加值在金融领域与实体经济之间的重新分配，是金融业反哺实体经济的重大举措。

1.4 不良贷款政策建议

近年来，不良贷款率和不良贷款余额的增加逐渐成为商业银行和相关监管机构面临的重要难题之一。对商业银行而言，不良贷款的增加会造成银行资产损失、影响银行的收益、导致银行的流动性风险，进而影响银行的竞争力。对国民经济而言，不良贷款会破坏社会信用制度，一旦失控会造成严重的金融危机。因此，加强对不良贷款的监管对于金融行业、社会经济的健康发展都有重要的作用。在具体实施时，多管齐下，通过国家政府、商业银行、资产管理公司和企业共同协作，建立多层次不良贷款防御体系，则会取得更加明显的成效。

1.4.1 对我国政府和中央银行的政策建议

1. 适当调整政府职能

首先，政府要继续发挥宏观调控职能，推动经济稳定增长。一是把扩大消费需求作为扩大内需的战略重点，充分挖掘和释放国内需求的潜力，提高社会消费品零售总额，通过拉动经济增长减少不良贷款。二是在优化投资结构、提高固定资产投资质量的基础上，促进投资的合理增长，保持适当的投资规模，通过合理的投资结构提高投资效益，规范社会固定资产投资，提高固定资产建设项目的还款能力。

其次，政府在行使职能的过程中要减少行政干预。由于我国处于计划经济向市场经济过渡的转型时期，国家宏观经济政策对商业银行的影响非常大。在国有企业进行股份制改革过程中，不少国有企业一遇到资金困难，就找地方政府求助，政府部门再帮其向银行借款。其中一些企业经营困难、资不抵债，无法偿还银行贷款，这样就会造成不良贷款增加。由此可见，政府在经济生活中应扮演好角色，遵守市场经济规律，避免过多的行政干预，充分尊重银行的经营自主权。

最后，政府要将工作重心从经济职能转移到社会管理职能上来。政府必须区分哪些领域应执行经济职能、哪些领域应执行社会管理职能，确定哪些是应该做的，哪些是不应该过分干预的。在市场经济条件下，政府应当以引导为主，制定市场运行的规则，确保社会政治经济体系的正常稳定运转。政府只有明确了自己的定位，才能进一步减少行政干预。尤其是在银行业，放权给银行，让银行按照市场经济规律自主经营，为银行解决不良贷款问题提供良好的政策环境。

2. 保持利率政策的连续性

利率频繁变动会导致利率风险增加，不良贷款上升频率也会相应增加。近几年，我国基础利率和央行存款准备金率平均每两三个月就会调整一次，而且调整方向难以预期。虽然这是利率市场化的重要标志，但也无法避免给商业银行的信贷安全带来极大隐忧。为此，货币金融当局应该告知货币、利率调整的规则，让企业和银行有备无患，同时尽量保证利率政策的稳定性和连贯性。

3. 强化不良贷款监管力度

金融监管部门要加强对金融市场的监管，强化社会固定资产投资建设贷款的回收规划，密切关注商业银行的风险性指标和经营状况，加强监管力度，规范相关主体行为，减少不良贷款对金融市场的不良影响。

政府应及时根据市场环境变化，从贷款管理、风险控制、信贷创新等方面规范信贷行为，对现行的信贷政策法规进行完善，为银行不良贷款的处置工作创造良好的外部环境和市场秩序，以确保金融机构在切实防范信贷风险的基础上不断拓展信贷业务。同时政府还应通过政策引导、提供信息、增强激励来帮助银行最大限度地降低信贷资产风险。

4. 加快社会征信体系建设

首先，建立完善的征信数据库和信用违约数据库。目前，中国人民银行向各银行提供个人征信查询系统，这个系统从一定程度上为信贷人员在办理贷款的过程中提供了信用信息支持，尤其是在贷前调查中可以杜绝发生向信用不良的贷款申请人贷款。但是这个系统有一定的滞后性，目前我国各商业银行是按季度向中国人民银行汇总上报贷款申请人征信情况，这就导致如果有信用不良的贷款申请人在 3 个月内或在下个季度之前向其他银行贷款，现有的征信系统无法显示该贷款人的不良信用记录。在这种情形下，如果贷款申请人再次贷款成功的话，对银行信贷资金而言将是一个极大的风险。因此，建议各商业银行可以与中国人民银行建立一个即时征信查询网络，双方都可以及时地反馈征信信息，避免向信用记录不良者重复放贷。采集与使用征信数据是建立信用违约数据库的关键。有了信用违约数据库，就能测算出各个风险度上借款企业的平均违约率和违约成本，从而有利于商业银行进行利率定价和风险管理。恰当的利率定价可以有效地对风险损失进行补偿，而测算不同的风险度有助于商业银行对不同违约率的企业采取相应的风险管理方法，从而有效地管理不良贷款。

其次，完善资信评级机制。资信评级（又称为信用评级、资信评估、信用评估）就是由中立的专业评级机构接受评级对象的委托，根据“独立、公正、客观、科学”的原则，以评级事项的法律法规，制度和有关标准化、规范化的规定为依据，运用科学严谨的分析技术和方法，对评级对象履行相应的经济承诺的能力及其可信任程度进行调查、审核、比较、测定和综合评价，以简单、直观的符号（如 AAA、AA、BBB 等）表示评价结果，并公布给社会大众的一种评价行为。不同的信用评级可以反映不同借款企业的违约率，为银行预防和化解不良贷款提供有效依据。资信评估机构的收入主要来源于向商业银行出售信用评级报告，而商业银行的收入则来源于优质的贷款，资信评估机构为商业银行提供高质量的评级报告，是商业银行提高贷款质量的一个前提条件。因此，资信评估机构和商业银行的根本利益是一致的。

借助外部的资信评估机构，可以有效地克服商业银行自身的缺陷，加强对不良贷款的风险管理。但是，现在市场上各类资信评估机构层出不穷，水平良莠不齐，使资信评估机构在提高银行贷款质量方面的积极作用大打折扣。因此，银行和政府相关部门可以通过对资信评估机构的评级结果的违约率等指标的审查，鼓励支持经营良好、评级质量高的资信评估机构；对违规操作、评级结果失真的资信评估机构，降低其自身信用等级乃至取消其评级业务的资格。这样一来，就能确保信用评级市场是建立在较高质量的评级基础上。

最后，加大信用违约惩罚力度。提高社会的信用违约成本，有助于加强信贷市场对信用的重视。要提高社会的信用违约成本，关键是对违约行为有足够的惩罚力度。在西方国家，信用制度已经比较健全。例如，如果在信用档案中有不良记录，借款企业将为此付出沉重的代价；再如，一些国家规定，如果借款企业超过 7 天不还款，监管机构就可以宣布该借款企业破产，足见在这些国家一旦有信用违约记录，其所付出的违约成本是相当高的。然而，目前中国对违约行为的惩罚以及相关的法律法规都不足以将失信成本提高到足够引起重视的程度。在逃避债务的案件中，债权人基本上都可以打赢官司，但对债务的追索难度重重，最终往往只得到很小的一部分赔偿，在这种情况下要付出高额违约成本的反而竟成了债权人。

1.4.2 对我国商业银行处理不良贷款和自身改革的政策建议

1. 商业银行处理不良贷款的方式

(1)不良贷款打包出售

为缓解银行自身处置不良资产的压力，必须建立和推动不良资产二级市场的发展，放松对银行出售不良资产的限制，鼓励外资和民间资金投资于不良债务，允许成立商业化的资产管理公司、不良资产投资基金等。参与债权交易的银行，根据自己的债权情况，可在经中国人民银行批准设立的专业市场上挂牌出售债权，出售债权的价格可依据债权的风险程度以及所附带的现金流确定，出售银行与购买方可通过招标竞价等公开透明的方式确定最终的转让价格，以防范道德风险的产生。通过市场化运作方式，出售方可迅速收回资金，提高流动性；购买方则以低于债权账面价值价格买断出售方债权，实现出售方和购买方的双赢。

(2)不良贷款证券化

资产证券化是指将缺乏流动性但能够产生可预见的稳定现金流的资产，通过一定的结构安排，对资产中风险与收益要素进行分离和重组，进而转换成在金融市场上可以出售和流通的证券的过程。资产证券化是一种已经被国际经验证明、可以面向市场持续大规模处置不良资产的技术和手段。商业银行通过有效地实施不良资产证券化，能够将其不良资产以“真实出售”的方式转移到资产负债表外，使其风险加权资产减少，从而在不增加资本的情况下提高资本充足率。

然而，不良贷款的处理不能以商业银行整体风险累积为代价。商业银行处理不良贷款的本意是为了降低信贷风险，保证经营稳健性。通过资产证券化等途径降低贷款可能存在的无法收回的风险，本身也蕴含着巨大的风险，与处理不良贷款的初衷是相违背的。对于资产证券化，商业银行要持谨慎态度，监管当局也要时刻警惕金融风险的累积。

2. 商业银行自身变革方向

(1)建立科学合理的风险管理制度

商业银行应建立完善的贷款风险评价制度和贷款评价压力测试制度，同时进一步开展贷款五级分类的真实性检查。加强风险管控和推进转型发展，商业银行要注重防范各类潜在风险，定期对债务人的履约情况以及信用状况、项目的建设和运营情况、贷款担保的变动情况等内容进行检查和分析，充分考虑宏观经济变化和市场波动情况，提高不良贷款的回收率。

应建立银行信贷风险预警机制。在充分考虑财务指标和非财务指标相互配合的基础上，构建预警指标体系，完善财务与非财务指标体系，提高信贷风险预警体系的识别能力。对于预警模型的使用，不必局限于某一种方法，可以根据我国银行实际，将不同的预警方法相结合。

应完善风险补偿机制，并形成有效的贷款管理模式。要实行谨慎会计原则，加大补充自有资本金力度。商业银行需在《巴塞尔协议》的标准下，提足、用好呆账准备金，除提取一般呆账准备金外，还要争取国家及央行的政策支持，按各类贷款的风险度提取不同比率的特种呆账准备金。

(2)加强内部审核制度

银行内部应建立科学、有效的审批流程。加强风险防范能力，首先必须建立“信贷制度制定权”、“贷款发放执行权”和“风险贷款处置权”，这一三权分立的贷款审查组织构架，同时建立相对独立的风险调查制约系统、风险审查制约系统、风险审批制约系统和风险检查制约系统。银行应做到贷前调查要充分、全面、客观，比如可以对贷款企业及借款申请人实行信用风险评估，建立企业信用风险数据库，准确客观地做好信贷风险管理的前期工作。在贷中审查阶段，要强化对信贷项目的评估，提高评估技术，提高放贷质量。贷后检查时要做好贷款的后续评估工作，确保贷款风险在控制范围之内。

（3）加快技术创新、提升信息化水平

“科学技术是第一生产力”，这句话不仅在生产领域适用，在银行业同样适用。因此，要继续提升我国商业银行效率、降低不良贷款的发生，就要加快技术创新。同时，商业银行应该加快银行信息化步伐，拓展自身服务领域和提高服务质量，降低人工服务成本。为此，银行一方面应增加技术创新的经费投入，通过引进、外包、自身研发等多种方式提升自身信息化水平。另一方面，商业银行要把信息化技术与自身管理、客户服务和业务发展联系在一起，建立内部管理、风险控制、客户服务、产品开发以及涵盖银行其他功能的管理信息系统，提高信息化水平，从而提高银行效率。

（4）加大宏观经济走势研究力度

加强对宏观经济形势的研究和分析，尽量减少经济周期性波动给信贷资产带来的负面影响。银行应前瞻性地预测宏观经济走势，适度逆周期地调整信贷投放和信贷授权，提前有针对性地进行贷款行业结构、客户结构和产品结构调整。在计量贷款风险时，不能过分依赖企业历史业绩和近期财务指标，而必须对企业的发展前景和所属行业前景进行准确预判，以规避风险，保证贷款质量稳定。在具体措施上，可以通过降低贷款的行业集中度，分散配置不同行业的贷款来稀释经济周期带来的影响。

（5）增加盈利渠道，增强盈利能力

我国商业银行应该大力发展中间业务，提高非利息收入比例。目前我国商业银行盈利的主要模式依然是依靠利息差来获得利润。随着我商业银行贷款规模的扩大以及大量不良贷款的出现，这种单一的获利方式并不利于银行竞争能力的提升。所以银行应该大力发展中间业务，提高非利息收入水平和比例。中间业务具有低风险、低成本和高收益的特点，大力发展中间业务有利于改善现有的利率垄断模式，满足不同人群的需求，提升银行的非利息收入，增强银行经营的安全性。

1.4.3 资产管理公司改革的政策建议

1. 引入其他资本共同经营

为了有效处理不良资产，可以引入多种资本，从而创造最佳的市场效应。

对此，我国政府应该逐步放宽市场准入政策，加快出台配套措施，允许民间资本、外资等与国有资产管理公司共同处置不良资产。同时，建立一套全国性的大范围信息传递模式，提高资产处置的效率。允许民间资本与外资的介入，一方面增强了民间资本的实力，为民间投资者开辟了融资渠道，另一方面打开了市场，用多样化的投资方式吸引外国资本的介入。多样化的资本渠道，分散了风险，增强了市场对于不良资产处置的信心。

在引入其他资本的同时，也要防范随之而来的各种问题。要从一切有利于最大限度减少损失出发，处理好资产管理公司内部以及与商业银行和其他金融机构之间的关系，坚持按照比例受偿，防止恶意竞争和相互打压。

2. 逐步推进资产证券化

现阶段资产证券化尚面临各种各样的限制，政府需要转变政策方向，积极创造证券化的各方面条件。包括以下几个方面：(1)增强不良资产的可接受性。国有资产管理公司不良资产证券化的关键不是不良资产的剥离和转移，而是它的出售和变现。因此，在供给上，国有资产管理公司应充分利用金融创新的手段，科学分解和组合不良金融资产；同时，针对个人投资者对不良金融资产因信息不对称所产生的风险厌恶状态，应允许特殊目的机构的介入，这些机构不仅可以购买资产管理公司的不良资产，还可以从商业银行购买正常债券资产并且进行组合搭配出售，提高不良资产的吸引力。需求方面，应该大力发展机构和个人投资大户，可以让商业银行、保险机构、投资基金等参与进来，增强不良证券的市场需求能力。(2)发展市场中介机构。不良资产的处置涉及金融系统的各个部门，需要包括商业银行、证券公司、保险公司以及信息咨询服务机构等金融中介机构的共同参与。因此，为了提高不良资产处置的效率和效果，大力发展市场中介机构势在必行。(3)调整利率结构。利率市场化是我国金融体制改革的重要目标，只有推行利率市场化，从事不良资产证券化业务的特殊目的机构才能获得合理的收益空间。

3. 优化不良资产定价体系

不良资产的定价直接关系到资产处置的回现额。为了实现资产回收价值的最大化，应该尽量降低国有资产管理公司的市场风险和经营风险，优化不良资产处置的定价系统。在实际操作中，对不良资产的处置需要进行分类，按照实物类资产、债券类资产、股权类资产等确定其资产性质，再进行之后的具体定价流程。

4. 规范不良资产处置流程

为了进一步规范不良资产处置行为，需要对资产处置的方法本身进行优化。科学合理地设置不良资产处置决策和执行程序，可以有效防范和处置过程中可能存在的技术和道德风险、最大限度地提高不良资产的回收价值。

重新设定的资产处置流程需要包括发布处置信息、尽职调查、制订方案、方案申报、资产处置谈判、方案实施、资金清算和档案移交、处置资料归档、处置结果反馈等具体步骤，并且要确保按照程序进行操作，从而提高资产处置的准确性和可靠性。

第二章

地方政府债务风险

核心观点

2013年12月30日，审计署发布2013年第32号公告《全国政府性债务审计结果》。按照审计署结果，截至2013年6月底，地方政府负有偿还责任的债务为108 859.17亿元，负有担保责任的债务为26 655.77亿元，可能承担一定救助责任的债务为43 393.72亿元。省、市、县三级政府负有偿还责任的债务余额为105 789.05亿元，比2010年增加38 679.54亿元，年均增长19.97%。

我国地方政府债务总量风险较低，但债务增速值得警惕。另外，举债投资对经济的拉动作用正在下降，依靠信贷拉动经济增长的模式难以维系。由于土地出让支出成本正在不断上升，土地出让利润已经近乎干涸，过去地方政府赖以生存的"土地财政"也已经濒临极限。与此同时，一方面，中国政府部门每年要为庞大的政府债务支付巨额利息，随着银行体系的信贷紧缩，实际利息成本仍在不断上涨；另一方面，政府主导的投资多为公共事业，期限长、投资回报率低。各地方政府的盈利能力都远不及债务的利率水平，举债成本的上升和地方盈利能力的下降正在进一步恶化地方政府的偿债能力。在内部信贷急剧扩张、外部流动性收缩的背景下，央行货币供给的意愿和能力都在减低，2013 年 6 月和 12 月的两次“钱荒”事件已预示未来利率中枢将继续上行的长期趋势。

基于对地方政府性债务问题成因以及当前地方政府性债务现状的判断，可以认为地方政府性债务的风险防范要从体制性因素方面着手。根据地方政府性债务问题产生根源的层次，这主要涉及四个层面的改革：一是着力于解决信息不对称而进行的监管框架的改革；二是着力于正规地方政府融资渠道建设的投融资体制改革；三是着力于地方事权与财权矛盾而进行的财税制度改革；四是着力于转变经济增长模式而进行的政府职能改革。这四个方面相辅相成，从不同层面和时间跨度提出了做好地方政府性债务风险控制与防范的内在要求。

2.1 中国地方政府性债务规模及结构

2.1.1 总量突破 17 万亿元，年平均增速接近 20%

2013 年 12 月 30 日，审计署发布 2013 年第 32 号公告《全国政府性债务审计结果》。其中对全国政府性债务做了比较彻底的审计，这是自 2011 年以来的第三次大规模审计。按照审计署结果（见表 2—1），截至 2013 年 6 月底，地方政府负有偿还责任的债务为108 859.17亿元，负有担保责任的债务为26 655.77亿元，可能承担一定救助责任的债务①为43 393.72亿元。省、市、县三级政府负有偿还责任的债务余额为105 789.05亿元，比 2010 年增加

① 政府负有偿还责任的债务是指需由财政资金偿还的债务，属政府债务；政府负有担保责任的债务是指由政府提供担保，当某个被担保人无力偿还时，政府需承担连带责任的债务；政府可能承担一定救助责任的债务是指政府不负有法律偿还责任，但当债务人出现偿债困难时，政府可能需给予一定救助的债务。后两类债务均应由债务人以自身收入偿还，正常情况下无需政府承担偿债责任，属政府或有债务。本文考察地方政府性债务变化趋势的方式，与 2011 年审计署公告保持一致，仍采用简单相加的简化处理方式。

38 679.54亿元，年均增长 19.97%。其中，省级、市级、县级年均增长分别为 14.41%、17.36%和 26.59%。

从审计署公布的数据来看，从 2010 年年底到 2013 年 6 月，地方债务规模上升 66.93%，但总体规模 17.89 万亿元还是低于之前市场的预期，其中偿还责任债务为 10.89 万亿元，整体的负债率由 2010 年年底的 27%攀升至 2012 年年底的 31%。债务规模低于市场之前预期的广义口径 20 万亿～25 万亿元规模。可以认为，地方债务仍处于总量动态平衡的状态，风险尚属于可控范畴。

表 2—1　　全国地方政府性债务审计结果　　单位：亿元

时　间	类别	偿还责任债务	担保责任债务	救助责任债务	债务合计
2010 年年底	地方	67 109	23 370	16 696	107 175
2012 年年底	中央	94 376	2 835	21 621	118 832
	地方	96 281	24 871	37 705	158 857
	合计	190 657	27 706	59 326	277 689
2013 年 6 月底	中央	98 129	2 600	23 111	123 840
	地方	108 859	26 655	43 393	178 907
	合计	206 988	29 255	66 504	302 747

资料来源：审计署，第一财经研究院。

2.1.2　结构变化

1. 债务性质结构：政府承担救助责任的债务余额上涨近 160%

审计署报告中将地方债务分为三类：政府负有偿还责任的债务、政府负有担保责任的债务和政府可能承担一定救助责任的债务。三类债务合计债务额 2013 年 6 月底比 2010 年年底上升了 66.93%，其中政府负有偿还责任的债务上升幅度为 62.21%，而政府负有担保责任的债务上升了 14.06%，政府可能承担一定救助责任的债务上升了 159.91%。

这种债务性质结构的变化一方面是由于地方政府自身债务的增加，另一方面是由于地方政府性债务在举债主体和融资方式近年来发生变化而导致的统计范围上的变化。在 2013 年审计结果中，政府负有担保责任的债务中，包括了全额拨款事业单位为其他单位提供担保形成的债务，政府可能承担一定救助责任的债务中，包括了地方政府通过国有独资或控股企业、自收自支事业单位等新的举债主体和通过BT(建设—移交)、融资租赁、垫资施工等新的举债方式为公益性项目举债，且由非财政资金偿还的债务。这表明随着地方政府性债务多年的发展，地方债务社会经济涉及面越来越广泛，地方债务表现形式越来越复杂。

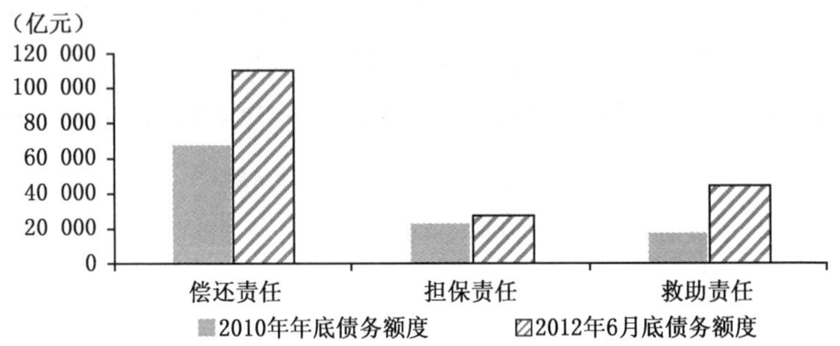

资料来源：审计署，第一财经研究院。

图2—1　三类地方债务额度

2. 债务行政级别结构：县级政府债务比重大幅上升

根据审计署数据，从地方政府性债务在行政级别的分布方面来看（见图2—2），低行政级别政府债务占比有明显上升趋势。通过比较2010年年底与2013年6月底数据可以看到，省、市级政府债务占比有所下降，分别由29.96%和43.51%下降至29.03%和40.75%，而县级债务占比由26.53%上

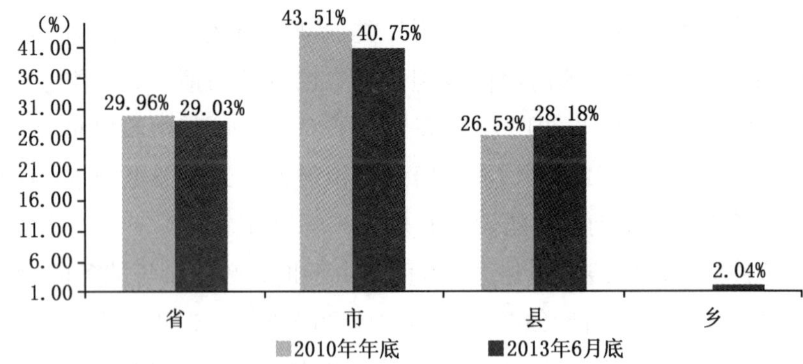

资料来源：审计署，第一财经研究院。

图2—2　地方政府性债务行政级别分布占比变化

升至 28.18%，新纳入统计的乡级政府债务占比约 2.04%。

这主要是由于县级政府债务上升速度要快于省、市级政府，2010～2012 年，县级政府债务总额上升了 77.47%，高于省、市级政府债务总额上升幅度 61.66%、56.34%。这与城投债发行主体的下移相符合，更深层次地反映了 1994 年分税制改革之后，在中央财政大幅提高而地方财政大幅下降的背景下，地方政府为获取稳定财政收入、达到相关经济考核目标和政绩目标，导致投资冲动高涨。同时也表明在财政削弱后，通过举债等手段自主筹资在低行政级别政府部门融资中的比重加大。

3. 偿债主体：平台债占比略有下降

具体到地方政府债务偿债主体方面（见图 2—3），此前人们一直担忧地方融资平台债务规模有所上升，由 2010 年年底的 4.97 万亿元增长为 2012 年年底的 6.97 万亿元。但是，在地方债总额中的比重并没有进一步上升，其占比由 2010 年年底的 46.38%下降到 2013 年 6 月底的 38.96%；而其对应债务额的增速为 40.22%，低于债务总体增速 66.93%。这表明，监管部门对于地方融资平台公司的治理和整顿工作取得了相当的效果。而在各偿债主体中，地方政府部门和机构债务额增幅是最大的，达到了 62.55%，融资平台公司债务额增速紧随其后。尽管融资平台公司债务在总债务中的比重有所下降，但仍然是第一大组成部分。其中值得注意的是，国有独资或控股企业债务占比达到了 18%，这部分除了部分国企亏损借债延伸至财政资金外，也有融资平台

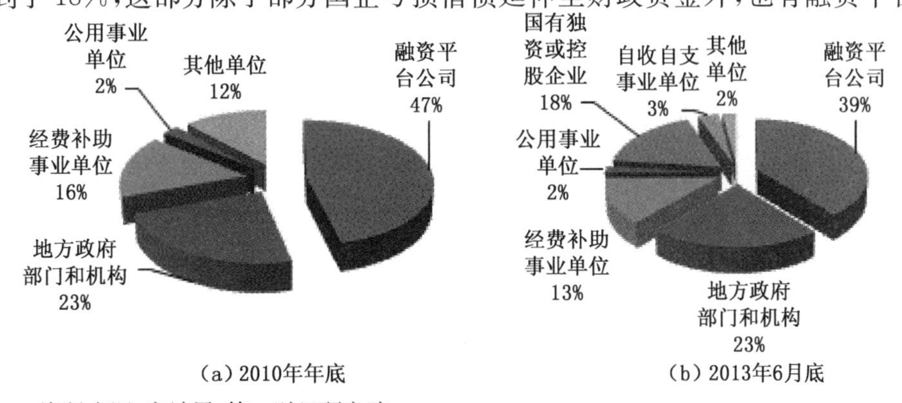

资料来源：审计署，第一财经研究院。

图 2—3　地方政府债务偿债主体占比情况

受到严格监管情况下，地方政府通过国企借贷以规避监管措施的影响。这体现了一种地方政府对于国企部门的干预，或是地方政府与国企部门的联合，其结果将是政府与国企相关责任的不明确，这种“政企不分”必然导致地方债务预算约束的软化，涉及的权责关系变得更加复杂，监管难度进一步增加。

4. 资金来源：银行贷款占比下降，融资渠道更加多样化

从资金来源来看（见表 2—2），由于 2011 年以来监管部门加强了对地方政府融资平台的信贷控制，地方政府性债务来源中银行贷款部分的占比有了

表 2—2　　2010 年年底与 2013 年 6 月底地方政府债务资金来源　　单位：亿元

		三类债务合计债务额	比重（%）
2010 年年底	银行贷款	84 679.99	79.01
	上级财政	4 477.93	4.18
	发行债券	7 567.31	7.06
	其他单位和借款	10 449.68	9.75
	合计	107 174.91	100
2013 年 6 月底	银行贷款	101 187.39	56.56
	BT	14 763.51	8.25
	发行债券	18 456.91	10.32
	其中：地方政府债券	6 636.02	3.71
	企业债券	8 827.37	4.93
	中期票据	1 940.14	1.08
	短期融资券	355.30	0.2
	其他债券	698.08	0.39
	应付未付款项	8 574.77	4.79
	信托融资	14 252.33	7.97
	其他单位和个人借款	8 391.59	4.69
	垫资施工、延期付款	3 758.59	2.1
	证券、保险和其他机构金融融资	3 366.13	1.88
	国债、外债等财政转贷	3 033.73	1.69
	融资租赁	2 318.94	1.29
	集资	804.77	0.45
	合计	178 908.66	100
增幅（%）	银行贷款	19.49	
	发行债券	143.90	

资料来源：审计署，第一财经研究院。

显著下降，由 2010 年的 79.01%下降到 2013 年 6 月的 56.56%。与之形成鲜明对比的则是发行债券的猛增，增幅达到了 143.90%，发行债券在资金来源中的占比由 7.06%上升至 10.32%。应该引起注意的是，2013 年 6 月底 BT 融资规模为 1.47 万亿元，占比为 8.25%；信托融资达到了 1.42 万亿元规模，在地方政府性债务资金来源中占比为 7.97%；证券、保险业和其他金融机构融资为 0.33 万亿元，占比为 1.88%。

这种变化表明在银行平台贷款监管趋紧的背景下，地方政府更多地利用债券市场和更为复杂的表外信贷来应对相关监管措施。一方面，地方债务涉及的经济关系变得更加复杂，监管难度提升；另一方面，面临监管压力而不得不采取变相融资方式使得地方债务成本提高，债务风险也将随之提高，尤其是以信托方式融资表现得更为明显。2011～2012 年城投债与国债的信用利差一直处于较低水平，但自 2013 年 11 月起信用利差已经开始加速上行，此外根据 Wind 数据，地方融资平台通过“政信合作”发行的房地产信托产品预期收益率达到了 7%～9.5%。

5. 债务期限结构：短期偿债压力较大，2014 年信托占地方政府到期债务逾 50%

根据审计署披露数据（见图 2—4），2014 年和 2015 年，地方政府负有偿还

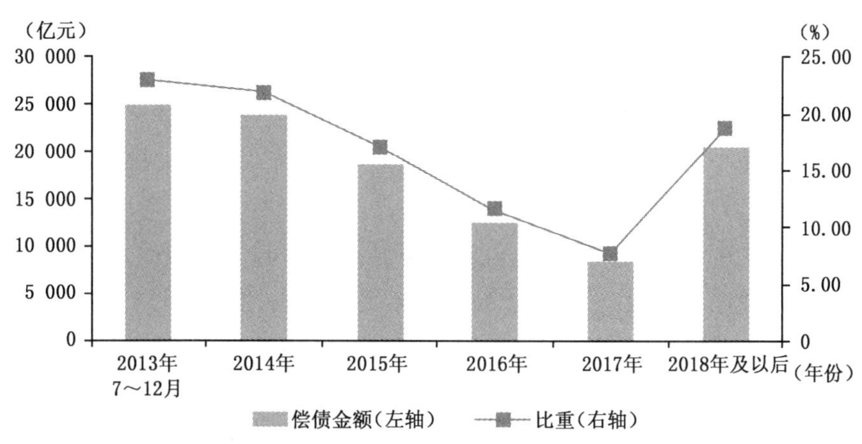

资料来源：审计署，第一财经研究院。

图 2—4　2013 年 6 月底政府负有偿还责任的债务

责任债务金额共为42 404.3亿元，占总金额的38.95%。这可能是由于受短期债务占比的影响，例如BT债务是以短期为主，地方政府可通过以新偿旧的方式维持资金链，但是如果未来总体资金面收缩而导致利率上扬的情况下，地方债务的流动性风险将会上升。

从到期债务性质来看，2014年信托到期量大幅上升。融资类信托产品的平均期限在1.5～2年之间，如此一来信托的发行量在滞后7个季度左右表现为到期量。目前信托的到期量大多是在2011年年末到2012年年初发行，当时恰处于信托扩张的前期。因此，2014年到期的信托大约为5.3万亿元，其中基建类信托约1.4万亿元，这1.4万亿元基建类信托均属于地方政府性债务范畴。

总体而言，地方政府性债务结构和变化特点是基于我国经济增长模式和财税制度的。在以投资与出口作为经济主要驱动力的经济增长模式下，受金融危机等外部因素的不利影响，外贸的不景气促使政府通过扩大投资以确保稳增长目标，政府在经济增长中扮演的角色也就得到加强，于是可以看到伴随地方政府性债务的快速上升，其所涉及的经济面也日益广泛。

2.1.3 未被纳入审计债务

2013年审计署的审计口径有所扩大，审计的政府层级扩大到乡镇级，融资方式中增加了BT、信托融资、应付未付款项、垫资施工、延期付款、证券保险业和其他金融机构融资、融资租赁、国债外债等财政转贷、集资等渠道，借债主体中纳入国有或控股企业、自收自支失业单位，总体上统计口径要比前两次统计更为全面。

尽管此次审计结果对地方政府债务做了一个较为全面的呈现，但是为了对我国地方性债务有一个更为全面的认识，必须注意到有两个方面未被纳入审计债务：一是已经纳入审计的项目，在具体的口径方面可能略显保守；另一个是未纳入审计的项目，主要是养老金隐性负债、政策性银行债务。

在具体口径方面，审计署略显保守。国内券商及学术机构的研究报告从不同的方面予以了表述，以下列举了其中具有代表性的观点，这些研究分别从银监会、证监会、信托业协会等不同机构统计数据，以及各研究机构前期研究结论出发，进行相应统计结果比较，从而得出或可引申出审计署统计口径方面存在略显保守的结论。

中金公司 2013 年 12 月 31 日发布的报告[①]认为，审计结果口径上似乎略显保守，市场对于地方政府债务风险的看法分歧可能加大，出现“信者更信、疑者更疑”的局面，并列举了不同机构的统计数据予以佐证：(1)报告中指出 2013 年审计署披露的审计结果中，平台三类总债务余额只有 6.97 万亿元，而银监会披露的 2013 年 6 月底平台贷款余额是 9.7 万亿元；(2)审计署披露 2013 年 6 月末地方政府性债务中企业债只有 0.88 万亿元，这其中政府负有偿还责任的部分只有 0.46 万亿元，大幅低于中金此前统计的截至 2013 年 6 月末的城投企业债券余额 1.15 万亿元，更小于 Wind 的统计口径结果；(3)审计署统计的融资平台口径包含7 170家，这些融资平台公司 2013 年 6 月底三类债务合计为 6.97 万亿元，仅略高于中金用 770 家城投企业债(不含短融、中票)发行人样本统计的 2012 年年末总债务 6.89 万亿元。其中，审计署列为政府负有偿还责任的融资平台公司债务只有 4.08 万亿元，大幅低于中金定义为城投类的企业债发行人总债务。审计署公布的地方政府负有三类责任的债券总规模，明显低于中金认定为城投类的债券规模。中金公司认为，这说明现有城投企业债发行人债务甚至发行的公开债券中，有相当部分未被统计为政府负有偿还责任的债务，甚至未被统计到地方政府性债务中。

广发证券在同一天发布的研究报告[②]中表达了类似的观点，报告主要从三个方面论述了按照市场普遍采用的估算方法，审计署审计结果有所低估的观点：(1)审计署审计结果公报中地方债务来源中发行债券仅 1.17 万亿元，刨去中央待发的6 146亿元地方政府债，城投债仅计入5 300亿元，仅占广发证券统计的城投债存量 2.4 万亿元的 22%。并进一步解释说，审计署公布结果显示，企债仅4 590亿元、中票和短融仅分别计入 575 亿元和 123.5 亿元。而广发证券所做统计显示，实际存量城投债为短融1 600亿元、中票6 000亿元、企债 1.4 万亿元、定向工具2 300亿元。由此认为绝大部分城投债并未列入地

① 中金公司：《总体债务风险可控，城投估值压力难解》，2013 年 12 月 31 日。

② 广发证券：《地方债务审计结果出台，城投债悲喜交加》，2013 年 12 月 31 日。

方政府债务。(2)审计署公布信托融资为7 620亿元，而根据信托业协会数据，截至2013年年中，投向基础产业类信托余额为2.4万亿元，仅32%基础设施信托计入审计署结果。(3)银行借款方面，根据广发证券的统计，2012年末仅1 000多家发债平台就有借款9.4万亿元，而地方政府债务中来源于银行借款的仅5.5万亿元。

中投证券2014年1月7日的报告①通过考察披露地方债务的城投债评级报告指出，各地纳入政府债务的平台债务并不一致，纳入政府债务口径的平台债务占地方直接债务的比例从8%到98%不等。报告将审计署纳入口径的平台债务与2012年当地已发债平台公司债务进行比较，两者之间存在较大差异。报告解释说尽管发债平台可能只是当地平台的子集，两者可比性较差，但如果纳入口径的平台债务低于发债平台的债务，还是能说明平台债务中仅有少部分纳入了地方政府债务。

在未被纳入统计的项目中，由于政策性银行债券主要用于为国有企业的贷款提供资金，这一部分已经包括在政府或企业债中。下面将主要论述养老金隐性债务。养老金隐性债务是指在现收现付制养老金制度下对在职职工和退休人员养老金待遇的承诺。它等于养老金体制即刻终止的情况下，所有必须支付给当前退休人员的养老金限制加上在职职工已积累今后必须予以偿付的养老金的现值。

据《2003～2012年全国企业职工基本养老保险基金情况》显示，2012年养老金总收入18 363亿元，财政补助2 430亿元，总支出14 009亿元，结余22 968亿元。我国人口老龄化的速度比较快且来势凶猛，预计今后40年老龄化人口将以年均3%的速度递增，大大超过总人口的平均增长速度1.68%，也高于世界平均和欧美各国的发展速度。

马骏团队在《中国国家资产负债表研究2012》中测算得出，假设目前的养老金政策不变，城镇养老金收支缺口将逐步上升，到2050年达到GDP的6.6%，2012～2050年间累计缺口的限制相当于2011年GDP的83%。

社科院李扬团队在《中国国家资产负债表2013》中则认为，随着人口老龄

① 中投证券:《哪些平台债务被纳入地方债?》,2014年1月7日。

化加速，如果政府放任缺口扩大而不采取行动，2019 年积累结余将会消耗殆尽，2050 年职工养老金累计缺口将达到 802 万亿元，占到 2050 年当年 GDP 的 91%。假定通过财政补贴为养老金体系融资以保证养老金累计结余大于或等于 0，将 2010～2050 年间所有财政补贴形成的隐性债务折现至 2011 年，总额将达到 62.5 万亿元，占 GDP 的 119%。

中国社科院世界社保研究中心 2013 年 12 月 12 日发布的《中国养老金发展报告 2013》显示，2012 年有 19 个省份城镇职工基本养老保险基金当期“收不抵支”：城镇职工基本养老保险个人账户缺口扩大了约 240 亿元；而个人账户空账总额则达到了 2.95 万亿元。此外，社科院世界社会保障中心主任郑秉文推测，截至 2012 年年底，中国养老金备付能力仅为 154%，只够支付一年半，据此判断中国养老金隐性债务的规模肯定大于 20 万亿元。

因此，养老金隐性债务尽管未被纳入审计署审计范围，但从目前的养老保险事权分配来看，养老基金欠账除了中央补助一部分外，大部分需要由地方各级政府负担。随着人口老龄化的逐渐展开，地方财政压力必然会因此而增大，养老金隐性债务对于地方政府性债务的影响将不容小觑。

2.2 中国地方政府性债务风险分析

2.2.1 偿债指标：举债投资作用减弱，地方政府债务占比过高

为统一口径，我们采用 IMF 的政府债务数据来计算中国政府的偿债指标，并且与其他国家进行对比。IMF 的数据仅包含国债、外债和代发地方债，2012 年年底 IMF 计算的中国政府债务为 11.56 万亿美元，债务率为 50%。在亚洲地区中，中国债务率处于中等水平，低于日本和印度 2012 年 65%的债务率水平。然而，从趋势来看，我国债务率的增速明显高于除日本以外的其他亚洲地区。特别是 2009 年，中国 4 万亿的投资刺激计划导致政府债务率较 2008 年上涨近 10%。而同为“金砖”国家的印度，在 2008 年金融危机后，政府债务率出现逐渐下降趋势。相反的债务率变化趋势正反映了金融危机后，中印两国“加杠杆”和“去杠杆”的不同道路（见图 2—5）。

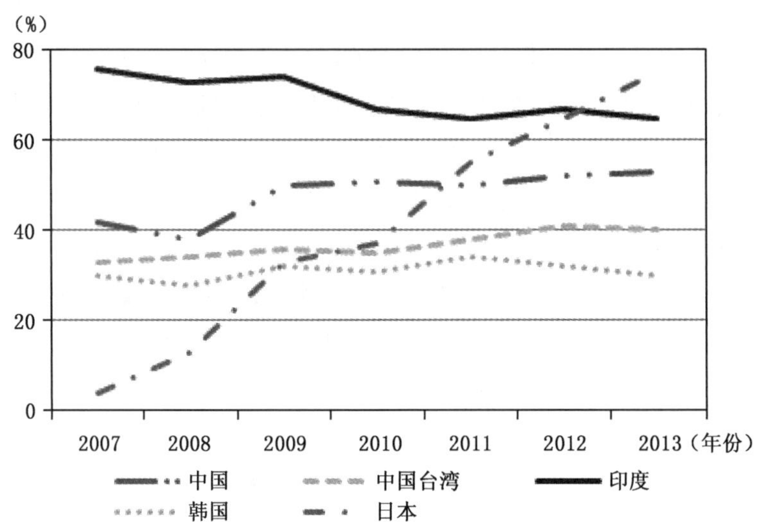

资料来源：IMF，第一财经研究院。

图 2—5　IMF 口径下亚洲部分国家及地区政府债务占 GDP 比重

事实上由于数据透明性差，IMF 对中国债务的统计十分不完整。根据我们的估算，不计环境成本和养老金缺口隐性债务的政府债务占 GDP 比重为 81.1%，包含隐性债务的政府部门债务率为 93.8%。如果将私人部门外债也计入政府部门债务，那么最大口径的政府负债率将达到 102.43%。也就是说，作为发展中国家的中国，其政府部门债务率已经赶超日本这样的社会福利制度完善的发达经济体。欧盟和日本解决政府部门的债务危机尚可以采取削减福利的办法，对于社会福利保障严重缺失的中国而言，政府部门未来的"去杠杆"倘若以居民部门"加杠杆"为代价，无疑将进一步加剧社会矛盾。

从时间维度观察，按照中间口径（含隐性负债，不含私人部门外债）的政府债务从 2008 年年底的 23 万亿元增长到 2013 年年底的 51 万亿元，涨幅高达 110%，其中地方政府债务涨幅接近 180%，同期中央政府债务即国债余额涨幅仅为 48%。

高杠杆拉动的投资效应的确在 2008 年金融危机后的四年里帮助中国保持 8%以上的 GDP 增长速度，尤其是 2010 年，当全世界笼罩在美国"财政悬崖”和欧洲债务危机的阴霾中时，中国依然“一枝独秀”创下10.4%的GDP增速。然而，巨额的投资最终无法掩饰产能过剩、消费低迷和出口下滑的中国经济真相。政府部门依靠举债投资已经不能挽回经济增长放缓的局面，这些贷款不但不能带来可观的经济效益，更为财政特别是地方财政平添烦恼。

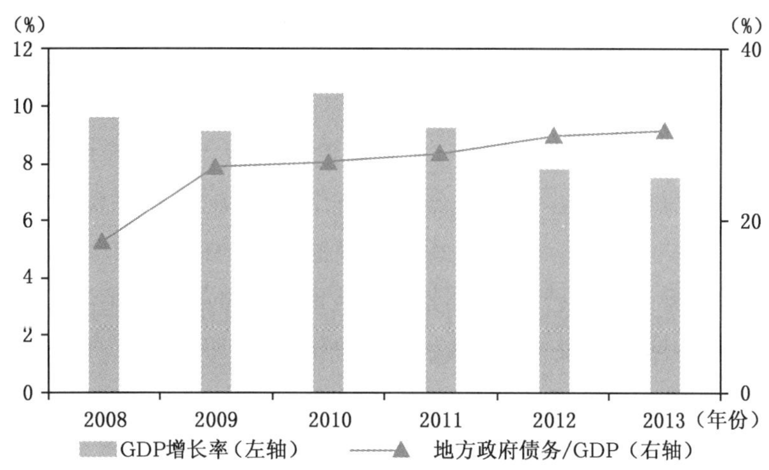

资料来源：国家统计局，国家审计署，第一财经研究院。

图2—6 地方政府债务对GDP拉动作用正在减小

在2008～2010年经济刺激计划实施期间，中国地方政府的债务余额扩大了1倍以上，达到近11万亿元，而同期美国的州和地方债务两年中仅上涨10.8%。2005～2008年间，地方政府融资平台的债务占GDP的比例基本稳定在14%左右。但这一比例在2010年已达到约27%，超过了中央政府正规债务的规模。截至2010年年底，中国地方政府债务占GDP的比例已经超过了美国和巴西，两者的州及地方政府债务分别约占各自GDP的16%和12%。但印度的情况与中国相似，其地方政府债务规模约占GDP的28%。到2012年年底，中国地方政府债务规模占GDP比重已经超过30%。根据穆迪信用评级公司的测算，2010年我国地方债务的坏账率已经达到8%～12%。

2.2.2 地方财政状况：土地财政难以维系

中国的债务风险主要集中于地方政府债务，而地方政府债务的风险并不单纯在于其高存量，而是在于地方政府财政状况恶化可能导致的银行系统坏账率上升，从而传导给整个金融系统。

从地方政府财政收入结构来看，为偿还地方债务，避免债务产生的风险隐患，包含土地在内的各种资源的变现或将成为还债重要途径。我国地方政府收入长期严重依赖国有土地使用权出让，在当前建设用地供给模式下，政府直接参与征地、卖地。一方面，这将导致土地价格高企、房地产价格上涨；另一方面，政府财政过度依赖土地收入，从而造成政府行为被土地“绑架”。

2001 年国有土地使用权出让收入仅占地方本级财政收入的 17%，到 2010 年和 2011 年，这一比重已经骤增至 74%和 63%。过去十年中，土地出让金收入的大幅上涨一方面是由于分税制导致的地方政府财政吃紧和投资带来的政绩升迁驱动；另一方面是由于房地产价格的飙升刺激了房地产企业的拿地欲望，同时也抬升了土地出让金价格。

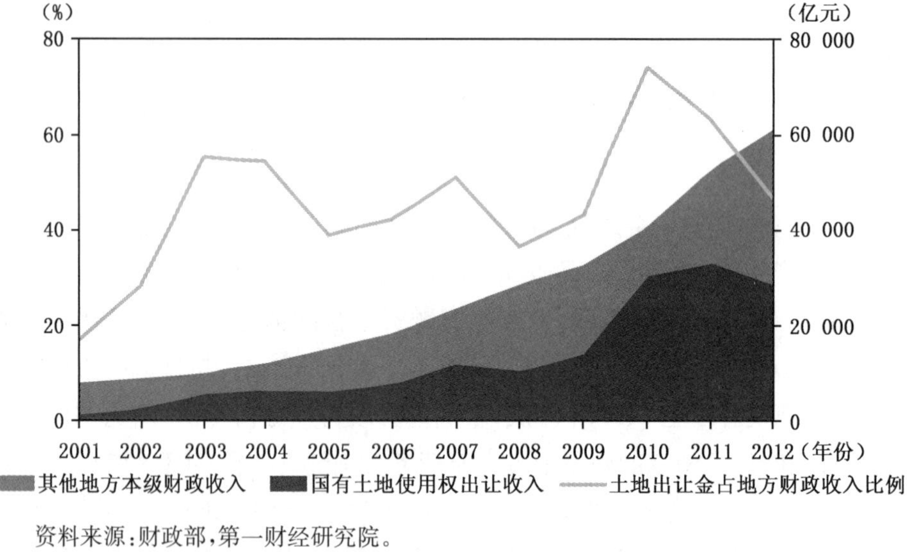

资料来源：财政部，第一财经研究院。

图 2—7　国有土地使用权出让金收入与地方财政收入

土地出让金增长的趋势在 2012 年发生了逆转。2012 年地方政府土地出让金明显下滑，同比下降 15%，致使全年房地产业对地方财政收入的贡献度整体下降。这对于依赖土地财政，且承受巨大债务压力的地方政府来说，显然是一个噩耗。

在地方融资平台最旺盛的地区，土地作为地方政府最重要的资产被大量收储、注入平台公司。目前这些地方恰恰就是资金最吃紧的地方。地方融资平台贷款大部分是土地抵押贷款，很多还款主要依靠土地出让收入。如果土地市场继续低迷，地方的土地出让收益继续缩水，将会使土地抵押贷款的债务开始恶化。

截至 2010 年年底，地方负有偿还责任的债务余额中，承诺用土地出让收入作为偿债来源的债务余额约 2.55 万亿元，涉及 12 个省级、307 个市级和 1 131个县级政府。有学者计算得出，要想偿还上述 2.55 万亿元债务余额，未来需要地方政府完成总额 6.3 万亿元的土地出让收入。这对地方而言，或许要几年才能填上这个缺口，且是在地方政府不再增加债务的情形下才能完成。

实际上，上述 6.3 万亿元债务的估算依然过于乐观。由于土地出让支出的成本正在不断上升，土地出让利润已经近乎干涸。土地出让支出包括征地、拆迁补偿以及补助征地农民支出，土地开发和耕地保护支出，廉租房支出，农村基础设施建设、基本农田建设和保护支出，城市建设支出，破产或改制国有企业土地收入用于职工安置支出等。伴随新一轮城镇化进程加深和征地补偿标准的不断提高，土地出让相关的各种支出都将出现上涨。而另一方面，未来政府对房地产的宏观调控政策和中国经济增长放缓必然抑制房地产商的开发热情以及对商业用地的需求。这样一来，地方政府过去的“土地财政”将难以维系。

2.2.3 债务成本上升，投资回报下降

一方面，中国政府部门每年要为庞大的政府债务支付巨额利息，随着银行体系的信贷紧缩，实际利息成本仍在不断上涨；另一方面，政府主导的投资多为公共事业，期限长、投资回报率低。

到 2013 年年底，地方政府负债总额约为 18 万亿元，地方政府负有直接偿债义务的债务为 10.9 万亿元，按照银行体系平均 6%的贷款利率计算，地方政府 2013 年债务利息支出就高达6 500亿元，而 2012 年地方政府本级财政

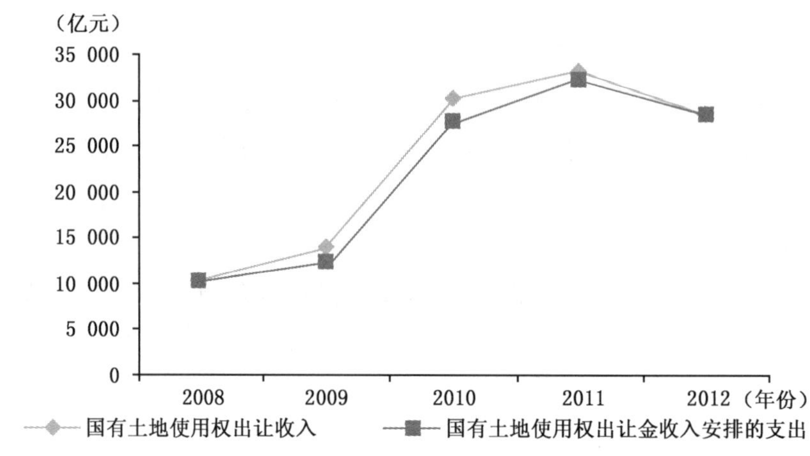

资料来源：财政部，第一财经研究院。

图 2—8　国有土地使用权出让收入和支出

收入加上中央政府转移支付共计 9.2 万亿元，支出超过 10.5 万亿元，赤字高达 1 万亿元以上。由此可见，仅6 500亿元的利息支出对地方政府已经构成巨大压力。目前，昆明、常州等地已经出现 BT 项目回购违约。

实际上，地方政府的融资成本远不止 6%。由于地方政府融资平台的迅猛发展，银行各类理财产品和信托公司事实上已经成为地方政府的重要资金来源。庞大的影子银行系统已经占据了银行系统信贷总量的 13%以上。由于影子银行系统缺乏监管，其贷款利率难以统计，但是我们可以根据影子体系中规模最大的信托产品的收益率考察影子银行的放贷利率。根据用益信托工作室发布的数据，2011 年所有信托产品的平均预期收益率高达 9.11%，房地产信托产品甚至达到 10.06%，信托产品总资产规模突破 4 万亿元。2012 年全年，信托产品平均收益率仍保持在 9%以上。

由于影子银行是地方融资平台最主要的资金来源，同时融资平台在地方债务主体中占比过半，所以地方政府债务利率的计算应该充分考虑影子银行利率。按照 9%的影子银行利率和影子借款在地方债务中占 50%的比例计算，可以粗略估计出地方政府举债成本为 7.5%，2013 年地方政府债务利息将为9 000亿元。这意味着地方政府土地出让金中将有 1/3 用来偿付债务利息。随着利率市场化的不断推进，地方政府融资成本还将进一步提高。

在如此高的举债成本下，政府的投资回报率自然逐渐降低。地方政府的投资回报率可以从地方政府性基金收益（包括基建投资、公共事业建设等项目）和国有企业运营状况两方面观察。

地方政府债务投向中占绝大部分的传统基建项目往往周期较长，产生收益周期相对也较长，相当部分公益性项目收益率会很低，甚至无法产生现金回报。以 2012 年 9 月稳增长获批项目为例：5 日，国家发改委网站公布了 25 个获批轨道交通、城际铁路项目；6 日，13 个公路项目、9 个污水处理项目以及 1 个垃圾焚烧发电厂工程获批，两天内获批项目金额近万亿元。这些项目投资周期除个别为 2 年外，大部分为 4～5 年，有的达到 8 年。2010～2012 年，我国地方政府性基金投资回报率从 8.65%下降至 0.91%，其中，2012 年政府性基金收入的减少主要原因是土地出让金收入的骤减，同期的地方政府贷款利率平均为 7.5%。很显然，依靠举债的投资增长模式已经无法偿还举债成本。

国有企业的经营状况也通过税收和利润上缴与地方财政密不可分。根据财政部发布的《2012 年全国国有及国有控股企业经济运行情况》报告，2012 年，国有企业累计实现利润总额21 959.6亿元，同比下降 5.8%。其中，中央管理企业累计实现利润总额12 240.8亿元，同比下降 0.6%；地方国有企业累计实现利润总额6 914.2亿元，同比下降 15.8%。中央企业销售净利率、净资产收益率和成本费用利润率分别为 4.2%、7.2%和 6.1%，地方国有企业分别仅为 3.2%、4.2%和 4.4%。

表 2—3　　2010～2012 年地方政府性基金收入与支出情况　　单位：亿元

年份	地方政府性基金收入	地方政府性基金支出	投资回报率(%)
2010	33 609.27	30 934.41	8.65
2011	38 232.31	36 843.13	3.77
2012	34 203.57	33 893.87	0.91

资料来源：财政部，第一财经研究院。

因此，无论是从地方政府基建项目还是从地方国有企业经营状况分析，地方政府的盈利能力都远不及债务的利率水平。并且，举债成本的上升和地方盈利能力的下降将进一步恶化地方政府的偿债能力。

2.2.4 货币供给意愿和能力正在降低

4万亿投资计划像一支兴奋剂，在泡沫即将破灭时为我国经济注入了活力。但是当药效已过，经济的失衡和低效又暴露无遗，药物的副作用甚至还恶化了现状。目前，信贷政策的紧缩、对较低GDP增速的容忍以及对经济结构转型的强调，说明本届政府显然已经意识到中国经济高增长的时代已经结束，并且有意愿扭转由投资拉动增长的经济模式。信贷宽松的时代行将成为历史。

对于目前中国地方政府债务的现状，很多人依旧保持乐观态度，认为中央政府最终会为地方买单。然而，这一认识混淆了中央发行货币的意愿和能力。为地方债务买单，央行需要增加基础货币的供应，由于地方债务规模过大，激增的货币供应量必将引发通货膨胀的压力。因此，所谓中央政府买单，实际上是通过货币价值稀释，最终将债务转嫁到纳税人身上。

国内有学者研究了具有Logistic曲线性状的M2/GDP的动态演进路径，发现在当前的GDP增速下，我国货币供应量已经濒临上限。遵循这一路径，我国M2/GDP将呈现先加速上升，经过拐点后增速放缓并逐步趋近上限的变化轨迹。以目前数据测算，我国M2/GDP的增长上限大致在2.2～2.3左右。研究还发现，M2/GDP缺口而不是M2/GDP值本身与通货膨胀之间存在密切关系。短期内M2/GDP偏离其动态路径的过快增长，可能导致之后的通胀压力上升问题。这也要求宏观政策要保持货币总量平稳适度增长，为经济增长和结构调整创造适宜的货币环境。

由于宽松的信贷政策，我国M2占GDP比重在2008～2009年间飙升近30%，2012年已达到190%，距离上限220%只差30个百分点。如果央行在2013年能够将M2增速控制在13%以内，在7.5%的GDP增速下，我国到2013年年底M2占GDP将达到200%。未来按照10%的M2增速和6.5%的GDP增速计算，我国该指标将在2017年达到220%的上限。如果地方债务危机的恶化逼迫中央财政放松对M2的控制，220%的上限很有可能提前到来。

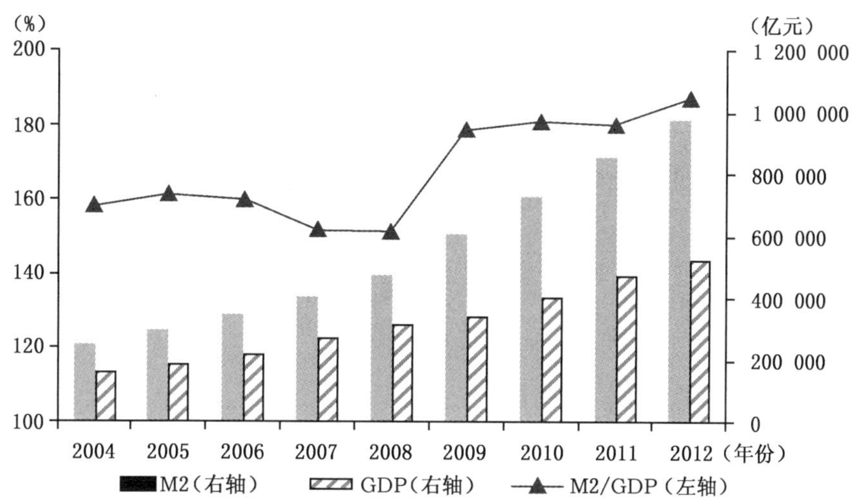

资料来源：Wind 资讯，第一财经研究院。

图 2—9　M2 与 GDP 增长情况及两者比值

从外部环境观察，美联储已经开始退出其长达五年的量化宽松货币政策，这标志着美国货币政策正常化的开端。在美国经济加快复苏的背景下，量化宽松的终结仅仅是货币政策趋紧的开始，美联储或于 2015 年开始上调联邦基准利率水平。市场对美国利率水平上调的预期已经体现在了美国 10 年期国债收益率水平中，以新兴市场为首的外围市场利率水平在此影响下也已经出现了明显上升。2013 年 6 月，中国银行间市场的“钱荒”危机正是全球流动性收缩的剪影。2014 年，伴随美联储货币政策开始转向，全球流动性将继续紧缩，中国依靠外汇占款向国内提供流动性的能力必将缩水，中国货币供给能力因此将受制于美国货币政策收缩。

2.2.5　融资平台风险正在上升

我国《预算法》规定，“除法律和国务院另有规定外，地方政府不得发行地方政府债券”;《担保法》也有地方政府不能直接负债，也不能为债务提供担保的限制。尽管 2009 年财政部开始代理地方政府债券发行，但这一代发规模远不能满足地方政府资金缺口。地方政府融资平台公司便成为绕过限制而获得资金的权宜选择。

这种制度背景下诞生的地方政府融资平台不是一个合理的市场化产物，在非完全市场逻辑运行下，投资者与地方政府间存在着信息不对称，政府信用对相关负债存在着“隐性担保”，于是投资者很容易产生对地方融资平台相关债务的“过度预期”。由此不可避免地在现实中表现为地方融资平台短期发展迅猛，负债规模快速增长，部分地方政府融资平台过度负债，债务偿还还存在较大的不确定性。非完全规范市场运作下，存在投资者对地方政府真实资产负债情况不能准确了解以及地方投融资平台主要依赖银行贷款而风险较为集中等一系列现象和问题。

2.3 利率市场化对我国地方政府债务的影响

2.3.1 2013年市场利率出现飙升

2013年银行间市场利率整体呈波动上行态势，年中创下历史新高，年末再度快速上升。截至2013年年底，7天回购利率为8%，较年初上升418个基点；3个月SHIBOR为5.46%，较年初上升156个基点。

2013年国债收益率前后走势差异较大，上半年小幅波动，7月份后持续走高。截至2013年年底，5年和10年期国债到期收益率分别为4.48%和4.6%，较6月末分别上升119和109个基点，较年初分别上升121和99个基点。其他各期限国债到期收益率也全面上升。

2013年理财产品收益率稳中有升，11月末理财产品收益率为4.81%，较年初上升30个基点。信托计划收益率在2013年上半年波动较大，下半年一度回落，年末又掉头向上。11月信托计划收益率为8.08%，较年初上升55个基点。

2013年以来，民间借贷利率呈稳中有降趋势，利率市场化对民间借贷的约束和规范作用初见成效。2013年11月末，温州民间融资利率为17.1%，比上年末下降0.9个百分点，比10月末上升1.1个百分点。全国民间借贷利率基本稳定在17%左右。

2.3.2 2014年年初利率上升原因及未来利率走势判断

短期来看，2013年6月和12月两次“钱荒”主要有四方面原因：一是年中和年末银行拆借资金主要用于支持理财、信托等影子银行，以做大存款规模；二是2013年财政纪律明显加强，年底财政放款较为缓慢，银行体系流动性压力相应加大；三是商业银行备付金下降较多；四是年中和年末冲规模、应对考核等因素也推动市场利率短期内冲高。

除上述因素外，还有以下三方面长期因素会推动未来利率水平趋势性上升：

一是利率市场化将推升利率水平。从国际经验看，利率市场化初期，不管是发达国家还是发展中国家，存贷款利率水平普遍上升。从我国情况看，存款利率上限放宽后，央行已经两次调降存贷款基准利率，但存款利率仍小幅上升。从金融创新看，市场化程度较高的金融产品利率较高，倒逼市场利率上升。另外，互联网金融快速发展也加大了银行的压力，银行必须以高利率与互联网金融产品竞争，这也会直接推高市场利率。

二是投资和储蓄的相对变化会影响利率水平。利率从根本上讲由资金供求状况决定，长期来看，利率变动取决于储蓄和投资的相对变化。2008～2012年，我国储蓄率从53.02%一路下滑至50.06%，预计未来将呈现长期下行趋势。目前我国仍处于经济发展上升期，投资需求巨大，2008～2012年，投资率从43.8%稳步上升至47.8%。中央经济工作会议已经确定2014年我国GDP目标为7.5%，未来投资仍是拉动我国经济增长的重要因素，投资率将基本稳定或小幅下降，但下降幅度会小于储蓄率降幅。资金供给难以支持固定资产投资资金需求，这将促使市场利率上行。

三是国际环境变化可能推动我国利率水平上升。国际金融危机发生后，主要经济体的央行都在实行量化宽松货币政策，导致全球利率长期处于较低水平。但2013年第三季度以来，美国经济明显复苏，欧元区经济也出现好转迹象。美联储宣布将从2014年1月起开始逐步退出量化宽松货币政策，美元利率可能逐步上升，间接推动我国利率水平上升。未来如果美国经济持续走强，外资可能回流美国，这会导致我国货币供给下降，也可能会推高整体利率水平。

事实上，投资和储蓄的相对变化以及国际利率水平的变化正是我国利率市场化的大背景和重要原因。我国利率中枢水平上升的最根本原因是在利率市场化的趋势下，市场开始逐渐接替政府和大型金融机构来发挥资金定价的重要作用。

2.3.3 利率市场化对地方政府债务的影响

一方面，在地方政府和企业对资金需求力度持续增强、央行货币政策有意收紧的双重压力下，利率市场化必将导致利率水平上行。国际经验表明，在利率市场化初期，无论是发达国家还是发展中国家，利率都会普遍上升。世界银行相关统计数据显示，以名义利率衡量的 20 个国家中，15 个国家名义利率上升，5 个国家名义利率下降；以实际利率衡量的 18 个国家中，17 个国家实际利率上升，仅 1 个国家实际利率下降。

目前，发改委审批的城投债票面利率在 7.05%左右，加上 2～3 个百分点的发行成本，其综合成本已经上升至 9%～10%。利率水平上升直接导致了地方债务存量成本上升，利率水平每上升 100 个基点，10 万亿元债务成本将上升1 000亿元。融资成本大幅飙升意味着过去地方政府“借新还旧”的“庞式融资模式”难以维系。一般来说，庞氏融资是指现金收入不足以还本付息，经济主体需要不断地借新债还旧债，或者出售资产。如果庞氏融资所占的比重过大，则金融体系是不稳定并且脆弱的，危机有可能一触即发。部分地方政府通过借新债还旧债本息，如果这时央行不释放流动性，利息就会快速飙升，利息增加将会提高还债难度，所以高利息不可能持续。如果选择折价出售资产，供应增加将使资产价格快速下行，最终结果必然是发生经济“硬着陆”。

目前中国利率上升就是庞氏融资状态，地方政府负债规模膨胀，部分政府得靠借新债还旧债。这样一来，大量的银行理财、信托、融资平台到期债务压力越滚越大，而且资金需求的旺盛使得发债利率越来越高，同时也意味着信用违约风险越来越大。融资成本大幅上升的不利环境以及还款期集中到来都将使得债务规模过大的部分地区信用违约风险大增。

另一方面，在利率市场化背景下，过去的政府隐性担保机制作用将逐步淡化，市场将成为资金定价的主题。因此，金融机构在进行放贷决策时会更多考虑借债主体的债务率水平、还款能力、投资回报率等因素。这样一来，高杠杆、低投资回报率的地方政府融资模式将面临融资困境，过去依靠政府隐性担保的廉价资金时代将一去不复返。

2.4 中国地方政府性债务风险控制与防范

根据本章内容分析，可以认为中国地方政府债务所呈现出来的相关风险与问题有着深刻的经济发展模式以及财税制度方面的原因，并受我国相关政府政策的影响十分明显。根据 2013 年审计署发布的审计结果以及其他方面的种种数据与资料，可以认为我国地方政府债务目前总体上可控，但是存在局部的流动性风险。基于对地方政府性债务问题成因以及当前地方政府性债务现状的判断，地方政府性债务的风险与防范应从体制性因素方面着手。根据地方政府性债务问题产生根源的层次，将主要涉及四个层面的改革：一是着力于解决信息不对称而进行的监管框架的改革；二是着力于正规地方政府融资渠道建立的投融资体制改革；三是着力于地方事权与财权矛盾而进行的财税制度改革；四是着力于转变经济增长模式而进行的政府职能改革。这四个方面相辅相成，从不同的层面和时间跨度提出了做好地方政府性债务风险控制与防范的内在要求。

2.4.1 监管框架改革

中国银行业协会发布的《2013 中国银行家调查报告》显示，多数银行家认为地方债务风险主要源于信息不对称，充分的信息披露是防范和化解风险的前提。报告中指出，目前地方债最主要的风险点集中在“无法掌握全口径地方政府性债务信息，导致风险难以准确估算”、“地方政府融资渠道日益多元化，风险监控难度日益加大”、“地方政府财政收入增速放缓，难以支撑债务偿还”和“资金使用不规范，难以监测平台贷款资金流向”这四个方面，而其中三个方面都是源于信息不对称。因此，一个致力于缓解信息不对称的有效管理框架的建立是我们首先应该予以探讨的，需要注意的是，这一体系除了服务于相关监管部门的需要外，更重要的职能是提供了一个信息披露平台。因此，从缓解信息不对称方面讲，包括了两个方面：一是监管部门与地方政府性债务活动主体之间的不对称；二是地方政府性债务的投资者与举债者之间的信息不对称。

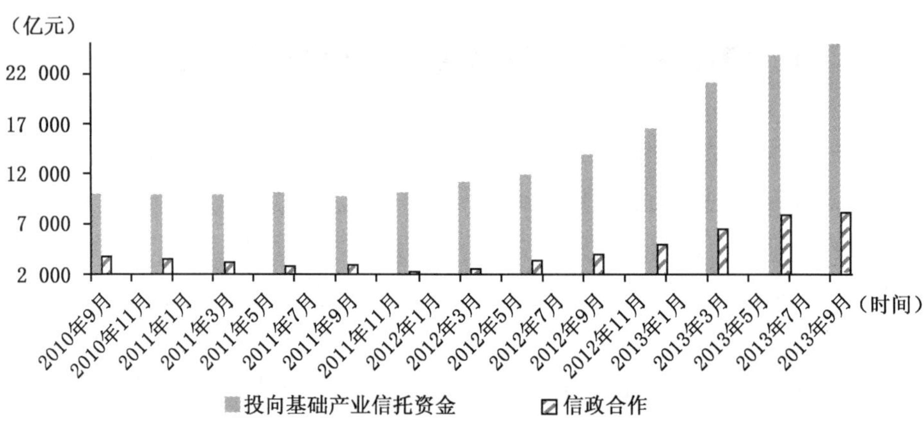

资料来源：中国信托业协会，第一财经研究院。

图 2—10　信托融资与信政合作的迅速增长

一个有效的管理框架应该能够合理地划分不同类型的地方政府性债务，这其中大致可以将地方政府性债务划分为三类，即政府主体的纯公益性项目相关的债务、事业单位主体予以担保的低收费项目相关的债务、企业主体的盈利性项目相关的债务，由此而为地方债务风险的监控提供支持。

在对不同类型地方政府性债务进行合理分类的基础上应建立事前监管机制，由此对借债目的、类别和发债程序进行规定，制定财政监管指标对相关举债项目进行评估，确立标准的会计报告和审计要求，建立相关的市场披露要求以增强财务透明度。在这一过程中要充分引入市场第三方担任相关的审计监督角色，从而有效加强政府与市场之间的信息透明度，缓解投资者与举债主体之间的信息不对称。

同时需设计事后无法支付债务体系。这一体系的核心在于明晰相关主体的责任，对于政府承担的责任予以具体化，由此建立清晰的“防火墙”体系，防止由于相关债务责任主体的不清晰形成相互牵连，一旦部分债务恶化而形成“多米诺骨牌效应”。权责明确的一个重要方面就是解决政府信用对相关平台债的隐性担保问题,使市场对于平台债务中政府所负有的责任有一个一致的预期。这一机制的建立将有利于隐性地方政府债务的重组,并且如果有违约情况出现将不会对未来的地方政府融资行为产生深刻影响。从长期来看,地方政府债务信息的充分披露将有利于市场对地方债券相关融资合理定价与转让,对于地方政府债务的持续性市场化运作将会有重大意义。

2.4.2 投融资体制改革

目前我国不允许地方政府发债,而只能由财政部代发债券。一方面,代发债券规模有着严格的控制,不能满足地方政府融资需要;另一方面,由于由财政部审批,实际上就形成了中央财政对地方财政的隐性担保,地方政府对于相关资金使用的风险控制就会软化,不利于资金的高效率利用。而地方政府规避相关规定,采用融资平台公司的方式进行融资,又由于缺乏统一的风险统筹机制,加之在具体运作过程中地方政府对平台债的隐性担保,也会使得相关债务运作的约束软化,导致地方融资平台野蛮发展,风险积累。政府后续出台的相关风险监管政策和措施,只注重对地方融资平台来自银行方面资金进行抑制,以防止风险向银行系统的集中,但是仍然没有致力于地方政府正规融资渠道的建设。这种“只堵不疏”的监管,使地方融资平台债务以更隐蔽、更复杂的方式寻找资金来源。因此,未来的改革政策必须着力于正式的政府融资渠道的建立,使得隐性债务逐渐显性化,在此基础上才能做好相关的风险控制。

在制度上应该为地方政府融资渠道进行松绑,及早进行《预算法》以及相关法规政策的修改,允许地方政府在全国政府性债务风险统筹监管的前提下自主发债,以此部分替代地方政府债务的信贷,创造宽松的政策条件并鼓励私人资本进入基础设施行业等固定资产投资领域,实现政府性债务投资主体的多元化。由此,一方面,可以使部分地方政府性债务风险向市场转移,缓解银行体系的不良资产风险;另一方面,可以使得地方政府性债务风险充分分散化。在正规地方政府融资渠道建立过程中,通过规范化、标准化操作,逐步实现国家信用担保部分的明确化、定量化,通过信息的充分披露,将隐性担保显性化，担保边界明晰化。而在国有商业银行因隐性担保和利差收益激励下形成贷款冲动方面，则要通过进一步的金融体系改革，鼓励非国有银行发展，通过银行业充分竞争，完善银行破产法规程序，改变国有银行产权过大的局面，同时推动利率市场化，发展直接融资等方式来进行改变。

从发达国家的经验看，允许地方政府发行债券，是各国筹集城市公共基础设施项目建设资金的主要做法，也是实行分税分级财政体制国家的普遍经验，如英国、美国、德国和日本等国家，地方政府债在其财政收入及债券市场体系中都占有重要地位。因此，在借鉴成功经验的基础上，结合我国国情，坚持“政府引导、市场主导、试点突破、协同推进”的基本原则，逐步建立一套适合我国经济结构的、规范的地方政府举债融资机制。

2.4.3 财税制度改革

地方政府性债务的快速上升及相关问题的凸显，其更为深刻的原因在于中央和地方在事权、财权方面的不对称。在分税制改革后，我国中央财权得到大幅增强，而地方财权则被削弱，在财政分权体制设计上采取了收入划分不考虑地方政府本级收入和支出匹配的方式。在中央集中收入后，通过转移支付实现各级政府收入与支出的匹配，但在财政下放中又只下放了支出责任，而未下放收入权力的情形。有关研究表明，这种情况下很容易产生一系列地方激励扭曲，地方政府出现道德风险，政府支出规模和债务增加。

中央政府拨款相对于地方税收增长而言会带来财政预算，不像后者那样对地方政府具有硬约束。如果地方政府支出超过预算而产生赤字，就会被动等待上级政府追加补助，这种廉价资金就会诱导地方政府财政赤字增加，使地方政府热衷于“跑部前进”。由于地方政府处于简单的收入接受者地位，可能使地方政府产生“财政幻觉”，刺激其超额支出、过度支出，进而导致资金利用的低效率。中央对地方税收返还和补助收入比重一直保持在高位，2012 年占地方财政收入总额的 42.6%，并且地方财政的支出呈现出比地方财政收入更加快速的趋势，从 2010 年开始地方财政支出始超过地方财政收入。这反映了地方政府大部分支出并非来自自身税收来源，其预算约束将会软化，直接后果就是地方政府行为的可问责度会降低。

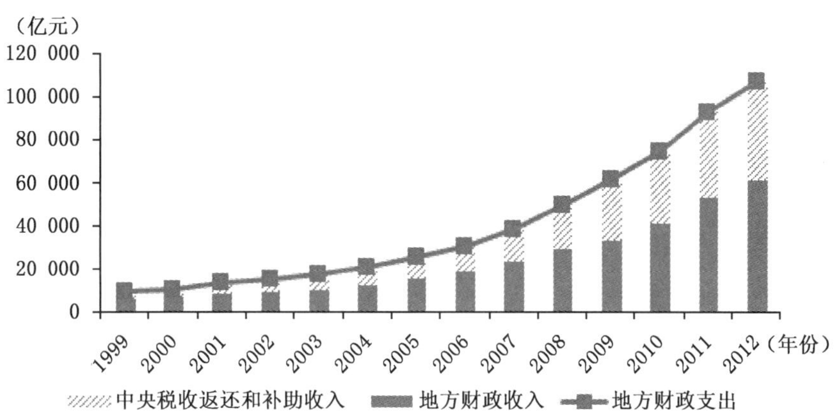

资料来源：财政部，第一财经研究院。

图 2—11　地方财政收入与支出

因此，应当对地方与中央的财权和事权进行相应的调整，改变地方政府由于事权与财权的高度不一致，高度依赖转移支付而衍生出的融资压力和扭曲的行为模式。这就要求首先在事权和财权进行合理界定的基础上，对财税体制进行相应的调整变革。大体而言有两条路径：一是增加地方政府财权；二是增加中央政府事权。适度加大地方政府财政权力，设法增加地方自主性财税收入，完善地方税种，合理划分中央与地方共享税比例。在支出责任方面相应予以减轻，偏向于强化中央政府的支出，在很大程度上需要将中央进行统筹安排领域的支出责任适度划归中央，最终形成地方政府财权小幅扩大，从而使事权向中央上移。

此外，要探索和完善地方政府破产法规和程序，核心目标是要强化对地方政府性债务的硬性约束，推动地方政府在保证信息透明度的基础上，以市场化方式融资，增强市场对地方政府融资行为的监督和约束。

2.4.4　政府职能改革

地方政府性债务所呈现出来的问题从根本上而言就是经济资源配置效率的问题，也就是在地方政府性融资过程中市场化方式能否得到有效实行的问题。在政府主导的投资拉动型经济中，行政性的资源配置方式还是占据着主导地位，在以 GDP 作为官员考评体系核心的背景下，各级政府举借债务进行投资的冲动高涨。而在官员任期因素影响下，很容易产生过度投资的短视举动，在此过程中很容易产生地方政府债务走高以及一批效益低下的项目上马。地方政府过度渗入微观经济领域，直接参与经济运作，这种“地方政府公司主义”的盛行，最直接的后果就是政府投资行为对以市场经济方式运行而相对有较高效率的投资的挤出，降低了经济运行效率。

通过比较 2007 年我国与若干发达国家、新兴市场国家的财政支出结构，很明显可以看出，我国财政支出结构中经济事务部分要明显高于其他国家（见表 2—4）。这反映了我国财政对经济运行干预的程度较其他国家都要更加深化，这与我国经济投资拉动往往由政府主导是一致的。而财政支出方式往往是以行政划拨的方式进行的，在相关支出效率衡量方面较之市场明显存在弱势，很容易产生的一个后果就是过度投资，而由于机会成本往往难以明确，就导致这种低效率投资难以得到及时纠正。我国目前经济增长方式主要依赖于外贸与投资，消费力量的配置成效始终不是很明显。这种情况下，政府主导的投资以促增长保就业为目标就具有一种情势的必然性，但是随着此种模式的继续，政府力量对于市场力量的挤压作用就愈发明显，尤其是在外部环境低迷的情况下更是如此。弱化市场力量致使资源配置效率的降低，对于我国要实现经济结构调整战略目标犹如缘木求鱼。

表 2—4　　中国与若干国家财政支出结构比较（2007 年）　　单位：%

国家	一般公共事务	国防	公共秩序与安全	经济事务	环境保护	住户与社区生活设施	健康	文化娱乐与宗教事务	教育	社会保障
中国	18.2	5.24	4.98	37.68	3.21	0.44	2.51	1.27	9.32	17.15
美国	13.47	11.54	5.71	9.98	—	1.85	21.06	0.87	16.93	18.59
德国	13.61	2.41	3.51	7.23	1.1	1.93	14.01	1.36	9.09	45.75
日本	12.91	2.59	3.89	10.55	3.55	1.81	19.60	0.43	10.74	33.93
新加坡	12.37	27.99	6.24	9.81	—	12.19	6.04	0.48	20.82	4.07
波兰	12.58	3.89	4.72	10.15	1.4	1.7	10.62	2.64	12.72	39.57

资料来源：IMF，第一财经研究院。

转变政府职能即是要求政府由推动经济建设型政府向公共服务型政府

转变。这就要求在政绩评价考核体系中相应弱化经济增长的部分，而强化对经济增长效益、社会发展等方面的考察。从直观上看是政府评价机制的变革，但根本上是要求对经济增长模式的变革。走出经济增长要依靠政府投资拉动的模式，否则政府职能转变将只是零星的修正，而无法形成实质的变革。而如何实现我国经济增长模式转变，实现我国经济结构战略转型，从根本上为我国政府职能转变提供经济基础，则需要我们继续探索。

2.4.5 经济增长方式的转变

地方债增长率和GDP增长率呈现出明显的负相关关系(见图2－12)，其中1998年和2009年地方债债务余额增长率分别为48.2%和61.92%，而这两个时间点上都正值两次金融危机的经济下滑之时。事实上，这充分说明了地方政府性债务增速的变化有着深刻的经济和政策方面的原因，受宏观经济与政府宏观调控影响很大。

长期以来，我国经济依靠出口和投资拉动，而消费则增长有限，这就决定了我国经济对于国际外部环境变化的敏感程度较高，一旦外部经济环境恶化，我国出口就会因此而疲软。在消费难以得到有效提高的情况下，为了达到保增长的目标，往往需要通过政府投资拉动，以应对相应冲击。因此，地方债增长呈现出来的特征是我国经济增长模式的一个侧面表现，也就是总体上呈现出“外部经济恶化—外贸不景气—经济下滑—政府投资拉动保增长—地方债增长率上升”的模式特点。

在我国经济增长模式不能发生根本改变的情况下，“外部经济恶化—外贸不景气—经济下滑—政府投资拉动保增长—地方债增长率上升”将不可避免地继续上演下去。但是随着债务规模的不断上升，债务负担将逐渐加重，同时债务结构也将更加复杂，地方债增长率上升的空间将越来越小，整个债务系统的风险将越来越大，这一模式注定是不可持续的。

随着矛盾逐渐走向激化，甚至可能进一步发生债务危机。虽然通过税制改革或许在一定程度上可以使得情况有所缓和，但是税制改革只是在结构上作有限调整，本质上只是债务在中央政府与地方政府的重新分配。要从根本上跳出这个循环，只能是改变目前我国过度依赖外贸与政府投资的经济增长

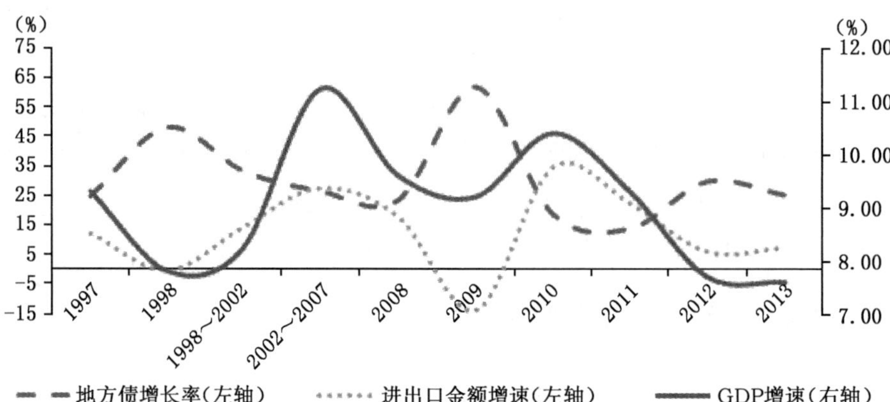

注：(1)2011 年地方债增速根据《中国金融安全报告(2013)》中所提供的估计值。

(2)2013 年地方债增速由审计署半年增速×2 估算。

(3)2013 年 GDP 增速根据社科院《宏观经济蓝皮书：中国经济增长报告(2012～2013)》估计值。

资料来源：审计署，Wind 资讯，第一财经研究院。

图 2—12　地方债、GDP、进出口金额增速（1997～2013 年）

模式，使得更加具有稳定性的消费在经济增长中发挥更大作用。这样在全球化背景下，才能在应对来自外部经济冲击方面具有更大的主动性。对于市场规模潜力巨大的中国来说，达成这一目标的意义就显得更为重大。

第三章

我国信托业风险

核心观点

信托在中国已有百年历史，现代信托业自恢复以来，历经五次整顿后终于进入“一法两规”乃至“一法三规”阶段。信托行业在制度设计、资本实力、收入利润等各方面都已经取得了巨大的成就。2012年年末，信托资产规模达到7.47万亿元，超过保险业资产规模，成为仅次于银行的第二大金融子行业，2013年年末信托资产规模则超过12万亿元。在信托业继续高歌猛进的同时，也应该注意到，信托行业虽然成绩斐然，但忧患并存。近年来实体经济呈下行态势，大量的信托资金投向房地产、地方政府融资平台等高风险领域，积聚了一定的风险隐患。而大资管市场群雄逐鹿、“8号文”和“107号文”的相继下发以及利率市场化进程的加速，使得信托业的转型愈加迫切。未来信托业仍需加大风险防范力度，多元化开展业务，谋求稳健可持续发展。

3.1 我国信托业的历史演变

3.1.1 1949年前的旧中国时期

20世纪初，现代信托业进入中国。1913年，大连取引所信托株式会社在大连设立；1914年，普益信托公司在上海设立；1917年，上海商业储蓄银行成立保管部，出租保管箱给用户保管贵重物品。自此，开始了中国人独立经营金融性信托业的历史。1921年，保管部更名为信托部，并增办个人信托存款业务。在此之前的1918年，浙江兴业银行正式开办具有信托性质的出租保管箱业务。1919年，聚兴银行上海分行成立信托部，经营运输、仓库、报关和代客买卖有价证券业务。这是我国最早经营信托业务的三家金融机构，标志着中国现代信托业务的开始。1921年，中国历史上第一家标明为“信托公司”的企业在上海成立。此后，先后有10家信托公司成立。1921年，受第一次世界大战影响，游资投机狂热，掀起争设交易所和信托公司的狂潮。中国近代金融史上著名的“信交风潮”爆发，信托公司大批倒闭，仅中央和通易两家信托机构幸存。一直到1926年，信托公司的数目仍没有增加。从1928年起，信托业开始“复苏”，抗战期间，上海的信托公司又增至30余家。抗战结束后，一些信托公司停业整顿，至1946年年底，上海信托行业公会尚有私营信托公司成员12家、银行信托部18家。到1949年解放时，全国共有信托公司14家，其中上海13家。

3.1.2 1949～1953年新民主主义时期

我国社会主义信托事业始于新中国成立初期，它是在我国银行实行社会主义国有化的过程中，对旧中国金融信托业进行接管、改造的基础上建立起来的。同时，新中国又开始试办金融信托业，当时试办信托业的城市主要以旧中国具有一定信托基础的城市为主，而试办信托业务的机构又以银行信托部和信托公司为主。1949年11月，中国人民银行上海分行以原中国银行信托部、交通银行的仓库业务为基础，设立了中国人民银行上海分行信托部。

1951 年 6 月，天津市由地方集资成立了公私合营的天津信托投资公司。1955 年 3 月，广东省华侨投资公司成立，开始办理信托业务。此外，北京、武汉等地也曾成立过信托机构办理信托业务。由于新中国成立初期我国的商品经济尚不发达，还不完全具备发展信托业的条件。同时，由于推行高度集中统一的计划经济体制，使信用高度集中于国家银行，形式趋于单一化。进入 20 世纪 50 年代以后，信托公司和银行信托部逐渐萎缩，到 50 年代中期停止。信托、证券业务在此后近 30 年间在中国销声匿迹。新中国成立初期信托业的存废，显然是一种制度选择的结果，这也充分表明，市场经济体制及产权制度的完善是信托制度和信托业赖以生存的基础。

3.1.3 1979～2001 年五次整顿时期

如前所述，虽然新中国成立初期有过零星的信托行为，但并没有因此发展成为一个系统的行业，所以严格地讲，我国并没有信托传统。改革开放后，我国开始了金融体制改革，信托业进入新的发展阶段。1978 年 12 月，十一届三中全会召开，确立中国进入改革开放的历史新时期，标志着中国经济、财政体制、社会结构等领域全面转型的到来。1979 年 10 月 4 日，中国国际信托投资公司在北京宣告成立，标志着信托业在中国的恢复。我国信托业的恢复和发展，在搞活资金融通渠道、为经济发展提供多样化的金融服务等方面起到了积极作用。但由于对信托业务特点认识不够明确、对信托机构缺乏科学管理以及国家宏观经济政策随经济形势变化而不断调整等原因，我国信托业自改革开放以来，已经经历了五次清理整顿。

1. 第一次整顿

1979 年后，随着财政收入分配制度的实施和地方利益的强化，在银行体系外迅速涌现出许多信托机构。但是，我国信托业恢复之初既无信托传统又无行业规范，因此在发展过程中出现了很多问题。1982 年年底，全国各类信托机构发展到 620 家。其中，中国人民银行有信托部 186 家；建设银行有 266 家；农业银行有 20 多家；中国银行有 96 家；地方性质有 50 多家。这些以融通资金、促进地方经济发展为目的的信托机构变相办理银行信贷业务，结果导致业务混乱、资金分散，加剧了固定资产投资规模的膨胀。

1982年4月，国务院发文对信托业进行整顿，下达了《关于整顿国内信托投资业务和加强更新改造资金管理的通知》，规定“除国务院批准和国务院授权单位批准的信托投资公司外，各地区、各部门不得办理信托投资业务。已经办的，由各省、自治区、直辖市人民政府限期整顿。信托投资业务一律由央行或央行指定的专业银行办理。经批准举办的信托投资业务，其全部资金活动都要纳入国家信贷计划和固定资产投资计划，进行综合平衡”。这次整顿的重点是行业清理，旨在清理银行金融信托机构，以加强和协调信托业与银行业的宏观调控关系。

2. 第二次整顿

1983年起中国人民银行专门行使中央银行职能，随之，信托业发展又被提上议事日程。中国人民银行提出“凡是有利于引进外资、引进先进技术，有利于发展生产、搞活经济的各种信托业务都可以办理”后，信托业出现了又一次高潮，出现了大量使用信托方式进行贷款的活动，但是信托资金普遍来源不明。这一轮信托业的扩张是对银行信贷业务的重复，助推了中国经济的过热发展，成为货币投放和信贷规模失控的主要原因。

1985年，国务院发出《关于进一步搞活银行贷款检查工作的通知》，根据《通知》精神，中国人民银行总行发出紧急通知，开始了对信托业进行第二次清理整顿。这次整顿的重点在于清理信托业务，并暂停信托贷款和信托投资业务，对各地贷款进行检查，严格控制信托贷款，抓紧收回不合理贷款。1985年12月，中国人民银行发布《金融信托投资机构资金管理暂行办法》；1986年1月，国务院颁布了《中华人民共和国银行管理暂行条例》；1986年4月，中国人民银行据此暂行条例颁布了《金融信托投资机构管理暂行规定》。这一系列办法和规定，对信托业的性质、作用、业务范围与经营方向都作了进一步明确规定，信托业被纳入法制管理的轨道。

3. 第三次整顿

1986～1989年，随着经济体制改革的不断深入和国民经济的发展，我国经济呈现出高速发展的势头。随着我国利率市场化改革取得突破性进展，金融市场、外汇调剂市场逐步开放，并出现了发行金融债券等新型金融业务，在搞活银行的主导思想下，把信托业作为“搞活”的主要途径，信托业的发展再次掀起高潮。1988 年 9 月,经中国人民银行批准设立的信托投资公司达到 745 家,资产总额 700 多亿元,开办了多种信托业务。信托机构超范围吸收存款、发放假委托贷款、超比例发放固定资产贷款、滥设机构、越权审批等违规现象时有发生,蕴含了大量的金融风险。

在这种情况下,信托业第三次清理整顿开始。1988 年 8 月,中国人民银行发出《关于暂停审批设立各类非银行金融机构的紧急通知》,并成立了信托投资机构清理整顿小组。1989 年 9 月,国务院下发《关于进一步清理金融性公司通知》;1990 年 3 月,中国人民银行颁布了《关于金融性公司撤并留的政策意见》和《关于金融性公司撤并留有关问题的通知》两份文件,开始全面清理撤并各级中国人民银行越权批设的信托公司,取消利率上浮规定,使信托机构失去与银行竞争的利率优势。经过清理整顿,中国信托业机构过多的问题得到了解决,信托机构从整顿前的 745 家骤减为 360 家,贷款规模增长过快的现象得到控制。清理整顿期间,信托贷款规模平均每年增长 10%,比整顿前的 25%的增速下降 15 个百分点,为信托业的稳步发展创造了条件。

4. 第四次整顿

1992 年初,国家宣布为期 3 年的全国经济治理整顿结束,邓小平同志南下视察,国民经济全面回升并呈现高速增长态势。随着开发区的高速发展、房地产“圈地运动”的兴起,信托机构虽然数量在增加,经营也开始出现不规范,大规模银行资金通过违规拆借、违规揽存、违规放贷等手段流入信托公司并直接参与沿海热点地区的圈地运动和房地产炒作。信托公司忽略了自身专业理财的职能,而在资本市场过度开展证券业务,并且高息揽存形成了大量的不良资产,甚至出现了严重的支付危机。

1993 年 6 月,中央决定进行宏观调控,整顿金融秩序,从而开始了对信托业的第四轮清理整顿。这次整顿,强调信托业和银行业“分业管理、分业经营”的金融政策,限制银行向信托投资公司的资金拆借,要求银行的信托投资部门或者重组改造,或者转让,或者以关闭等形式全部脱离银行。1995 年出台的《商业银行法》禁止商业银行从事信托投资业务,以彻底切断资金从银行流向信托投资公司的渠道。国务院要求四大国有商业银行改造和脱离所有的信托投资公司。1995 年底,全国具有法人地位的信托公司有 392 家。1996

年撤并了 168 家由商业银行独资或控股的信托投资公司，另有 2 家被关闭和兼并，但保留了工、农、中、建四行总行所属的四大信托投资公司。与此同时，对国务院部委和大型企业集团主办的信托机构进行改组和整顿，对地方信托机构也进行了大规模的合并和撤销。到 1996 年底，撤并和脱离改造基本完成。

5. 第五次整顿

第四次清理整顿针对信托机构套用银行问题的管理办法，强化了信托公司准银行的功能，关闭资金市场等措施又使信托公司失去了赖以生存的资金来源。为了维持生存，大部分信托机构采取了一系列消极对策，如通过高息揽存等方式扩大自然人债务规模，滥用金融机构的信用和政府信用融资，超范围超额度发行特种金融债券，挤占挪用证券业务的股民保证金等，从而埋下了信托业畸形发展的隐患。并终于在后来导致了我国信托史上规模最大、措施最严厉的第五次清理整顿。

1999 年 2 月，国务院下发《国务院办公厅转发中国人民银行整顿信托投资公司方案的通知》，中国信托业的第五次清理整顿开始。这次清理整顿的目标为：通过整顿，实现信托业与银行业、证券业严格分业经营；保留少量规模较大、管理严格、真正从事受托理财业务的信托投资公司，规范运作；健全监管，切实化解信托业金融风险，进一步完善金融服务体系。到 2001 年《信托法》颁布之前，有 210 多家信托机构退出市场，59 家获准重新登记，13 家拟保留未重新登记。重新登记公司消化历史负债2 000多亿元，并按新规则规范开展业务。信托业全行业事实上已经处于“歇业”状态。2001 年出台《中华人民共和国信托法》、《信托投资公司管理办法》，2002 年出台《信托投资公司资金信托管理暂行办法》，三部重要法规以制度重构的方式引导着信托业的健康发展，中国信托业开始进入“一法两规”时代。

3.1.4 2001 年至今

1.“一法两规”阶段

2002 年，随着“一法两规”(《信托法》、《信托投资公司管理办法》、《信托公司资金信托管理暂行办法》)的颁布和信托公司重新登记的实施，我国信托业在历经五次清理整顿后走上了法制化、规范化的道路。

"一法两规"颁布后给信托业带来了历史性的转折:第一,信托公司实行了重新登记,彻底告别业务范围混乱不清的历史,从以信贷、实业和证券为主营业务和主要收入来源的模式,转向以"受人之托,代人理财"为主营业务,成为以收取手续费、佣金和分享信托收益为主要收入来源的金融机构。第二,为信托业开办信托业务赋予了广阔的发展空间。根据"一法两规",信托公司可以开展五大类别的综合业务。"一法两规"的颁布实施构成了市场经济条件下我国信托业的基本法规框架,对信托公司尽快开展本源的信托业务提供了基本的政策框架和制度框架,为信托业的可持续发展提供了良好的法制环境,对整个行业发展发挥了显著的正面推动作用。同时,"一法两规"也存在很多局限性。"一法两规"的酝酿过程长达八年,在此过程中改革开放不断深化,我国信托业发展的外部环境也已发生巨大变化,加之制定两个管理办法的时候,监管部门同时考虑了各种主体各自的利益诉求,因此在适当时候有进一步健全和完善的必要。

2."一法三规"时期

自 2007 年《信托公司管理办法》和《信托公司集合信托计划管理办法》实施以来,信托资产规模快速扩张。与此同时,多数信托公司的内部控制和风险管理能力并没有同步提高,单体信托业务风险时有发生。银监会曾就银信合作、信政合作和房地产业务给予风险提示,但银信合作业务量仍然居高不下,其中被动管理型的通道类信贷业务占了相当大的比重,充分反映出我国信托公司的经营思路和业务模式还存在较大问题。为加强对信托公司的风险监管,促进信托公司安全、稳健发展,2010 年 8 月,银监会颁布《信托公司净资本管理办法》。《信托公司净资本管理办法》的实施成为我国信托业发展进入历史性新阶段的一个重要标志,它与《信托法》、《信托公司管理办法》、《信托公司集合资金信托计划管理办法》一起,将中国信托业正式引入一个以"一法三规"为监管主要政策依据的全新的历史发展时期。

在"一法三规"的新政策环境下,信托公司面临严格的净资本规模约束,各项业务的风险资本均要有相应的净资本支撑。信托公司必须将有限的资本在不同风险状况的业务之间进行合理配置,同时根据自身净资本水平、风险偏好和发展战略进行差异化选择，实现对总体风险的有效控制。“一法三规”条件下，我国信托业发展趋势要由粗放型转变为深耕型；由外延式发展转变为内涵式发展；由资金推动型转变为制度服务型；由通道型转变为主动管理型；由量产型转变为定制型；由资金密集型转变为智力密集型；由以小博大型转变为量力而行型；由项目融资型转变为产业基金型。并最终形成以内涵型深耕式发展为指导思想，以主动管理信托资产为基本原则，以净资本管理风险指数为发展导向，以投融资等多种手段组合为竞争优势，以基金化、高附加值、智力密集信托产品线为支撑的全新业务模式。

3.2 我国信托业发展现状

3.2.1 我国信托行业现状

1. 法律制度框架

现行信托业法律制度框架主要由《中华人民共和国信托法》和监管部门规章及规范性文件构成。信托业由银监会监管，其部门规章包括《信托公司集合资金信托计划管理办法》、《信托公司管理办法》、《信托公司私人股权投资信托业务管理办法》、《信托公司受托境外理财业务管理暂行办法》等。地产信托监管部分有《信托公司房地产信托业务风险提示的通知》、《关于加强信托公司房地产信托业务监管有关问题的通知》；银信合作监管部分有《中国银监会关于规范银信理财合作业务有关事项的通知》、《关于信托公司信政合作业务风险提示的通知》等。此外还有信贷资产证券化方面、税收方面、业务开展方面等具体监管部门的规章制度。《信托法》的主要内容包括信托关系的成立、变更和消灭，信托财产范围和性质，委托人、受托人和受益人的权利义务，公益信托和信托的监督等，其性质是规范信托关系人基本民事关系的法律。

2. 信托公司现状

(1)信托牌照稀缺

截至 2013 年年末，信托业共有信托公司 68 家。信托业急速增长的资产管理规模使得信托牌照成为众多实力集团青睐的稀缺资源。2012 年 9 月 23 日，万向信托正式开业。万向信托是由浙江省工商信托投资股份有限公司变更而来，而浙江工商信托投资股份有限公司成立于 1986 年 11 月，是中国工商银行浙江省信托投资公司的前身。万向信托的股东有中国万向控股有限公司、浙江烟草投资管理有限责任公司、浙江省邮政公司、巨化集团公司、浙江省财务开发公司。2013 年 4 月 28 日，中国民生信托在北京正式开业，成为国内第 68 家持牌信托公司。民生信托由原中旅信托重组而来。中旅信托成立于 1994 年，此前注册资本为 2.3 亿元，由北京首都旅游集团控股，2011 年泛海集团开始介入。经由银监会批复，原"中国旅游国际信托投资有限公司"变更为"中国民生信托有限公司"，重新登记后的民生信托注册资本 10 亿元，由泛海集团控股。

除了通过新设信托公司来取得信托牌照之外，许多资金实力强的公司还通过收购、并购的方式来取得信托营业资格。银行系的成功案例有建行重组原合肥兴泰信托有限公司后更名为建信信托有限责任公司，兴业银行重组原联华国际信托有限公司后更名为兴业国际信托有限公司，交通银行重组原湖北省国际信托投资有限公司后更名为交银国际信托有限公司。另外，华宸信托的大股东由内蒙古国资委变更为包钢集团，同时原二股东华菱钢铁退出，新引入第二大股东为央企大唐集团下大唐资本。方正东亚信托大股东则由方正集团转为方正证券。陆家嘴信托前身是青岛海协信托，青岛海协信托的前身则是喀什信托投资有限公司。青岛海协信托于 2003 年 10 月成立，注册资本为 3.15 亿元，注册地为青岛崂山区。2011 年，上海陆家嘴金融发展有限公司作为合格投资人控股青岛海协信托 71.606%的股权。

(2)68 家信托公司基本信息

表 3—1　　68 家信托公司基本信息

序号	信托公司	注册资本（亿元）	信托资产规模（万元）	营业收入（万元）	净利润（万元）	从业人数
1	爱建信托	30	1 616 790	2 320 717	22 982.03	105
2	安信信托	4.54	817 866	4 603 600	10 250.87	101

续表

序号	信托公司	注册资本（亿元）	信托资产规模（万元）	营业收入（万元）	净利润（万元）	从业人数
3	百瑞信托	12	3 194 500	7 315 578	46 772.96	152
4	北方信托	10	71 650	16 061 877	43 272.23	111
5	北京信托	14	3 045 271	12 363 350	72 020.76	176
6	渤海信托	20	448 490	10 035 614	41 540.44	97
7	大业信托	3	1 472 958	2 990 000	18 795.32	76
8	东莞信托	5	1 675 090	3 239 928	24 113.9	109
9	方正信托	10	2 666 302	7 315 908	39 619.01	107
10	甘肃信托	10.18	135 210	7 963 141	13 554.52	93
11	国联信托	12.3	633 081.1	3 091 361	23 995	57
12	国民信托	10	325 030	607 934.5	33 341.07	79
13	国投信托	12.048	404 374	11 829 947	31 552.84	103
14	国元信托	12	1 825 964	11 409 304	40 890.16	137
15	杭州信托	5	1 516 460	1 483 694	24 192	121
16	湖南信托	7	1 746 167	5 147 218	33 929	93
17	华澳信托	3	734 640.5	1 868 743	12 598.74	126
18	华宝信托	20	883 268	21 253 161	64 233.78	236
19	华宸信托	5.72	474 565	1 650 121	16 671.38	115
20	华能信托	20	179 255	17 363 030	60 218.73	149
21	华融信托	15.177 7	3 868 650	7 101 773	65 182.09	168
22	华润信托	26.3	5 153 061	18 651 922	134 781.4	282
23	华鑫信托	22	1 630 621	8 557 284	38 679.29	118
24	华信信托	30	1 775 443	5 643 940	78 751.58	152
25	吉林信托	15.96	1 598 174	4 498 579	26 563.25	164
26	建信信托	15.27	3 928 161	35 077 677	58 654.27	149
27	江苏信托	24.84	1 018 288	7 616 230	107 581.2	71
28	交银信托	20	1 482 721	15 795 038	33 837.44	128

续表

序号	信托公司	注册资本（亿元）	信托资产规模（万元）	营业收入（万元）	净利润（万元）	从业人数
29	金谷信托	12	1 630 667	10 183 453	51 259.18	133
30	昆仑信托	30	6 520 833	9 379 750	74 017.51	216
31	陆家嘴信托	10.68	1 850 133	2 772 770	17 824.75	104
32	平安信托	69.88	2 855 327	21 202 473	292 879.9	838
33	厦门信托	10	375 533	11 290 726	42 726	115
34	山东信托	12.8	3 592 611	18 970 042	73 232.62	142
35	山西信托	10	1 161 816	4 785 063	13 263.19	172
36	陕西国投	3.58	967 625.4	10 111 599	26 063	173
37	上海信托	25	64 451.8	12 028 616	107 638.2	192
38	四川信托	13	3 022 921	13 678 111	87 855.68	333
39	苏州信托	12	2 703 666	3 119 891	27 924.59	78
40	天津信托	15	2 500 238	6 884 009	24 860.16	139
41	外贸信托	22	1 666 305	21 518 618	105 733	235
42	五矿信托	12	4 309 066	12 001 614	63 344.57	208
43	西部信托	6.2	719 914.9	3 115 484	17 895.26	105
44	西藏信托	3	948 522	5 850 950	8 562.15	31
45	新华信托	12	4 202 917	9 430 813	50 884.1	578
46	新时代信托	8	3 399 305	12 653 984	20 043.51	204
47	兴业信托	25.76	964 223.2	33 604 934	77 221.58	235
48	英大信托	18.22	327 902	20 228 461	49 199.28	126
49	粤财信托	15	2 577 803	16 550 157	39 616.76	84
50	云南信托	4	730 580	7 801 551	15 549.61	82
51	长安信托	12.588 8	4 023 240	21 868 195	103 374.7	320
52	长城信托	3	246 314	260 294.8	1 236.643	20
53	浙金信托	5	626 848	1 037 270	3 882.34	69
54	中诚信托	24.57	2 182 641	27 136 747	160 728.6	178

续表

序号	信托公司	注册资本（亿元）	信托资产规模（万元）	营业收入（万元）	净利润（万元）	从业人数
55	中海信托	25	2 305 520	12 584 698	80 728.05	113
56	中航信托	15.000 05	4 626 587	13 954 696	63 152.6	186
57	中江信托	10.365 82	1 999 920	13 613 252	50 379.63	168
58	中粮信托	12	1 763 650	12 399 722	17 145.97	103
59	中融信托	16	804 480	29 948 632	152 431.2	1 221
60	中泰信托	5.16	2 205 400	3 160 014	40 398.64	99
61	中铁信托	12	668 377	10 564 320	81 400.49	105
62	中投信托	15	3 425 879	4 387 387	29 001.61	105
63	中信信托	12	9 457 176	59 134 914	271 697.4	436
64	中原信托	15	1 629 751	8 036 454	32 332.76	134
65	重庆信托	24.387 3	3 489 560	6 376 362	88 129.62	83
66	紫金信托	5	1 342 532	2 298 539	12 288.36	85
67	万向信托	12	—	—	—	—
68	民生信托	10	—	—	—	—

注：除民生信托外数据截至2012年年末。

资料来源：Wind资讯。

（3）信托公司分化

通过对2011～2013年产品发行规模前20家信托公司排名可以发现（见表3—2），排名前5的信托公司比较稳定，基本只是名次上的变化，而越往后排名变化越大，这表明近几年信托公司实力变化非常大，而且这种变化频率呈上升趋势。

表3—2　　信托公司产品发行规模前20名

名次＼年份	2011	2012	2013
1	昆仑信托	中信信托	中信信托
2	中信信托	昆仑信托	昆仑信托

续表

名次 \ 年份	2011	2012	2013
3	新华信托	中航信托	中航信托
4	中诚信托	新华信托	五矿信托
5	吉林信托	五矿信托	新华信托
6	平安信托	长安信托	长安信托
7	长安信托	华融信托	华融信托
8	中航信托	平安信托	华润信托
9	华融信托	中铁信托	重庆信托
10	北京信托	中诚信托	山东信托
11	中铁信托	北京信托	中铁信托
12	五矿信托	山东信托	新时代信托
13	山东信托	四川信托	四川信托
14	华润信托	天津信托	百瑞信托
15	中海信托	华润信托	平安信托
16	粤财信托	粤财信托	北京信托
17	外贸信托	新时代信托	建信信托
18	四川信托	吉林信托	苏州信托
19	天津信托	苏州信托	天津信托
20	苏州信托	百瑞信托	粤财信托

资料来源：Wind 资讯。

信托公司的注册资本、股东实力、人才队伍是信托公司成功运营的关键因素。观察 2012 年营业收入排名前 20 的信托公司(见表 3—3)，大股东几乎都是全国 500 强企业，这些实力股东具有很高的信用能力和担保能力，可以提高信托公司的信用，而信用正是信托公司的根本。实力股东还会增加信托公司的注册资本，而增加注册资本能够增加信托公司的净资本，从而可以管理更多的信托资产。

表 3—3 2012 年营业收入前 20 名信托公司利润表 单位:万元

名次	信托公司	营业收入	利润总额	人均净利润
1	平安信托	1 514 093	379 292.3	170.67
2	中信信托	447 595.8	360 762.9	1 027.64
3	中融信托	380 893.1	203 491.4	251.62
4	中诚信托	269 294	206 041.5	675.86
5	上海信托	218 080	132 990.8	294.95
6	华润信托	208 211.4	162 928.1	771
7	长安信托	180 182.9	103 375.7	110.68
8	四川信托	178 597	118 048.6	127.93
9	华融信托	167 851.3	87 418.41	189.86
10	外贸信托	164 868.8	138 321.4	277.24
11	兴业信托	144 525.2	103 330.6	528.5
12	新华信托	144 082.9	73 079.48	733.89
13	中江信托	136 505.5	69 888.25	926.46
14	中铁信托	133 333.7	108 601.4	56.27
15	重庆信托	133 317.1	108 384.8	61.83
16	北京信托	131 420.2	96 307.66	293.77
17	华宝信托	131 285.2	85 635.49	194.37
18	中航信托	128 839.6	83 502.91	495.21
19	江苏信托	127 117.4	117 552.5	406.61
20	山东信托	121 935.32	94 856.71	605.29

资料来源:Wind 资讯。

综观整个信托行业,不同信托公司之间的经营业绩差距越来越大,未来随着竞争的加剧,信托公司之间的业绩分化或更严重。

监管层也在助推信托业的不断分化。在 2013 年 12 月的信托业年会上,分管信托的银监会主席助理杨家才提出了完善信托业治理体系的八项机制,其中一项为分类经营机制。杨家才指出,现有的 68 家信托公司要按照公司治理状况、风险管理水平、人才团队建设和软硬件支撑等情况，与不同的业务范围相对应，实行分级管理、分类经营，并建立升降级制度。目前，银监会暂时考虑将信托公司分为三类：第一类是创新类，不仅可以做现在所有的法定业务，还可以率先尝试法定业务范围外的新兴业务种类；第二类为发展类，可以做法定业务范围内的所有业务，也可以在法定业务范围内开发新型产品；第三类为成长类，主要做法定业务范围内的基础业务和成熟产品。

(4)行业数据分析

①行业资产规模

截至 2013 年第三季度末，信托业资产管理规模突破 10 万亿元大关，达到 10.13 万亿元，进一步巩固了信托业作为我国第二大金融业态的地位(见图 3—1)。虽然信托资产总规模继续创新高，但季度环比增速已经连续三个季度下降。在整个 2012 年度，季度环比增速除个别季度外，一直呈现稳步上升趋势：2012 年一季度为 10.19%，二季度为 4.46%，三季度为 14.12%，四季度为 18.20%。但是，自 2013 年起，全行业信托资产规模季度环比增速一直呈现下降趋势：2013 年一季度为 16.86%，相比 2012 年四季度 18.20%的环比增速，下降了 1.34 个百分点；2013 年二季度为 8.30%，相比一季度更是大幅下降了 8.56 个百分点；2013 年三季度为 7.16%，相比二季度又下降了

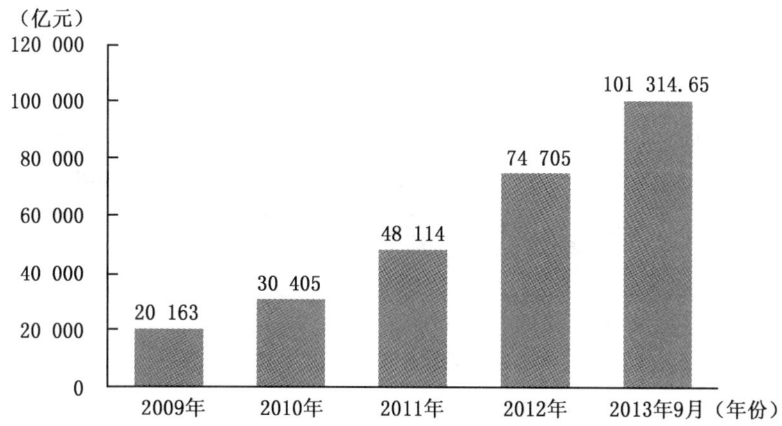

资料来源：中国信托业协会。

图 3—1 信托业资产管理规模

1.14个百分点。此前由于受益于国内经济的快速发展以及居民财富管理需求的增加，信托业吸引了许多高净值客户，同时也满足了受到银行信贷规模管控的企业融资需求。而随着大资产规模时代的来临和信托制度普惠化进程的加快，信托业面临“制度红利”逐渐萎缩的问题，信托业资产管理规模增速也随之放缓。

②行业经营效益分析

截至2013年三季度末，67家信托公司实现经营收入539.39亿元，相比2012年三季度末的400.39亿元，同比增长34.72%；相比2013年二季度末的350.79亿元，环比增长53.76%。其中，实现信托业务收入398.71亿元，相比2012年三季度末的292.52亿元，同比增长36.30%；相比2013年二季度末的267.76亿元，环比增长48.91%。就信托业务收入占经营收入的比重而言，自2010年底首次超过50%以来(58.76%)，已经连续三年保持在70%以上，2013年三季度占比为73.92%。同时，信托公司实现的平均年化综合信托报酬率也一直比较平稳地保持在0.7%～0.8%水平之间，2013年三季度为0.76%，信托公司主营信托业务的盈利模式得到持续巩固(见图3－2)。

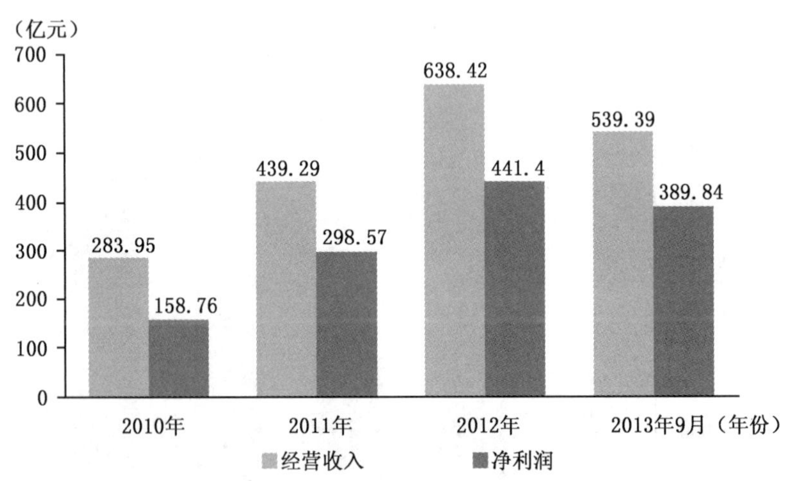

资料来源：中国信托业协会。

图3－2　信托业历年经营收入与净利润

2013年三季度，67家信托公司实现利润总额为389.84亿元，实现人均利润217.06万元，相比2012年三季度末的288.05亿元的利润总额以及202.47万元的人均利润，利润总额同比增长35.34%，人均利润同比增长7.21%；相比2013年二季度末的257.76亿元的利润总额和155.66万元的人均利润，利润总额环比增长51.24%，人均利润环比增长39.44%。就利润率和成本率而言，近年来信托行业的利润率（利润总额与经营收入之比）一直呈现上升趋势：2010年为55.91%，2011年为67.97%，2012年为69.14%，2013年三季度进一步提高为72.27%。而成本率则一直呈现不断下降态势：2010年为44.09%，2011年为32.03%，2012年为30.86%，2013年三季度进一步下降到27.73%，说明信托行业的成本控制越来越严格。

③行业固有资产与净资产规模分析

虽然全行业信托业务目前仍表现为以融资信托为主，但固有业务则一直表现为以投资管理为主，信托公司由此积累的投资经验和技能，有助于推动下一个发展阶段信托业务由融资管理模式向投资管理模式的转型。信托公司的固有资产在逐年增加，该资本项目的增加提高了信托公司抵御风险的能力，有利于实现信托公司的可持续发展，提高了自主管理能力，同时也保持了一定的流动性，满足抵御各项业务不可预期风险的需要。截至2013年三季度末，所有信托公司固有资产规模达到2 621.8亿元，相比2012年二季度末的2 082.93亿元，同比增长25.9%（见图3—3）。全行业所有者权益为2 355.56亿元，相比2012年二季度末的2 248.72亿元，同比增长25.87%；其中全行业实收资本为1 053.03亿元，相比2012年二季度末，同比增长3.77%。固有总资产规模和净资产的增加，进一步巩固和增强了信托公司的行业风险抵御防线。

④行业资金投向分析

信托业2013年第三季度数据表明，信托资产规模中94.56%为资金信托。就资金信托的投向来看，目前主要集中在以下五大领域：

第一大配置领域是工商企业信托。截至2013年三季度末，资金信托运用于工商企业的规模为2.8万亿元，占比高达29.49%，创历史新高，相比2012年年底，规模增长了51.82%。信托公司充分意识到经济结构大调整的

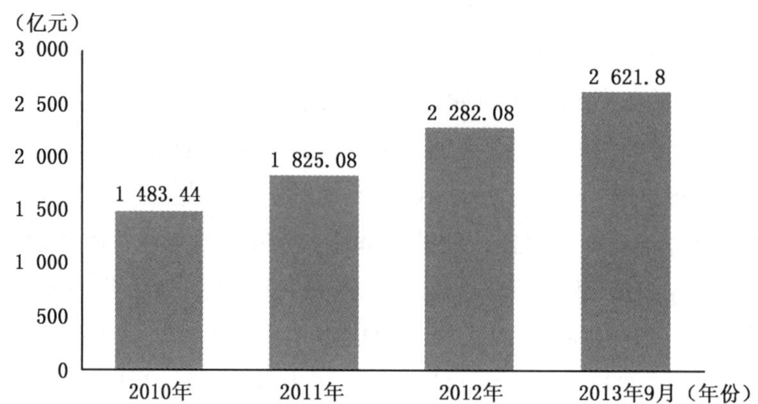

资料来源：中国信托业协会。

图 3—3　信托业固有资产规模

历史性机遇与国家领导层对经济发展政策的思路转变，加大了对实体经济的支持力度。

第二大配置领域是基础产业信托。2011 年之前，基础产业一直是资金信托的第一大配置领域，但从 2012 年开始，基础产业退居资金信托的第二大配置领域。2013 年三季度末，基础产业信托的规模达到 2.49 万亿元，占比 25.97%，与 2012 年年底相比，规模增长了 50.77%。基础产业信托 2013 年持续较快发展，主要是得益于地方政府持续性融资需求以及国家规范政府融资行为后信托公司的产品创新，表明信托公司加大了对地方经济的支持力度。但同时需要高度警惕部分地方政府过度融资背后的风险。

第三大配置领域是金融机构信托，主要运用方式是存放同业。2013 年三季度末金融机构信托规模为 1.09 亿元，占比为 11.38%，规模同比增长 52.77%，环比增长 14.57%。金融机构信托规模的快速增加，是信托公司主动加强信托产品流动性和安全性管理的结果。

第四大配置领域是证券投资信托。截至 2013 年三季度末，证券投资信托余额 1.03 亿元，较 2012 年的8 065.17万元，同比增长 28.03%，但是整体规模占比下降。可见信托公司在证券市场长期低迷的环境下在努力寻求其他出路，但是由于机构客户对现金流管理的需求，使证券投资信托规模有了较大的增长。

第五大配置领域是房地产信托。截至2013年三季度末，房地产信托规模为8 942亿元，相比2012年年底的6 881亿元，增幅达到29.95%。2013年政府对房地产调控的政策思路较之以前更加趋向市场化、去行政化，更加强调房地产行业的平稳健康发展。

⑤行业业务结构分析

从信托业务结构上看，2013年以来，反映信托公司主动管理能力的集合资金信托发行速度不断减缓，而单一信托资金项目则在2010年中国银监会规范理财合作业务之后有所回升。单一资金信托比例从2011年占比68.21%升至2012年的68.30%，2013年三季度则攀升至71.28%。近四年来，单一资金信托一直保持占比第一，其中非银信合作单一资金信托占比在不断提升，呈现出了高端化财富管理的发展趋势。

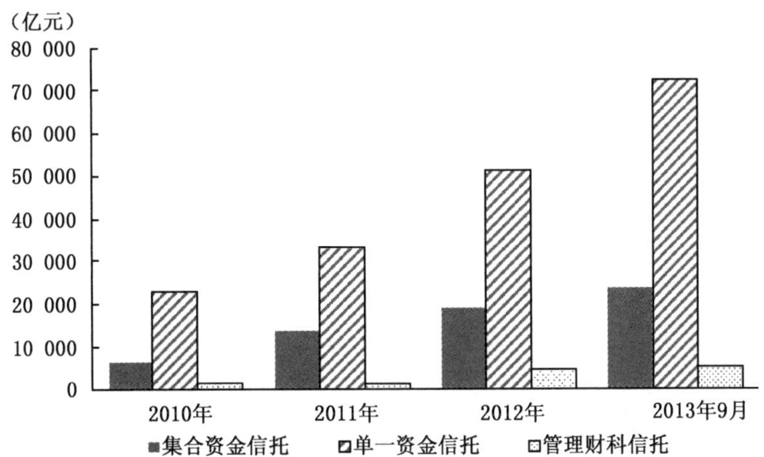

资料来源：中国信托业协会。

图3—4　按来源划分信托资产规模

3.2.2　我国信托业面临的问题

1. 政策制度对信托发展的限制

(1)顶层制度设计亟须完善

我国资产管理行业受制于“分业经营,分业监管”的现状,实质法律属性相同的资产管理业务分属于不同机构监管,导致不同机构资产业务所使用的法律标准各不相同。总体而言,除了信托公司的信托业务与以基金公司为主的公募证券投资基金业务在法律关系属性上明确适用于《信托法》以外,其他类型的资产管理业务大多以“委托代理”之名行信托管理之实,或者监管机构对其资产管理的法律关系属性避而不谈,无法将其明确为信托关系。

没有统一的信托机构管理规定,不同的受托主体适用不同的监管规定,直接制约了资产管理市场的长远发展。将银行理财、券商资管、基金子公司特定客户资产管理、保险资管等资产业务明确为信托关系,是金融市场规范运行和维护投资者权益的重要保障。

(2)信托配套制度亟须健全

如今,我国信托业务大多集中于资金信托模式,其他财产类型的信托业务难以开展实施,这很大程度上是因为信托关系合法性的保护缺失,所以亟须完善信托配套制度来加强信托关系的合法性保护。信托登记、信托收益权流转、信托税收、公益信托等配套制度的建立,加强信托关系合法性的保护是推进信托业务转型发展的重中之重。

(3)营业信托监管体系有待完善

我国目前对资产管理活动是按照机构的不同性质分别由不同的监管机构进行监管,各监管机构的监管标准不一,“有宽有严,有松有紧”,导致在同一市场经营相同业务的各类资产管理经营主体面临不同的竞争环境。信托公司与其他资产管理机构相比在诸多方面处于劣势,具体有六个方面:第一,集合资金信托计划的投资起点与人数限制不利于其发展;第二,部分产品严格的报备程序阻碍了其业务发展;第三,信托产品的流动性不足在一定程度上将影响其市场吸引力;第四,从净资本管理看,信托公司的信托业务实行严格的净资本管理,而且净资本占用比例较高;第五,信托公司分支机构设立的限制增加了其业务拓展的难度;第六,从资产证券化业务来看,当前我国信托公司资产证券化业务允许操作的基础资产以信贷类资产为主,资产申请流程较为严格,流动性机制较差。

2. 竞争激烈

(1)大资管市场竞合态势

2012年,证监会针对券商资产管理业务陆续出台了一系列关于放松监管、拓宽投资范围的法律法规。其中小集合及定向、专项资产管理计划成为开展“类信托”业务的利器。随后,基金子公司、保险资产管理公司纷纷进入类信托业务市场。尽管他们在业务经验、团队实力储备上都无法与信托业相比,但是依靠一定的监管优势,券商资管和基金子公司还是成功地在通道业务和一些细分类信托业务领域站稳了脚跟。

不过,信托公司与券商资管及基金子公司也存在业务上的合作,券商资管计划投资集合信托、信托绕道券商资管与银行进行合作等事件均时有发生。一些信托公司也开始谋求控股基金公司以便设立基金子公司,或与券商进行合作,将一部分集合信托交由券商经纪部门进行代销。

保险资产管理公司在2013年年中也迎来了监管的放松,被允许投资集合信托,并通过发行债券计划等创新的投资形式,与信托在大规模、长期限基础设施项目展开竞争。

同时,作为信托资金的重要来源,银行利用同业资金迅速扩大信托收益权市场规模,引发了新一轮对银行间市场的调控,并波及信托规模的增长。在传统的银信合作受到限制、信托受益权市场面临质疑的情况下,银行或将寻求新的形式与信托开展进一步的合作。

目前,各金融子行业融合的趋势愈加明显,各个行业之间不再是简单的竞争关系,而是呈现出“你中有我,我中有你”的竞合模式。

(2)信托公司同业竞争激烈

受信托牌照紧缺及财富管理市场潜力的吸引,国内央企及其他金融机构纷纷入主信托公司,信托同业之间的竞争更加激烈。近年来,信托业的龙头企业不断扩充市场份额,大量开展异地业务,使行业集中度不断上升,中小信托公司的生存空间不断受到挤压。目前,国内领先的信托公司已初步形成资源型、能力型及综合型三大类,而大批央企的强势入主,在为信托业发展带来新生力量的同时,也加剧了信托业的竞争态势。信托公司只有在资产端加强业务能力、不断创新,在资金端积累客户资源,才能在竞争中取胜。中小信托公司可以通过并购重组带来的规模效应,或通过产品合作的方式所带来的优势互补，在激烈的竞争中谋求生存空间。

3. 业务领域风险凸显

（1）矿产能源信托

近一两年来，许多信托公司在矿产能源领域的信托业务方面进行了一些创新尝试。但是，由于煤炭等能源行业整体呈现下行趋势，采矿权证抵押担保难以落实，煤矿等资源整合过程中政策风险难以把握，加之矿产资源认定难度较高，煤矿企业实际控制人的真实信用状况难以充分掌握，以及业内部分信托公司的矿产能源信托计划出现兑付风险等现实原因，多数信托公司对矿产能源望而却步。从长期发展来看，此类业务仍有较大市场需求，信托公司应加强自身主动管理能力，在拓展此类业务之前一定要先加深对煤炭矿产行业的了解。

（2）基础设施类信托

信托公司通过应收账款等财产收益权的信托模式，与地方政府合作发行政信合作信托产品。但是地方政府融资平台往往连带着地方政府未来的财政风险，公共债务过度则可能导致银行体系、债券市场甚至社会的不稳定，以致引发系统性风险。另外，由于地方政府财政信息不透明、风险控制措施不完善等问题难以有效解决，此类业务大规模增长所带来的风险也引起了监管部门的高度重视。

展望未来，城镇化建设的持续推进意味着我国基础设施建设的需求依旧旺盛，信托公司可以更多地选择项目本身盈利能力较高，且地方财政收入实力较强的优质项目进行投资。在传统业务模式的基础上，可以更加充分利用信托平台整合各类资源与各种金融工具的优势，寻求更灵活的投融资手段以运用于基础设施建设。

（3）另类投资信托

2012 年以来，不少信托公司在艺术品类、酒类等投资领域进行了创新尝试，试图开拓信托业务的新天地。但是由于艺术品类、酒类市场整体规模较小，并且投资标的在鉴定、交易等方面专业性较强等原因，此类业务暂时只能作为一种另类投资信托计划开展，短期内整体市场规模难以扩大。

4. 信托公司内部管控有待进一步强化

(1)风险管理问题

近年来,我国信托公司在防范和化解经营风险、加强内部风险管理方面有了一定的进展,但还存在很多问题和不足。我国信托公司的风险管理总体来说不够规范,在风险管理上存在的问题主要有如下四个方面:第一,内部缺乏风险管理相关人才及经验积累;第二,风险管理与战略计划缺乏协调;第三,缺乏外部资源提供风险管理服务;第四,中高层管理人员对风险管理的认识程度不足。

(2)资产管理能力不足

目前来看,信托公司的各项业务中,真正的主动管理产品并不多。过去几年信托公司的发展,更多的是享受了金融业分业监管和利率管制的制度红利,而这种制度红利将逐步弱化。未来财富管理市场的竞争将是资产管理能力的竞争。

(3)市场开拓能力不足

信托公司的项目拓展能力及资金募集能力不足,严重依赖银行的项目资源及发行渠道。与商业银行、证券公司、保险公司相比,信托公司还不能建立分支机构。资金的募集更多需要借助其他金融机构的渠道,甚至是第三方理财的渠道。由于资金募集能力不足,信托公司很容易沦为其他机构的"通道"。但其承担的风险并未降低,处于严重不利的发展环境当中。

(4)专业人才匮乏

信托公司资产管理业务的开展需要大量专业的资产管理人才。优秀的信托业人才应该既是资本运作方面的专家,又是实业投资领域的行家。我国信托业在经历多次整顿后,优秀人才流失严重。目前信托公司缺乏既熟悉产业投资又精通金融业务的复合型人才,这也是影响信托公司转型进度的重要原因。

3.2.3 "8 号文"、"107 号文"对信托业的影响

1."8 号文"

所谓"8 号文",是指为控制表外融资风险,对银信业务加大监管力度,银监会在 2013 年 3 月 25 日下发《关于规范商业银行理财业务投资运作有关问

题的通知》，以对目前商业银行理财业务中“非标准化债权资产”进行总量限制及相关规范。非标准化债权资产是指未在银行间市场及证券交易所市场交易的债权性资产，包括但不限于信贷资产、信托贷款、委托债权、承兑汇票、信用证、应收账款、各类受（收）益权、带回购条款的股权性融资等。在规范“非标准化债权资产”政策实施后，因银行理财资金主要对接单一资金信托产品，因此会对单一资金信托规模造成一定影响，而对集合类固定收益信托影响不大。“8 号文”要求商业银行不得为非标准化债权资产或股权性资产融资提供任何直接或间接、显性或隐性的担保或回购承诺，因此部分单一信托涉及银行作保，也会受到影响。房地产信托业务等成熟业务模式的发展空间也会进一步压缩，信托公司可能会出现募资不足的现象。然而由于部分银行欲通过收益权信托达到变相授信的目的，收益权信托可能会取得较大发展。收益权信托较为普遍的操作方法是，企业将资产委托给信托公司设立财产权信托计划，然后再将该信托受益权转让给银行理财计划或银行自营资金。这样做的目的：一是银行理财计划投资信托受益权，并非直接发放信托贷款受让信贷资产和票据资产；二是银行运用自有资金向过桥银行购买信托受益权（以投资同业资产的形式），自有资金并非规范的银信合作理财资金，因此不受监管。

2.“107 号文”

“107 号文”，全称《国务院办公厅关于加强影子银行监管有关问题的通知》，由银监会牵头，一行三会、发改委、商务部、工信部等多部门共同参与起草。“107 号文”对信托业的影响主要有三个方面：一是明确信托公司“受人之托，代人理财”的功能定位，推动信托公司业务模式转型，回归信托主业。运用净资本管理约束信托公司信贷类业务，信托公司不得开展非标准化理财资金池等具有影子银行特征的业务。二是针对通道业务，规范金融交叉产品和业务合作行为。金融机构之间的交叉产品和合作业务，都必须以合同形式明确风险承担主体和通道功能主体，并由风险承担主体的行业归口部门负责监督管理，切实落实风险防控责任。三是要求建立完善信托产品登记信息系统，探索信托受益权流转。

总体来看，“107 号文”的发布对信托业的影响利大于弊。信托业转型回归主业的任务迫在眉睫，监管层已经认识到信托转型的重要性，在监管层的推动下，信托业转型或将加速。建立完善的信托产品登记信息系统可以为将来的信托产品流通转让机制的建立打下基础。针对“信托公司不得开展非标准化理财资金池等具有影子银行特征的业务”这项要求，对信托公司的影响也不会很大，资金池虽然对接非标准化资产，但资产有标准化与非标准化之分，被叫停资产仅限非标准化这一部分。

3.2.4 信托业转型重点拓展领域

1. 主动管理型投资类业务

从债权人转型为股权投资人，做真正的主动管理型投资类业务已经成为不少信托公司未来的业务重点之一。投资类产品可以真正让投资者分享到项目的收益，相应提高信托公司的收益。另一方面，投资类产品也是信托公司打破投资者“刚性兑付”预期的途径之一。目前，成立股权投资基金的信托公司不在少数，投向主要集中在房地产、医疗等大型消费行业。

2. 并购业务

目前中国的国企、央企、民企都存在产能过剩和结构优化的问题，最直接的解决方式就是并购。信托公司介入并购重组能够扩大业务范围，拓宽业务渠道，促进信托公司战略转型，更好地应对行业竞争和监管。

3. 家族信托

家族信托是国外信托业中极为重要的一项业务。中国目前的私人财富已经有了相当的累积，迫切需要专业的财富管理机构提供财产安全、保值增值、财富传承、子女教育、完善家族企业公司治理等相关服务。尽管目前国内的登记、税收制度还不健全，但已有不少信托公司开始探索家族信托。

4. 土地信托

我国城镇化进程必然涉及农村土地制度改革，因此土地信托应运而生。目前，中信信托和北京信托已率先试水。但是，由于土地信托业务专业面广且影响深远，非普通信托公司可为，监管方面认为信托公司必须具备一定资质才会被允许经营土地流转信托。

5. 资产证券化

2012 年 5 月，央行、银监会、财政部联合发布《关于进一步扩大信贷资产证券化试点有关事项的通知》，信贷资产证券化再度得以重启。信贷资产证券化是指把欠流动性但有未来现金流保障的信贷资产经过重组形成资产池，并以此为基础发行证券。信贷资产证券化业务的主要市场主体包括：发起人、SPV（特殊目的实体）、信用增级机构、信用评级机构、资产服务商、投资人和其他服务机构等。信托公司凭借"破产隔离"制度优势在信贷资产证券化过程中，特别适合担任 SPV。信托公司参与信贷资产证券化业务可以增强信托公司的核心竞争力，提高对净资本的管理能力和对不良资产的处置能力。而信贷资产证券化产品的标准化既可以对投资者提供保护，也可以破除"8 号文"给信托公司带来的困局。

6. QDII 信托

2007 年，监管机构发布《信托公司受托境外理财业务管理暂行办法》（以下简称《暂行办法》），允许信托公司申请合格境内机构投资者（QDII）。QDII 信托产品的设计模式是投资者将投资资金委托于信托公司，信托公司以自己的名义存入境内托管行，再经此环节汇出境外，按信托文件约定方式运用于境外（包括我国香港、澳门、台湾地区）规定的金融产品和资产管理的经营活动。由于《暂行办法》规定的投资标的都有明显的固定收益类特征，因此可以控制风险，并且相比于传统的信托产品，信托公司在 QDII 业务中的角色更加积极主动，能更好地发挥信息中介、监督中介和风险中介的作用。

7. PE 信托

PE（私募）信托是指信托公司作为受托人，将托管资产用于 PE 投资方式的信托计划。信托公司开展 PE 信托业务能体现自身的制度优势，相比于银行、证券公司等金融机构，信托公司享有灵活运用债券、股权、物权、收益权及相互组合的制度优势。信托公司未来可以更多地尝试以股权的模式介入投资前景较好的项目，支持实体经济的发展。此外，通过 PE 信托模式进行权益性投资，能发挥信托公司多年来在实业投资领域积累的经验优势。未来随着信托制度得到更多投资者的了解与认可，针对风险偏好型的投资者或单一资金客户，部分信托产品可以更多地被设计为真正的投资型产品，采用完全浮动的收益，使信托公司真正地回归"受人之托，代人理财"的受托人职能，而非传统业务模式下的“受人之托，代人融资”。

3.3　我国信托业的风险与防范

3.3.1　信托业的稳健发展需防范风险

信托业是高风险行业，即使在已有上百年发展历史的发达国家及其成熟市场也是如此，这是由信托业自身的特点和发展规律决定的。

在过去几年的发展中，信托公司抓住了数次机会，首先从银信理财合作起步，积累起业务资源和人脉资源，进而开展高利润、高风险的集合信托业务。在集合信托业务中，先后发掘了资金需求旺盛、行业整体利润率较高的房地产行业、能源行业以及风险较低的政信合作业务。在2012年年底经济下行趋势明显的情况下，信托公司又发掘出信托收益权对接银行同业资金等一系列创新形式。面对每一次市场需求变化，信托公司以其独有的敏锐嗅觉和快速的执行力，抢先开拓市场，业务规模快速提升。但是在信托资产规模持续攀升、业务种类不断丰富的同时，也发生了一系列信托个案风险事件，引起了人们对信托业“多米诺骨牌效应”和隐藏风险的思考。

作为金融体系中的市场参与者，信托公司本质就是经营风险、管理风险的企业。实践中，个案信托产品出现风险事件，如同银行有不良贷款、股票涨跌、基金净值变化等，是十分自然的现象。但是“刚性兑付”的潜规则使社会对信托产品收益有着更严格的要求。面对风险时正确的态度是分析风险、管理风险、处置化解风险，而不是猜测风险、夸大风险。

在复杂严峻的经济形势下，完善风险管理体系和提升风险管理水平已经成为信托公司稳健发展的必要条件。随着资产管理行业竞争的不断加剧，信托公司面临的各种风险将越来越大，因此，除了日常风险防范外，建立一套完整完善的风险预警系统是国内信托公司亟须解决的问题。尤其是近年经济处于下行通道，风险事件频发，更要尽早建立完善的风险预警系统，监测公司风险的变动趋势，及时发现风险、防范风险、控制风险，以增强抗风险能力、提高竞争力。

3.3.2 我国信托业存在的主要风险

伴随信托资产规模不断增长的，还有不断暴露的风险事件。2013 年被揭露的信托兑付风险事件共 11 例，其中地产信托 9 例、涉煤信托 2 例。无论是“安信信托—昆山纯高”案，还是中诚信托“诚至金开 1 号”30 亿元兑付危机，都在警示信托业的高风险业态。

我国信托业存在的主要风险有：

1. 宏观层面风险

（1）政策风险

政策风险即国家政策的变化使得信托投资产生直接或间接损失的可能性。金融机构由于行政干预等因素促成的“政策性风险”是直接影响信托机构决策的重要因素。国家经济政策会直接影响社会经济发展的规模、速度和产业结构的变化。每一次产业政策方面大的调整，也都会给信托业务带来影响，如中央银行的货币政策和信贷政策会对信托投资产生直接的影响。

不动产信托业务的开展即受到多种政策的影响和制约，其中政府的投资政策、金融政策和房地产管理政策等最为重要。投资政策在很大程度上决定了房产、地产等不动产信托标的物的投资对象、规模和获利情况；金融政策的变动，会影响其筹资的难度，也会影响市场对标的物的各种金融性抵押活动、贷款行为等，更会直接影响市场的需求状况。不动产信托业务中以房产、地产为主要的信托标的物，房地产的管理政策则涉及土地或房地产的各种因素（如获得方式、交易成本等）。这些政策性因素的变化，会使信托当事人收益的不确定性加大。

（2）经济周期风险

各种金融业务都会随着经济周期的波动在繁荣和萧条之间波动，信托业也不例外。经济下降时期，融资方获利能力普遍下降，预期收入往往难以实现，容易出现财务困难，而市场上融资方风险偏好变得更加厌恶风险。因此，对于同一个项目，预期收益率会提高，使得融资方的融资成本提高。融资成本的提高和项目收益率的上升使得信托产品发生兑付风险的可能性增大；反之，在经济上升时期信托产品发生兑付风险的可能性就会下降。

(3)市场风险

信托业的市场风险包括由于市场的利率、汇率的波动而引起利息减少、证券跌价、外汇信托投资亏损等风险,也包括通货膨胀导致的购买力风险。

第一,利率风险。在信托业务经营中,利率风险主要表现在市场利率的非预期性波动给信托经营造成的影响。如果市场利率发生了与预期方向相反的变化,会给信托贷款带来不利的影响,从而降低信托公司的利益,减少投资收益。与此同时,利率敏感性资产风险管理要求利率敏感性负债搭配得当,以抵消利率变动所带来的影响。在市场利率变动的情况下,信托投资标的物的价值会随之变化,即使是市场利率的微小变动,也会使其发生波动,这种价格的波动会给信托当事人带来风险。

第二,汇率风险。汇率风险一般发生在跨国信托业务中,包括商业性风险和融资性风险。前者指的是出口商所承担的汇率风险,后者指的是债权风险。在跨国信托业务中,因所涉及的货币汇率问题,汇率的变动会影响当事人的收益,主要有跨国企业因换算带来的体现在财务报表中的折算风险;已经达成但仍未结算的交易可能因汇率变化而蒙受损失的交易风险;由于汇率的意外变动而使公司的现金流蒙受损失的经济风险等。

第三,通货膨胀风险。在通货膨胀率很高的情况下,当事人投资收益的实际价值甚至会出现负数或租金低于成本的情况。在不动产信托业务中,尽管不动产具有抗通货膨胀的能力,可以提价出售,但如果提价的幅度小于通货膨胀率,则仍会降低实际的收益率。与此同时,在货币购买力水平普遍下降的情况下,人们会把有限的购买力用到亟须的消费上,从而减少对房地产等不动产的消费需求,使投资者受到损失。

2. 微观层面风险

(1)信用风险

信用风险是信托产品发生风险的主要原因之一。信用风险是指交易对手未能履行约定的义务以致发生经济损失的风险,如在信托贷款中表现为借款人不能履行还本付息义务而造成的经济损失。信用风险的主要特征是信托借款人或担保人的不履约。

信用风险主要包括借款人风险和担保风险:首先,借款人风险。借款人将来能否安全兑付取决于能否取得收入或盈利。但借款人未来的收入及盈利受多种因素影响,具有一定的不确定性。另外,还可能存在借款人不按约定用途运用资金或非法挪用资金等道德风险,影响信托产品如期兑付。其次,担保风险。担保风险是指当借款人无力偿还时,担保方可能会出现无力偿还、不愿偿还或不具备担保资格的现象。对于保证担保而言,即为保证人不能或不愿意进行偿还;对于抵押担保而言,则体现为抵押物价值下降可能造成的损失。

(2)流动性风险

流动性风险是指信托期限届满或者在一定的承诺期限内,信托项目没有足够资金向受益人、信托项目债权人以及信托文件约定主体支付,或没有及时兑现已取得的信托收益,致使产生违约的可能性。

流动性风险通常是指信托项目虽有清偿能力,但无法及时获得充足资金或无法以合理成本及时获得充足资金,或所投资产难以足值变现。

房地产信托项目的流动性风险尤为明显,信托公司对地产项目进行融资时,通常会通过股权或债权等形式控制房地产项目公司的一部分资产,如土地、在建工程。但是,如果发生宏观调控政策变化或者开发进度迟缓,在资金归集时点未建成或完工率、去化率未达预期,即使信托公司控制了资产,资产也难以变现。此时,开发商无法偿还信托贷款,流动性风险出现。此前媒体上多次报道的四大资产管理公司接盘地产信托项目,即体现了信托公司为应对流动性风险而采取的措施。

(3)资本不足风险

资本是每个从事金融活动的业务实体存在的基础,资本的缺乏会影响信托公司的正常运营。资本充足不仅便于公司筹集扩展业务所需要的资金,提高在同行业中的竞争力,还可抵御和吸收其经营中的风险。由于资本风险在信托公司的重要性,银监会在《信托公司管理办法》中明确规定,信托公司注册资本最低限额为3亿元人民币或等值的可自由兑换货币。

同时,为加强对信托公司的风险监管,促进信托公司安全、稳健发展,2010年8月,银监会颁布《信托公司净资本管理办法》,将信托公司的信托资产规模与净资本挂钩,并对信托公司实施以净资本为核心的风险控制指标体系。考虑到信托资产的风险特性,监管层对信托公司的不同信托资产都有相应的净资本要求,因此业务的开展会导致信托公司资本金被占用。在市场上对信托业务需求较大的情况下,如果净资本不足,则可能使信托企业开展业务受到限制,失去占领市场、扩大利润的良机,在竞争中失去优势。

(4)管理与操作风险

信托公司自身的管理与操作风险,也是信托产品发生风险的重要原因之一。信托公司在信托项目的前期调研、中期签约和后期管理的过程中如出现差错和失误,将会给信托项目的正常运营埋下重大风险隐患。

第一,管理风险。管理风险是指信托公司的管理人员和信托经理在经营管理中出现失误而产生的风险,包括组织结构的设定、公司整体信托业务的战略布局、信托项目的运营管理等。例如,就组织结构而言,负责风险控制和法律合规审查的中台部门是制衡信托业务经理的重要环节。优秀的中台除了具备较强的专业能力,还具备较高的信托项目掌控力,需要对前台业务进行监督制衡。但如果对于中台部门的薪酬制定或其他激励机制不合理,就可能导致中台部门为项目服务,甚至帮助业务人员粉饰和包装项目,而不是剔除违规项目,从而加大信托产品的风险。

第二,操作风险。操作风险是指由于不完善或有问题的内部操作流程、人员、系统或外部事件而导致直接或间接损失的风险。具体而言,就是违反有关法律法规和信托公司内部风控和操作规程发放贷款;对交易对手到期还款催收不力;对担保缺乏有效控制;信托期限不合理;等等。

3.3.3 影响我国信托业发展的其他主要因素

1. 房地产行业

房地产信托通常是指信托公司通过资金信托方式,以不动产或其经营企业为主要运用标的,对房地产信托资金进行管理、运用和处分的行为。这里所称的不动产,包括房地产及其经营权、物业管理权、租赁权、收益权和担保抵押权等相关权利。房地产信托作为房地产金融的重要组成部分,是金融信托业和房地产业相互融合的产物,它不仅为房地产业发展提供了大量的资金,同时又依靠房地产业使信托业自身得到迅速发展。

用益信托数据显示，2013年房地产集合信托成立规模占据信托业首位，成立规模占比达40%；基础产业领域居次席，占比23.05%。同时，两者以9.51%和9.28%的预期收益率在2013年集合信托投资领域收益排行中占据前两名。

在宏观政策的持续调控下，近两年有关地产项目风险的报道也日渐增多，比如“成都立体城市项目迟缓，12.7亿信托本息兑付面临考验”、“温州13亿烂尾楼僵局，开发商神秘失踪，政府垫资”。翻开近两年关于信托的媒体报道，“浙江金磊房地产股权投资信托”、“舒斯贝尔特定资产收益权投资集合信托”、“青岛凯悦房地产信托”等地产信托的风险事件不绝于耳，给信托业敲响了警钟。

由于2014年中国政府的经济政策仍以维持稳定为主要基调，因而当前房地产调控短期内不会退出；另外，银监会对房地产信托的监管力度也日趋严格，因此房地产信托业务的转型已迫在眉睫。随着房地产市场调控持续的深入，作为信托公司效益最好的业务之一的房地产信托业务将面临较严格的监管。

一般来说，房地产信托项目融资投向有前期拿地、开发、后期物业等多种。在密集调控房地产的宏观背景下，如果是一二线城市，后期开发的信托项目风险会相对小一些，而用于买地、前期开发的，如果政策面偏紧或开工进度受阻，风险则相对较大。

在交易对手选择上，目前各家信托公司发行的房地产项目都倾向于与大型开发商合作，中小开发商在融资市场则逐渐被边缘化，或只能寻求与私募地产基金合作。近两年出现风险问题的地产项目也大多是中小型项目。从风控角度看，未来信托公司也会主要寻求与大型开发商合作，因为信托公司比投资者更担心中小开发商的信用风险。大型开发商由于一般都有多个项目在同时运作，并且能够依靠集团信用多渠道募集资金，腾挪空间较大，面临的流动性风险总体较低。在项目分布区域上，目前各家信托公司操作的地产项目大多都在热点城市，住宅类项目一般位于一二线城市或以刚性需求为主的三四线城市的核心地段，商业物业项目大多都在核心城市和核心商圈操作。总体上看，现在信托公司在操作房地产项目时，无论是在交易对手还是在具体项目的选择上都越来越谨慎，风控标准也越来越高。

2. 地方政府融资平台

地方政府融资平台主要通过三种渠道筹资，即银行贷款、发行债券和信托融资。信托融资由于门槛较低和流程相对简单快捷而发展迅速。地方融资平台引入信托公司融资较为容易，江浙地区市级以上的地方融资平台、上海区级以上的地方融资平台均可发行信托，部分地方融资平台需要先增加抵押物、增加担保才能发行信托。

早在 2009 年 4 万亿经济刺激计划的大背景下，信托公司就与地方融资平台大量合作，为地方政府融资平台提供资金。据诺亚财富的统计显示，2009 年 1～6 月共发行集合信托产品 556 只，总规模达 241.53 亿元。其中，有 67 只信政合作（即信托公司和政府融资平台合作）产品，总规模达 95.9 亿元，占到前六个月总规模的 39.7%。

2013 年上半年，在银行被禁止新增地方平台贷之后，信托成为向地方政府输送资金的重要来源，政信合作类业务余额屡创新高，下半年情况有所趋缓。中国信托业协会数据显示，截至 2013 年三季度末，信托对政府主导的基础产业配置比例达 25.97%，环比降低 0.83 个百分点，而直接的政信合作业务 2013 年三季度末余额达8 238.78亿元，同比增长 111%，增幅远小于同年二季度末数据。

地方政府融资平台的风险主要是：融资平台公司举债融资规模迅速膨胀，运作不够规范；地方政府违规或变相提供担保，偿债风险日益加大；部分银行业金融机构风险意识薄弱，对融资平台公司信贷管理缺失等。信托作为地方政府融资平台公司的融资工具之一，也因为这些问题而面临相应的风险。

政府融资平台信托出现风险主要有以下四个原因：

第一，总规模扩张过快问题。融资平台融资规模增长过快、总量过大，使得未来地方政府偿债压力较大，存在偿付风险。虽然直接通过信托融资的资金只是其中一部分，但是整体性的总规模过大以及过快扩张也对信托这部分的偿付带来很大风险。这主要是由三个原因造成的：首先，由于融资平台主要的作用是为地方政府融资，同一个地方政府往往同时拥有多个融资平台，通过多个融资平台融资而形成的多头融资、多头授信的格局，会造成融资总量过大。其次，由于存在信息不对称，包括信托公司在内的金融机构很难根据融资平台公司自身情况对其融资总量等进行相应风险评估，而只是基于地方政府财政收支情况进行是否提供融资的决策，所以融资平台可以按照自己的意愿通过多头融资扩大资金来源，而没有相应的风险追偿。再次，从融资的动机来看，地方政府融资平台公司也存在过度融资的倾向，即通过大量融资解决城市建设的资金来源问题，可以积累政绩。这三点因素导致地方政府融资平台最大限度扩大融资规模，进而导致自身过度负债的问题。

第二，资金使用主体问题以及流动性风险。由于融资平台的地方政府背景和行政背景，使得融资平台取得融资后并不是由自己直接管理投资，这就造成了融资人和资金使用主体不一致，资金投向的不确定性增加导致融资平台的流动性风险增加，从而影响对信托的支付。通常地方政府融资平台从信托公司等机构取得融资后，由地方政府层层转拨下属公司或项目使用，金融机构和审计、监管部门对融资平台公司的资金流向和使用很难监管，于是资金挪用风险加大。

第三，政府的担保有效性问题以及项目风险。许多项目能够取得信托等金融机构融资的主要原因并不是项目本身的质量，而是地方政府对其提供的担保，但若地方政府的承诺或担保不具备法律效力，或有效性存在争议，那么金融机构将可能难以评价其还款能力，面临项目风险。

《中华人民共和国担保法》（简称《担保法》）第八条规定："国家机关不得为保证人，但经国务院批准为使用外国政府或者国际经济组织贷款进行转贷的除外。"按上述规定，除经国务院批准为使用外国政府或者国际经济组织贷款进行转贷提供担保外，政府担保（或对其财产或未来财政收入设定抵押、质押）均不具备法律效力。从上述规定来看，政府提供的担保是无效的，即项目本身的风险将全部由信托公司等金融机构承担，而政府的担保不能起到增信或分担风险的作用。一些信托公司过于信任政府信用及其担保，而疏于对项目本身进行深入的考察和调研，从而承担了不必要的项目风险。

另外，目前的政府融资平台的融资主要是由银行主导的，包括信托融资也使用的是银行主导的"银信政"模式。其资金与客户均来自银行，信托公司只是起到中间商的作用，本质上是一种银行信贷的表外化。融资平台信托通常借助银行理财资金池的方式操作，即银行认购单一资金信托计划，然后将其作为银行理财产品分销给银行的中高端储户。而通过信托贷款融资的部分往往是经过银行认可的，信托公司没有再做进一步的审核，于是一部分项目风险由银行转移到信托公司。

第四，融资平台的制度不完善。从融资平台自身制度看，地方政府还没有建立规范、完整、统一的投融资决策管理机制，投资、融资、决策、管理等功能分散于政府各个行政部门之中，导致基础设施和公用事业等方面的科学决策缺乏制度保障，造成了超前发展、过度负债和风险失控的现象。此外，地方政府尚未建立财政风险和投融资责任机制，部分项目效率不高，容易导致债务风险。地方政府投融资平台缺乏国有资产管理制度与信息披露，或制度安排上的缺陷使其在违约责任发生后容易形成政府信用危机。

3. 刚性兑付潜规则

所谓刚性兑付，就是指信托产品的融资实体如果未能到期还款，信托公司则必须保证到期向受益人分配信托收益。《信托公司管理办法》第三十条明确规定，信托公司不得承诺信托财产不受损失或保证最低收益。但是实际上，没有一家信托公司愿意做“第一个吃螃蟹的人”，在兑付期临近时，信托公司都会采取各种手段如期兑付。

刚性兑付潜规则的形成，最初是为了保住业务。在形成的早期，刚性兑付这一潜规则主要是为了最大限度地保住业务。信托业正式走上发展轨道初期，由于经验不足，个别信托产品出现过到期不能兑付问题，监管层明确要求各信托公司不能出现单个信托产品风险，否则将叫停信托公司的业务。由此，刚性兑付开始成为行业内公开的准则。

在信托行业快速发展的几年中，刚性兑付的存在令投资人误信信托产品的安全性远远大于其他理财产品，而信托产品动辄8%以上的年化收益率吸引了大批投资人的加入。

刚性兑付的存在给信托业造成了一定的风险。首先，刚性兑付的存在使得信托业偏离了资管平台的业务本质，转而变为众多行业的融资渠道。这些行业中最常见的是处于调控之下的房地产行业，其次是各地基建项目，目前还扩大至艺术品、酒类等行业。这些行业中有的本身就存在风险，非常容易传导至信托产品中，而面对刚性兑付的承诺，这类风险很容易积压而暂时被忽略。此外，信托刚性兑付的现状也和投资中“高风险、高收益”的基本原理相违背，不符合市场规则。实际上，一个投资项目既然有 8%的高收益，也应该有高风险。

刚性兑付对信托公司来说是把“双刃剑”，信托公司曾因刚性兑付这一“安全承诺”获得了投资人的普遍青睐，实现了规模的急速发展。而现在却又因为刚性兑付陷入被动，背负巨大的风险处置压力。尽管这一潜规则短期来看仍无法打破，但应树立一个基本的导向，在遇到兑付危机时，不应对于声誉损害等问题过度敏感，应积极主动启动正常的司法程序，在合同范围内解决问题，不依赖通过自有资金垫付对投资人实现刚性兑付。

从目前出现风险的信托产品来看，处理方式大致有两种方式：一是产品主体存在流动性风险，产品本身资质并不差，一些资管公司会来接盘继续运作；二是产品本身有抵质押物，将抵质押物进行处置。事实上，每个信托产品在合同中都会提到风险，但是为了不成为“第一家”违约发生的信托公司，各家信托公司都动用资源如期兑付，甚至不惜动用自有资金向投资者兑付。在信托产品集中到期且违约率提高的情况下，刚性兑付的现象将影响信托公司的盈利能力，甚至可能威胁到信托公司的生存。

3.3.4 我国信托业风险因素的防范

1. 完善信托顶层设计，适度监管

我国信托业发展至今，信托制度建设一直处于落后的状况。除《信托法》以外，规范信托业的基本法规主要是 2007 年制定的《信托公司管理办法》和《信托公司集合资金信托计划管理办法》。目前，信托立法方面存在的主要问题有：为适应金融市场的发展，《信托法》需要进一步修改；除“信托新两规”以外，与《信托法》配套的相关法规亟待出台，需要借鉴日本、中国台湾等国家和地区所制定的《信托业法》，将金融机构（无论是信托公司还是银行、证券公司等其他金融机构）从事信托业务的行为进行统一规范。

2. 进一步明确信托业的市场定位

在传统的信托业理念中，信托业的基本功能是“受人之托，为人管业，代人理财”。但是从日本和中国台湾等与中国具有相似发展轨迹的发达国家和地区的信托业发展的历程来看，信托业在发展之初也具有较多的融资功能。中国不必完全照搬英美的信托业发展模式，一味强调要使信托业回归本源，而是应该参考自身发展阶段和特殊国情，信托业在逐步增强财富管理和资产管理功能的同时，应兼具投融资中介的功能。但是，应引导信托业逐渐脱离商业银行的“影子”角色，增强其主动管理能力，发挥其自身优势。应通过监管，防止信托业在从事与银行、证券公司相同的业务的同时，因为缺乏相应的专业技能和风险管理能力而导致的风险。

当然，信托业的稳健发展离不开监管层的正确引导。监管层更多的是要为信托业的运行提供规范的运作环境，提供适度监管，尽量减少直接性的行政干预。

3. 强化信托公司内部管理

应在建立健全科学民主的决策机制、行之有效的目标经营责任制、严密的内部监督约束机制、奖罚分明的激励机制的同时，加强效益优先的财务管理机制。加强对信托投资公司业务经营风险的研究，建立完善的金融风险监测指标体系，将面临的风险细化到每一项业务的每一个环节。进一步建立健全信托投资公司的内部控制制度，使信托投资公司的每一项业务活动都有法可依、有章可循。排除人为因素对业务决策的干扰，避免决策的非程序化。

在信托公司内部，设立专门的法律事务部，从法律的角度对各项业务经营活动把关。重点应放在业务经营合同的制定和执行上，使信托投资公司的每一项业务经营都符合法律规范，防范和化解由于业务经营合同的不合理和合同执行中的不规范给信托投资公司带来的各种风险，树立正确的经营理念。

4. 加强风控及预警机制建设

作为经营风险的金融机构，信托公司项目出现不同程度的危机是在所难免的。为了减轻后续退出时的兑付压力，信托公司在发展过程中，需要加强前、中、后台的风险管理，在尽职调查、项目评审、合同签署、抵押担保等环节更加审慎，建立完善的风险防范制度，实施缜密的风险应对措施。特别是对风险预期较强的房地产、地方融资平台等项目，前期更应重视对融资方经营情况和偿付能力等情况的深入考察；中期严格遵守公司内部风控流程和相应制度条款；后期加强对募集资金投向、项目施工情况的了解，及时跟踪预警，尽早设计合理的退出方案。

5. 通过多元化经营寻求行业发展的新的支撑点

国内的信托公司在发展的这几年已经建立起了自身的优势，在房地产信托、政信合作、信托受益权对接银行同业资产等方面形成了一定的规模。但是从国外信托业的发展轨迹以及国内经济社会的实际情况来看，国内信托业仍可开辟新的业务领域，本章第二节已举例说明，在此不再赘述。

3.4 利率市场化下我国信托业面临的机遇与挑战

利率市场化使得各类金融机构处在一个竞争环境相对公平的起跑线上，避免了制度歧视效应。利率市场化加速促进中国金融市场的法制化、规范化以及国际化，使得信托机构更加贴近市场，与国际市场接轨。以商业银行为首的金融机构的利率体制红利快速弱化乃至消失的过程，也就是以信托公司为首的金融机构的市场化程度较高的优势得以逐步彰显的过程。

3.4.1 利率市场化对我国信托业的影响

当央行全面放开贷款利率下限时，尽管市场各方认为信号意义大于实际意义，但对于全方位的利率市场化可能带来的影响，各金融机构都不容忽视，信托行业也不例外。

1. 利率市场化对信托业发展是利好

从一般意义而言，利率市场化对信托业而言是利好消息。首先，利率市场化使得各类金融机构处在一个相对公平的竞争起跑线上，能够避免制度歧视效应；其次，利率市场化加速促进中国金融市场的法制化、规范化以及国际化，使信托机构更加贴近市场，与国际市场接轨；再次，以商业银行为首的金融机构的利率体制红利快速弱化乃至消失的过程，也就是以信托公司为首的金融机构的市场化程度较高的先发优势得以逐步彰显的过程。

当然，从微观角度或者某一个时点的角度，信托公司肯定也会因为利率市场化的改革面临严峻的挑战和更加激烈的竞争。可以想象，诸多“大鳄”级的商业银行绝不会坐视既有市场份额流失，必然会高招迭出，届时在中国投融资市场和资产管理市场都会迎来一场“革命”式的巨大变革，而孰成孰败，目前尚难定论。

2. 现行利率市场化对信托业影响不大

就央行采取的取消金融机构贷款利率下限，即现行利率体制改革的第一步来说，在短期内对信托公司现有业务影响尚不显著。但信托业要清醒而明确地认识到此次取消贷款利率下限，其信号意义远远大于实际意义，利率市场化改革的大幕刚刚开启，真正的挑战还在后面。取消贷款利率下限原则上不会明显直接影响信托收益水平。因为在原有贷款利率体制下，包括商业银行在内的各类金融机构的主要约束要素实际上并非贷款利率下限，从实践中的贷款利率标准来看，几乎没有哪家金融机构具有强烈的低利率放贷的诉求，相反，可能吸揽资金的利率标准约束才是焦点，因此，此次利率改革措施的敏感度较低。具体到信托公司而言，其信托收益并不属于一般的债权业务收益，也从未有过下限限制，基本是随行就市。

一旦我国利率制度整体实现市场化改革，包括存款利率放开，肯定会给信托公司现有的业务模式和盈利水平带来巨大挑战和压力。首先，各商业银行如果出于同业竞争以及消除存款利率与CPI倒挂等各种目的和压力，大幅提升存款利率，则会出现两种效应：一是挤出效应，即部分信托资金流出，转向银行储蓄存款；二是“蚕食效应”，即信托资金成本水涨船高，蚕食掉部分信托公司利润。其次，伴随银行存款利率的提升，银行系的理财产品资金成本也必然会随之提高，其显性形式是商业银行推出的理财产品收益水平相比目前也会有大幅提升，从而缩小其与信托理财产品收益的差距，使得两类金融机构理财产品的市场界限进一步模糊和交叉，最终削弱信托理财产品的竞争力。再次，全方位的利率市场化，必然包括存款利率上限的全面放开，因此，商业银行的债权类业务也完全可以采取“高举高打”、“随行就市”的模式。如此，诸如房地产、矿产能源产业等高收益、高风险领域也有可能成为未来商业银行表外理财产品甚至包括表内储蓄存款涉足的领域。而无论是从客户质量、资金规模，还是营销能力，特别是社会公信力各个方面，与商业银行相比，信托公司显然处于下风。

当然，利率市场化之后，在相当时期内，伴随资金供求关系的变化、宏观经济金融政策的调整、广大投资者资产管理理念的更新，存贷款利率标准也可能出现全面走低的格局。但即便如此，上述原理、关系和影响依然相同。

3. 利率市场化是我国信托业的转型契机

长期以来，在利率管制和分业经营两种政策红利下，信托公司具有一定的业务优势。如果说券商、基金进入资产管理行业令享受分业经营好处的信托公司开始感受到威胁的话，那么，央行全面放开金融机构贷款利率管制则预示着信托行业制度“红利时代”即将终结。这种影响，无论从短期来看，还是从长期来看，都是信托公司必须关注的。同时，正因为一直以来信托行业的发展在相当程度上依赖于利率管制，每一次针对银行的政策变动都会牵动信托公司的神经。瑞银的一份报告表明，2013 年央行取消金融机构贷款利率 0.7 倍的下限对银行来说短期影响可能有限。原因在于，短期内取消贷款利率下限可能不会导致资金成本出现实质性下降。而迄今为止，贷款利率下限放开并没有制约银行息差水平。

据央行统计，截至 2013 年一季度，执行上浮利率的贷款占比约为 65%，执行基准利率的贷款占比约为 24%，而执行下浮利率的贷款占比仅为 11%。从这个结果来看，取消金融机构贷款利率 0.7 倍的下限对信托公司的影响短期不会太显著。但是，此次全面放开金融机构贷款利率管制被市场判断为高层为推进利率市场化下了决心，业界认为这将导致银行经营模式和盈利结构的大调整。

但是，从项目源角度来看，取消金融机构贷款利率 0.7 倍的下限对信托公司影响不大。信托和银行的客户结构不同，能够拿到银行低成本资金的企业或项目不会使用信托资金，使用信托资金的一般是从银行拿不到贷款的企业。因此，只要不放开贷款规模，政策对于银行贷款规模和投向有所限制，信托公司就有发展的机会。

部分信托公司研究人员认为，取消金融机构贷款利率 0.7 倍的下限短期内不会对信托有太大影响，但这种影响可能会逐步显现。如 2012 年央行允许金融机构上浮存款利率10%以后，众多渴求资金的小银行大面积上浮存款利率，导致大银行也随之上调存款利率。但是目前在企业和银行之间，银行掌握更大的话语权，盈利驱动模式下银行并没有下调贷款利率30%以下的动力。但只有在经济下行阶段，出于安全性考虑，一些难以拿到好项目的小银行有可能以降低贷款利率水平的方式争取好项目，从而引发大银行降低贷款利率，进而挤压信托公司的优质项目资源。

从收益水平来看，因为信托资金的收益水平是与银行同步的，银行资金宽松贷款利率就会下降，信托的预期收益水平也会下降；银行资金紧张贷款利率就会上升，信托预期收益水平也会上升。也有信托公司人士认为，如果小银行以降低贷款利率的方式争取好的项目，并引发大银行降低贷款利率的话，将会引发整个社会融资成本的降低，进而影响信托产品的收益水平。随着未来利率市场化的推进，信托公司贷款的资金运用形式定会受到挑战。

从资金来源角度来看，信托一直回报较高，即使存款利率放开，短期内也不会达到10%，也就不会在资金成本上威胁到信托。但是在存款上限没有放开的情况下，如果短期内银行之间的竞争导致社会融资成本降低、降低信托的预期收益的话，可能会削弱信托对于社会资金的吸引力。

从长期来看，一旦利率市场化进行到一定阶段，银行存贷款利率上限将远远高于基准利率，甚至没有上限限制，或将极大地提高银行吸收存款的能力，降低信托资金的吸引力。更重要的是，利率市场化更将抹平利率双轨制给信托公司留下的制度红利空间，从而在盈利空间、资金来源和项目资源等方面对信托公司形成多面挤压，并进而改变信托公司的业务模式。

从业务结构来看，利率市场化在短时间内对信托公司没有太大影响。一方面，银行业务结构如何调整可能短期尚未显现，辐射到信托行业尚需时日；另一方面，信托公司的业务结构受政策限制较大，对银行有所限制而对信托没有限制或虽然有限制但能够绕过去的，一般都会成为信托公司的主流品种。所以短期内信托公司的业务结构不会产生大的变化，房地产、基础设施等仍将是信托公司的重头业务，但是银信合作可能会随着市场资金面的变化而变化。

取消金融机构贷款利率0.7倍的下限是利率市场化的开始，随着利率市场化的推进，信托公司的经营模式无疑将受到影响，而利率市场化的“逐步推进”给信托公司转型提供了一个时间窗口。

企业融资主要有股权、债权两种方式，而商业银行的投资业务受到较多限制，因此，为了在利率市场化情形下在市场竞争中立于不败之地，信托公司需要开拓有别于银行借贷的投资业务。

一直以来，监管层都鼓励信托公司多开展投资类业务，少做融资类业务。在 2011 年下发的《信托公司净资本计算标准有关事项的通知》中，风险资本计算表显示，投资类信托业务风险资本计算系数大约在 1%～1.5%，融资类信托业务风险资本计算系数大约为 1.5%～3%。而在过去的几年，融资类业务一直是信托公司的核心业务，这是在金融市场不健全的特殊时期下产生的偏离化业务模式。融资类业务给信托业带来了丰厚的利润，也带来了潜在的实体经济风险。如今，利率市场化已近在咫尺，信托业亟待转型。

目前，处于领先地位的信托公司已经开始走上转型之路。例如，股权投资类信托产品在近年来数量就有所增加。股权投资类信托，即以股权方式投资，通过股权受让或向目标公司增资的方式，持有目标公司部分或全部股权，到期获得投资收益的信托。公司代投资者成为融资企业的股东，享受诸如参加股东会、行使表决权、查阅公司财务会计报告、分红等股东权利。若信托资金占比企业股份达到控股地位，还享有一票否决权，对所投公司运营全面监管，对其名下财产具有处置权，还会派遣专业人员进驻融资企业，对其进行监督和管理。这样的业务模式有利于信托公司更全面、真实、迅速地掌握企业运营状况，及时把控信托产品风险，体现了监管者对于投资类信托业务的风险系数设定低于融资类信托业务的用意。

在信托公司的转型中，投资类业务并非唯一的选择。信托业转型的实质是回归财富管理的本源，逐渐形成差异化、多元化的经营模式。不论是由龙湖地产“吴亚军离婚案”引起人们关注的家族信托，还是国家鼓励发展的信贷资产证券化和土地流转类信托，都是信托业可以开拓的业务领域。

随着固有的政策优势和监管优势日渐消退，信托业也需要更好地把握经济发展的方向，以成功的转型应对未来更大的挑战。

3.4.2 利率市场化下的国外信托业发展

1. 美国

(1)美国利率市场化进程

美国于1933年、1935年、1966年分别对联储会员银行、非会员投保银行和储蓄金融机构设置存款利率上限。由于1971年以后货币市场互助基金的发展严重削弱上述机构吸收存款的能力,美国开始推进利率市场化进程。

1970年6月,开始放松对10万美元以上、90天以内的大额存单的利率管制;1971年11月,准许证券公司引入货币市场互助基金;1973年5月,放松所有大额存单的利率管制;1973年7月,取消1 000万美元以上、期限5年以上的定期存款利率上限;1978年6月,准许存款机构引入货币市场存款账户(6个月期、1万美元以上),不受支票存款不允许支付利息的限制;1980年12月,允许所有金融机构开设NOW账户业务;1982年5月,准许存款机构引入短期货币市场存款账户(91天期限、7 500美元以上),并放松对3.5年期限以上的定期存款的利率管制;1982年12月,准许存款机构引入货币市场存款账户(2 500美元以上);1983年1月,准许存款机构引入超级可转让提款通知账户;1983年10月,取消所有定期存款的利率上限;1986年3月,取消NOW账户的利率上限。

1986年美国完成了利率市场化。在利率市场化之后,美国的利率走势表现出名义利率和实际利率在1982年以前上升,1983年有所下降,1984年又有所上升,此后逐年下降直至1987年趋于稳定。

(2)利率市场化下的美国信托业

美国信托业始于19世纪下半期,战后重建和经济快速发展急剧衍生出大量社会融资需求,而当时美国商业银行信贷投放能力不足,信托公司觅得机会,开展以发放抵押贷款和承销债券为主要形式的业务,向实体经济提供大量资金。短短几十年,美国信托业迅速发展,至1900年,美国信托公司数量近300家、资产达13.3亿美元。期间,美国监管部门顺势赋予了信托公司吸收存款的功能,配套给予三项制度红利,即不受商业银行的利率管制、可进行商业银行不能开展的股权投资、可不受商业银行25%存款准备金制度约束，自此美国信托公司凭借制度优势进军银行业务，获得比银行更快的发展。1897～1907 年的 10 年内，美国纽约州的信托公司总资产增幅达 224%，远远超过国民银行 97%和纽约州立银行 82%的资产规模增幅。虽然此后监管变化使得信托公司制度优势很快消失，但信托公司在相当长的时期内以银行业务为主，直至 20 世纪 80 年代利率管制的放开，信托公司进入“阵痛转型阶段”。

美国信托业在 20 世纪 80 年代面临的局面与国内信托目前所面临的局面非常相似。彼时，美国进行利率市场化改革，并建立起以商业票据、债券、股票等直接融资工具为主体的资本市场，信托公司轻松赚取无风险利差的美好时代结束了。而信托制度在美国本就为一项制度安排，早已普惠到各领域（包括商业银行、储蓄机构和不吸收存款的信托机构），信托公司并无独享优势。在这种局面下，各信托公司结束了以类银行业务为主的模式，纷纷转型开展财富管理、资产管理等信托本源业务。同时由于资源禀赋不同、战略定位不同，信托公司在转型过程中呈现出专业化、差异化的经营趋势。如以资产托管和财富管理为主的北方信托，以为机构投资者和高净值客户提供定制投资方案、配置全球资产为主的 Fiduciary Trust，以提供资产管理服务为主的美国信托（该公司曾经以银行业务为主，后出售大部分贷款业务），以提供 CTF 集合信托基金（投资起点为 200 万美元，但管理费率较低的集合信托计划）服务为主的 Westwood，等等。

2. 日本

（1）日本利率市场化进程

日本政府于 1947 年赋予大藏省（相当于财政部）和日本银行利率决定权。第二次世界大战后到 20 世纪 70 年代中期，日本长期实行低利率政策，帮助创造日本奇迹。但由于证券市场的发展，导致存款转移和银行业状况恶化，因此，从 20 世纪 70 年代中期开始，日本开始推进利率市场化进程。

1975 年废除日本银行对贷款利率的指导性限制；1978 年银行间拆借利率和票据买卖利率自由化；1979 年引入 CDs（50 000万日元以上）；1985 年引入大额货币市场存单（5 000万日元以上）和取消大额定期存款利率管制（10 亿日元以上）；1989 年引入较小额的货币市场存单（300 万日元以上）和取消

大额定期存款与货币市场存单的利率管制(1 000万日元以上);1992 年引入自由浮动的储蓄存款率;1993 年取消较小额的定期存款和货币市场存单的利率管制(低于1 000万日元);1994 年取消除活期存款外的所有存款的利率管制。

截至 1994 年,日本完成了利率市场化。在利率市场化之后,日本的利率走势为:1975 年后走势基本平稳,并有下降趋势;利率弹性增加;债券市场得到发展;促进了金融全面自由化。

(2)利率市场化下的日本信托业

第二次世界大战后,日本为了发挥信托的筹资作用,设法先让信托公司改为信托银行,再按兼营法批准银行兼营信托业务,日本的信托业进入了兼营阶段。

信托银行成立后不久,根据大藏省"金融制度调查会"申述提出的建议,本着"适应战后新形势的金融整顿方针",日本于 1953 年又对信托业确定了分业经营的模式,并提出了长期金融和短期金融分离的方针,要求信托银行发挥长期金融职能,以信托业务为主,而原来兼营信托业务的银行相继不再经营信托业务。这样,日本的信托业务主要集中到三井、三菱、住友、安田、东洋、日本和中央 7 家信托银行手中。

从 20 世纪 70 年代后半期开始,日本进入了"信托时代"。信托的金融功能和财务管理功能均得以充分发挥,日本的信托业随着日本经济的高速发展获得蓬勃发展,其在金融领域中的地位逐步上升。1989 年,信托银行占主要金融机构的资金比例由 1960 年的 8.4%上升到 18.55%。同时,信托业务的品种不断增多,大量基于日本国情的特色信托业务,如年金信托、财产形成信托、住宅贷款债券信托、公益信托、特定赠与信托、财产奖金信托等不断被推出。

20 世纪 90 年代,随着经济泡沫的破灭,日本各信托公司的资产严重缩水,大量不良债券及停滞不前的日本经济使各信托公司同其他金融机构一样陷入了前所未有的困境。与此同时,欧美原有的银行信托混营制及 1998 年美国对"G 法案"的废止使许多西方金融机构成为真正意义上的"金融百货公司",使日本金融机构的国际竞争力受到了严重的挑战。在内忧外患的情况下,日本的各大信托银行也都不得不与其他金融机构一起走向了合并重组之路,如1999年排名第三的三井信托与排名第六的中央信托合并,2000年4月三菱信托、日本信托和东京三菱银行决定实行联合经营。目前日本信托业仍处在一个整顿和调整的过渡阶段。

目前,日本信托业的主力是信托银行,信托银行主要从事以下各类信托业务:金钱信托;贷款信托;养老金信托;财产形成信托;证券投资信托;金钱信托以外的钱财信托;有价证券信托;金钱债权信托;动产、不动产信托;土地信托;公益信托;特定赠与信托;遗嘱信托;其他。除以上信托业务外,日本信托银行还从事不动产、证券代理、遗嘱执行等中间业务。随着全球经济金融自由化、国际化的不断发展,日本信托银行业务日趋多元化、专业化,新的金融工具正不断地被开发和使用,以促进日本经济的发展。截至1997年,日本信托银行受托的信托财产总额达230.9万亿日元,其构成如表3—4所示。

表3—4　日本信托银行受托财产构成　单位:万亿日元

种　类	规　模	占比(%)
金钱信托	70	30.3
贷款信托	40.4	17.5
养老金信托	31.2	13.5
证券投资信托	45.9	19.9
其他钱财信托	20.3	8.8
其　他	23.1	10
合　计	230.9	100

以上各类信托品种所占比例近几年呈以下变化趋势:首先,金钱信托与证券投资信托所占比例相对稳定;其次,养老金信托与其他信托业务所占比例呈逐年增长趋势;最后贷款信托与其他钱财信托所占比例呈逐年下滑趋势。

3. 中国台湾地区

(1)中国台湾地区利率市场化进程

1975年,利率市场化改革正式在台湾地区启动,改革的背景主要有:一是

20 世纪 70 年代，台湾地区出口旺盛，贸易顺差大幅增加，积累了大量外汇储备，引发新台币的升值和货币供给的迅速增加。同时，股市和房价也不断上涨。台湾当局开始启动外汇和资本市场的自由化改革，以平衡国际收支和稳定资本市场。二是 1973 年第一次石油危机后，台湾地区物价上涨压力增大，由于利率缺乏弹性，台湾出现明显的负实际利率。企业的实际融资成本较低，企业贷款规模不断上升，货币与信用总量大幅增加。三是当时台湾工商企业较难从银行体系获得授信，黑市和无组织的民间借贷迅速蔓延，地下金融猖獗，金融秩序亟待整顿。台湾地区利率市场化改革大致可分为五个阶段：

第一阶段，1976 年台湾地区重新修订《银行法》，适度放宽利率波动幅度。台湾银行主管部门仅负责设定各类存款利率的最高上限，允许贷款利率按照基准利率上下浮动 0.25%，到 1979 年浮动幅度扩大至 0.5%。1977～1979 年成立票券金融公司，建立货币市场利率，废除基本汇率和外汇集中清算制度。

第二阶段，1980 年台湾地区公布银行利率调整要点，加强银行公会议定利率的功能，允许货币市场利率自由化。商业本票、银行承兑汇票、可转让定期存单、金融债券等货币市场工具利率由市场供需自由决定。存款利率最高上限由台湾地区银行主管部门规定，贷款利率上下限由银行公会成立的利率审议小组议定，但仍须上报台湾地区银行主管部门审批。

第三阶段，台湾地区于 1985 年 3 月开始实施基本放款利率制度。各银行在银行公会议定的利率上下限之间，按客户信用等级以加减点方式设定差别贷款利率。1985 年 8 月，利率管制条例正式废止，随后放开了外币存款利率。

第四阶段，1986 年 1 月开始，进一步放宽对存款利率的管制。台湾地区银行主管部门将核定存款最高利率的项目由 13 种简化为 4 种，其他各项存款利率由银行自行决定。1987 年，台湾地区银行主管部门将贷款利率在基准利率基础上的波动幅度扩大至 4%，中长期贷款波动幅度扩大至 4.25%。

第五阶段，1989 年 7 月，台湾当局再次修订《银行法》，取消有关银行存款利率上限及贷款利率下限的规定，完全实现利率市场化。各金融机构可视市场资金的供需自行制定存贷款利率，台湾地区“中央银行”通过调整再贴现率、短期融通利率、担保放款融通利率，运用再贴现和公开市场操作等工具，间接影响市场利率。

截至1989年，台湾完成了利率市场化。总体来看，台湾地区利率市场化改革的次序可概括为：准许银行间利率存在差异；货币市场利率先期市场化；部分利率完全市场化；建立基本放款利率制度；存款上限利率的简化；利率完全市场化。

(2)利率市场化下的台湾信托业

20世纪60年代，台湾地区为吸收长期资金支持基础建设事业，开始设立信托投资公司。台湾最初设立信托投资公司的目的并不是想通过引进外国法人资本以稳定金融市场，而是为了繁荣台湾经济大量吸收外国资金。因此，早期信托投资公司发行的基金，其性质都是在海外募集挂牌再回头投资到台湾股市的侨外基金。

台湾的四家老信托投资公司，国际投信、光华投信（现为荷银光华投信）、建弘投信以及中华投信（现为汇丰中华投信），在1986～1992年间共推出28只侨外基金。直到1987年年底，台湾证管会鼓励提高台湾机构法人在股市中的投资比重，四家投资信托公司才纷纷开始向台湾投资者募集资金。

利率市场化之后不久，1992年，台湾地区决定提高信托投资公司在金融市场中的影响，再度开放信托投资公司的设立申请。监管机构以保护投资人为由对新公司的设立提出了较高的要求，先后仅有11家公司通过批准。为了确保投信公司能有稳定的收入、长久经营，监管机构规定11家新投信成立后第一个募集的基金必须是封闭式基金。利用封闭式基金的固定规模，信托投资公司可以获得稳定的收入，这一规定直到1996年年底才被废除。

信托投资公司和银行信托部在信托业务的主要差别在于台湾现行《银行法》第六章中为信托投资公司制定了相关规章，台湾“行政院”颁布的《信托投资公司管理规则》对信托投资公司的业务作出了明确规定与限制，台湾财政部门与银行主管部门可以随时派专员检查信托投资公司业务办理情况。而银行信托部则属银行的兼营业务，或是仅经营证券代理业务，或兼营一般服务性质的信托。根据台湾《信托业法》第60条的规定，该法施行前依《银行法》设立的信托投资公司应于《信托业法》实施起五年内将其兼营的证券自营商业务、生产事业直接投资、住宅建筑及企业建筑投资业务分割、出售或缩减完毕后，依《银行法》改制为商业银行或依《信托业法》申请信托业营业执照。依照台湾《信托业法》第 16 条的规定，信托业所经营的各项财产权信托业务包括：金钱信托；金钱债权及其担保物权信托；有价证券信托；动产信托；不动产信托；租赁权信托；地上权信托；专利权信托；著作权信托以及其他财产权信托。其中，若委托人对金钱信托的营运范围与方法未作出指示时，则依《信托业法》第 32 条的规定。金钱信托的营运范围须以下列业务为限：现金及银行存款；投资公债、公司债、金融债券；投资短期票券以及其他经主管机关核准的业务。此外，台湾《信托业法》第 17 条也规定了信托业所经营的附属业务项目，包括：代理有价证券发行、转让、登记及股息利息红利的发放事项；提供有价证券发行、募集的顾问服务；担任股票及债券发行签证人；担任遗嘱执行人及遗产管理人；担任破产管理人及公司重整监督人；担任《信托法》规定的信托监察人；办理保管业务；办理出租保管箱业务；办理与信托业务有关事项的代理事务（其中包括：财产的取得、管理、处分及租赁；财产的清理及清算；债权的收取和债权的履行）；与信托业务有关的不动产买卖及租赁的居间；提供投资、财务管理及不动产开发顾问服务；经主管机关核准办理的其他有关业务。

台湾信托业务的主要特点：一是注重个人业务，个人信托理财的品种较多；二是资金信托业务（即《信托业法》中指的“金钱信托”）中，信托资金的使用以投资各类证券或证券投资基金为主；三是信托与保险公司的合作密切；四是虽然资产证券化业务 2004 年才开始起步，但推进较快，且项目金额较大。

3.4.3 利率市场化背景下我国信托业的应对

在利率市场化的大背景下，信托公司要以转型和创新为主要手段，更加注重差异化经营与多元化经营，建立起自身的优势。为应对未来利率市场化的挑战，信托公司可从以下四个方面着手：

第一，经营理念上，信托公司需强化市场化经营理念。未来几年，中国的经济社会将变得更加市场化，而在市场化的环境下，只有通过市场化的手段才能够在激烈的竞争中立足。特别是一些拥有政府部门背景和大型国企控股背景的信托公司，过去依靠政府或母公司形成了一定的优势，但在今后的发展中需要牢牢建立依靠市场化经营的原则，在公司治理、人力资源、薪酬激励、市场拓展、投资决策、产品创新、同业竞争、战略规划等诸多方面，应以市场化原则为导向，紧密贴近市场，构建公司持续发展的核心竞争力。

第二，业务模式上，要逐步弱化和压缩与银行同质性竞争的债权贷款业务。要注意扬长避短，发挥信托制度的特有优势，以基金化的集合资金信托业务和高端机构客户单一资金信托业务作为信托公司凸显信托资产管理业务的两个基轴，设立、完善财富中心，在资金端提升财富管理能力。

第三，经营模式上，信托公司应根据自身的特点和专属资源打造自身的经营特色和业务特色。规模较大的信托公司可以多向拓展，实现大而全；规模较小的信托公司可以通过专业化经营成为某个领域或行业内一流的专业化投资理财机构，实现小而美。小信托公司应避免盲目从众、追逐热点、急功近利，避免不顾自身具体情况盲目追求所谓“金融超市”、“无所不能”，照搬大而全的经营模式，最终使得风控能力、决策能力、专业团队能力与公司业务结构严重失衡。

第四，产品创新上，信托公司应当制定具有前瞻性的发展战略，要有长远眼光，积极发挥主动管理的功能。重点运用投资手段、证券化工具以及制度设计和法律关系安排等专有优势，创新开展资产证券化信托业务、PE 信托业务、房地产信托投资基金业务、家族信托业务、并购信托业务等多元化、差异化的业务。进而与其他金融机构形成差异化定位，在未来竞争激烈的资产管理市场中占有一席之地。

第四章

中国保险业对中国金融安全的影响

核心观点

保险是现代金融业的重要组成部分,对社会经济发展发挥着稳定器和助推器的作用。近年来,我国保险业发展迅速,保险规模与保费收入总量显著提升,但保险深度与保险密度却仍与发达国家和地区存在一定差距。同时,我国保险市场集中度较高,排名靠前的几家大型保险企业占据了绝大部分的市场份额,但市场集中度呈现逐年下降趋势,中小保险公司迅速崛起。在利率市场化、城镇化、互联网金融兴起的大背景下,我国保险业已经开始呈现出新的发展趋势。价格风险、投资风险、中小保险公司亏损风险及新兴风险是我国保险业发展过程中面对的新型风险因素。基于上述分析,本章最后给出相应政策建议:我国保险业应抓住市场化、城镇化、技术变革的机遇,实现保险业的转型;发挥保险公司在泛资管时代的竞争优势,提高保险资金运用水平；以自贸区和社会保障体系建设为契机，实现保险创新；制定扶持倾斜政策，促进中小保险公司的发展；以市场化改革为导向改进保险监管。

4.1 我国保险业发展的现状

4.1.1 保险规模与保费收入

自改革开放以来，我国保险业迎来了快速发展，2002～2012 年短短 10 年间，我国保险市场体量增加了 5 倍多，年均增长率约为 50.71%。保险市场发展取得了令人瞩目的成绩（见图 4—1）。

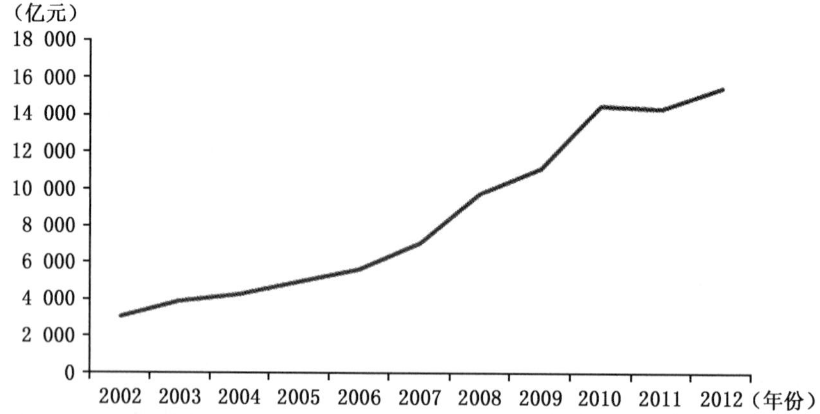

资料来源：中国保监会。

图 4—1 2002～2012 年中国保费收入情况

我国保险市场规模从 2002 年的 3 054 亿元发展到 2012 年的15 487.93亿元，目前位居世界第 4 位。2012 年我国保费总收入占世界保险市场份额的 5.32%，仅次于美国、日本、英国三国（见图 4—2）。[①]

其中，寿险保费收入从 2002 年的 2 274 亿元上升到 2012 年的 10 157 亿元，年均增长率为 44.67%，由世界第 8 位上升至第 4 位，占世界寿险市场份

① 资料来源：中国国家统计局；Swiss Re，“World Insurance in 2012”，*Sigma*，No. 3，2013。

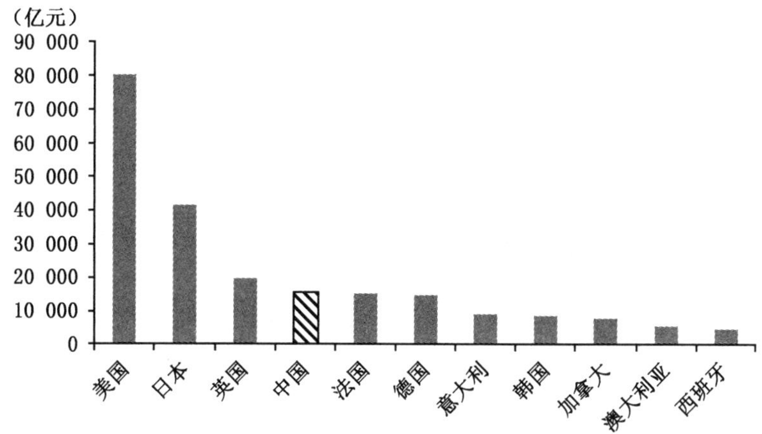

资料来源：Sigma，中国保监会。

图4—2　2012年各国保费收入对比

额的6.14%（见图4—3、图4—4）。

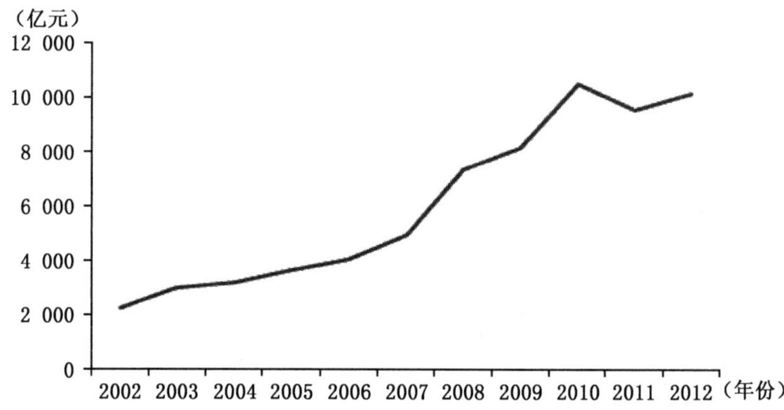

资料来源：中国保监会。

图4—3　2002～2012年中国寿险保费收入情况

我国非寿险保费收入从2002年的780亿元上升到2012年的5 330.93亿元，年均增长率为68.35%，排名上升至世界第6位，占世界非寿险市场份额的4.24%（见图4—5，图4—6）。

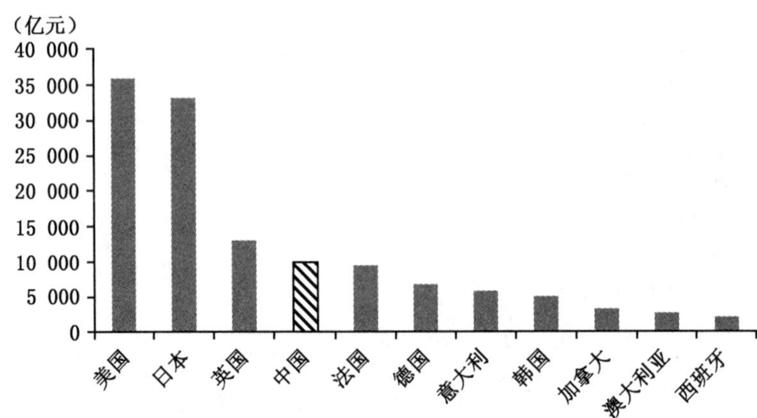

资料来源：Sigma，中国保监会。

图 4—4　2012 年寿险保费国际对比

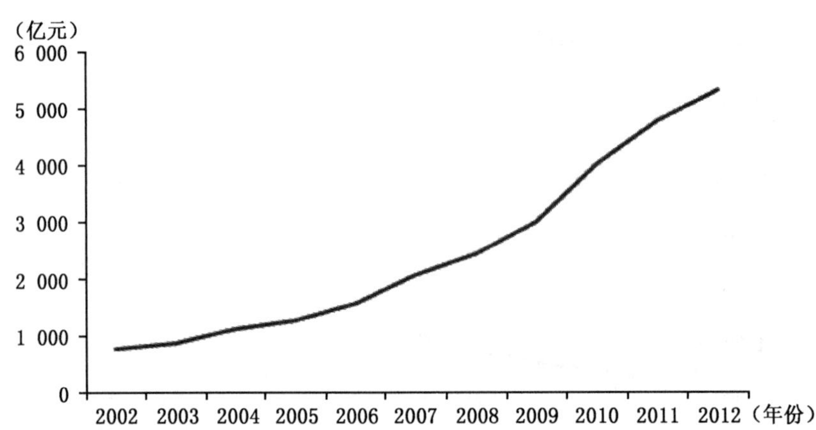

资料来源：中国保监会。

图 4—5　2002～2012 年中国非寿险保费收入情况

4.1.2　保险深度

保险深度是指某国或地区保费收入占其国内生产总值（GDP）之比，反映了保险业在整个国民经济中的地位。就中国而言，2003 年国内生产总值为

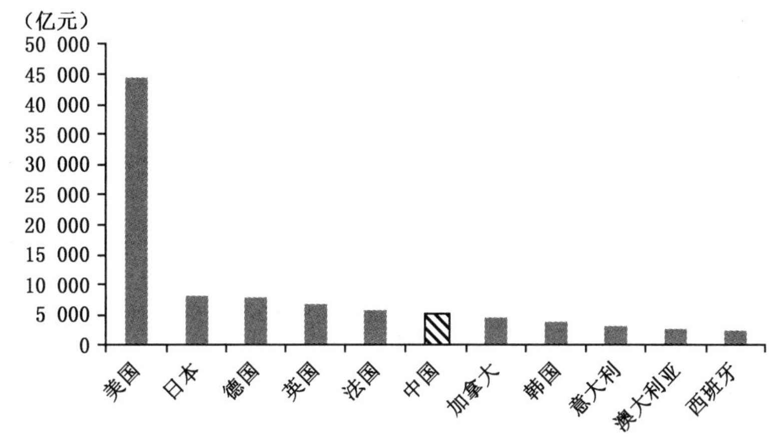

资料来源:Sigma,中国保监会。

图 4—6 2012 年非寿险保费国际对比

135 822.76亿元,保费收入为3 880.39亿元,保险深度为 2.86%。随着中国社会经济水平的发展,保险深度一路走高,至 2010 年达到 3.62%的高点,然后略有下降,2012 年保险深度为 2.98%,世界排名处于第 46 位(见图 4—7,图 4—8)。在保费总体收入跃居世界第四位的同时,应该看到,我国的保险深度一直低于世界上其他保险业较为发达的国家和地区,也低于世界平均水平。

具体来看,我国寿险保险深度由 2003 年的 2.22%上升到 2010 年的 2.62%,随后两年持续下降,2012 年为 1.96%,与发达国家存在一定差距(见图 4—9,图 4—10)。

与寿险不同,我国非寿险保险深度一直保持着上升势头,由 2003 年的 0.64%上升到 2012 年的 1.03%,但仍与发达国家差距明显(见图 4—11,图 4—12)。

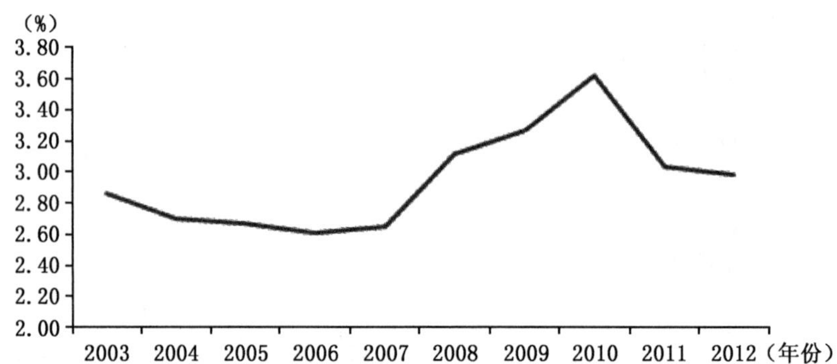

资料来源：根据中国保监会、国家统计局数据整理而成。

图4—7　2003～2012年中国保险深度情况

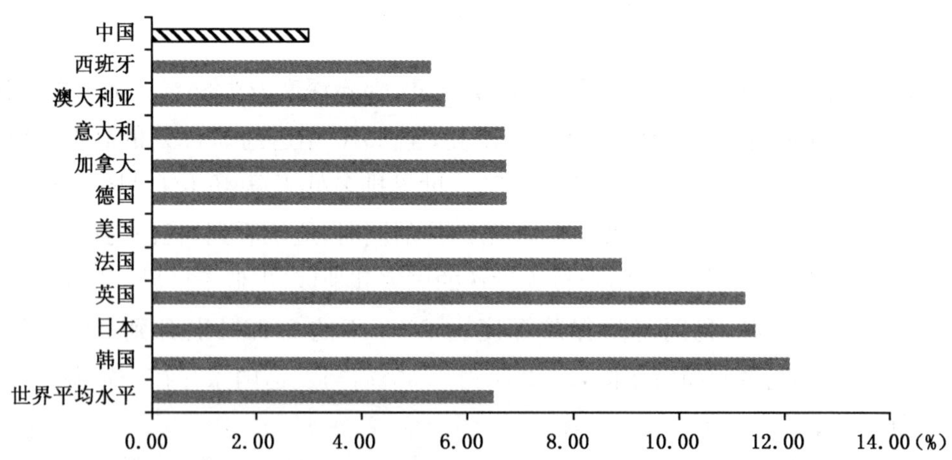

资料来源：根据Sigma，中国保监会、国家统计局数据整理而成。

图4—8　2012年保险深度国际对比

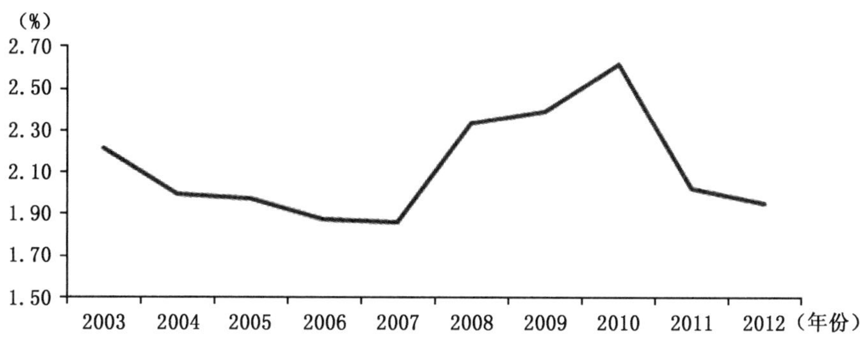

资料来源:根据中国保监会、国家统计局数据整理而成。

图 4—9 2003~2012 年中国寿险保险深度情况

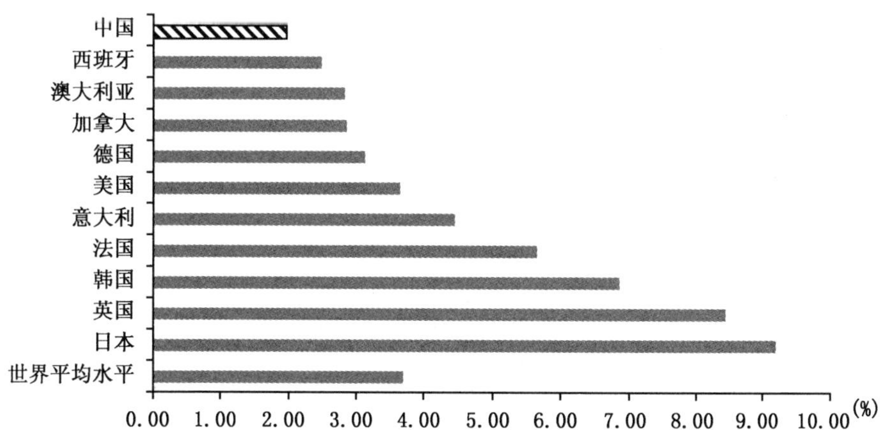

资料来源:根据 Sigma,中国保监会、国家统计局数据整理而成。

图 4—10 2012 年寿险保险深度国际对比

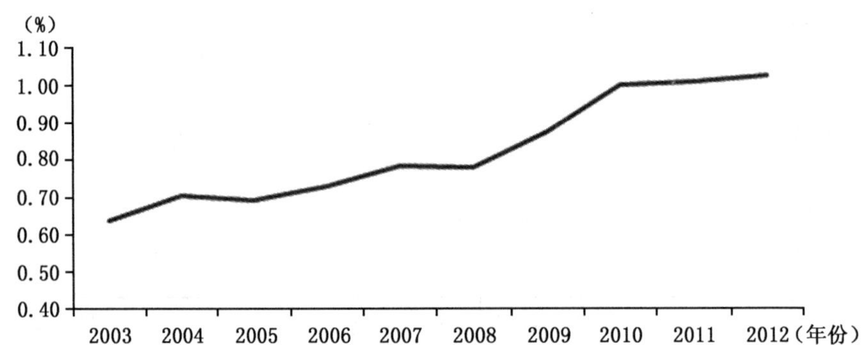

资料来源：根据中国保监会、国家统计局数据整理而成。

图 4—11 2003～2012 年中国非寿险保险深度情况

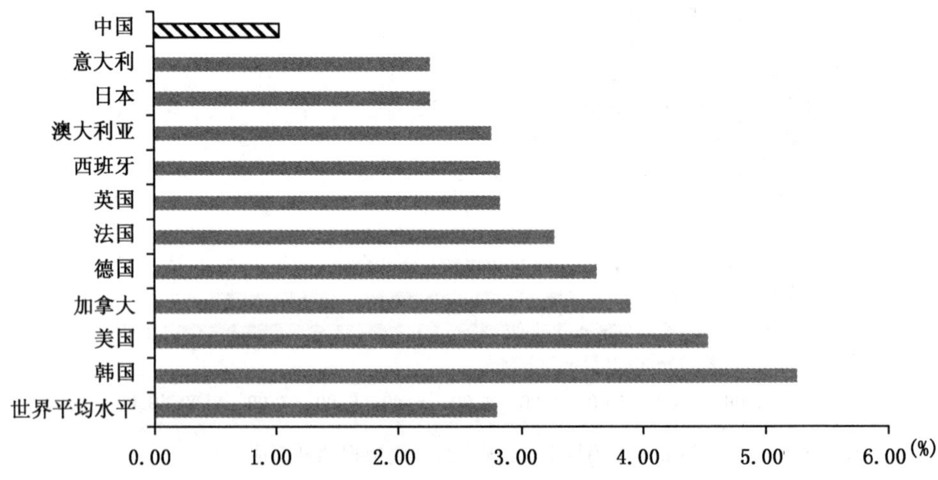

资料来源：根据 Sigma，中国保监会、国家统计局数据整理而成。

图 4—12 2012 年非寿险保险深度国际对比

4.1.3 保险密度

保险密度是指按照一个国家或地区的人口计算的人均保费收入，它反映了一个国家或地区保险的普及程度和保险业的发展水平。受经济发展水平与人口总量制约，我国保险密度远低于世界其他发达国家和地区。2003 年我国保费总收入为3 880.39亿元，年末人口总量为129 227万人，保险密度为300.28元/人。经过近十年的发展，2012 年保险密度上升为1 143.83元/人，世界排名第 61 位(见图 4—13，图 4—14)。

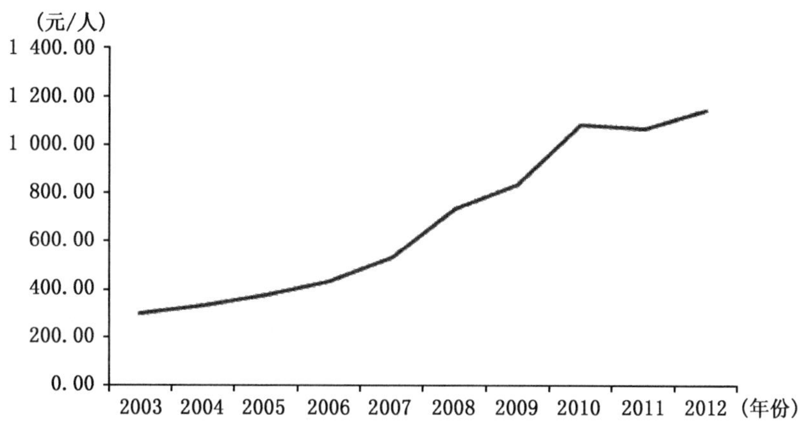

资料来源：根据中国保监会数据整理而成。

图 4—13　2003～2012 年中国保险密度情况

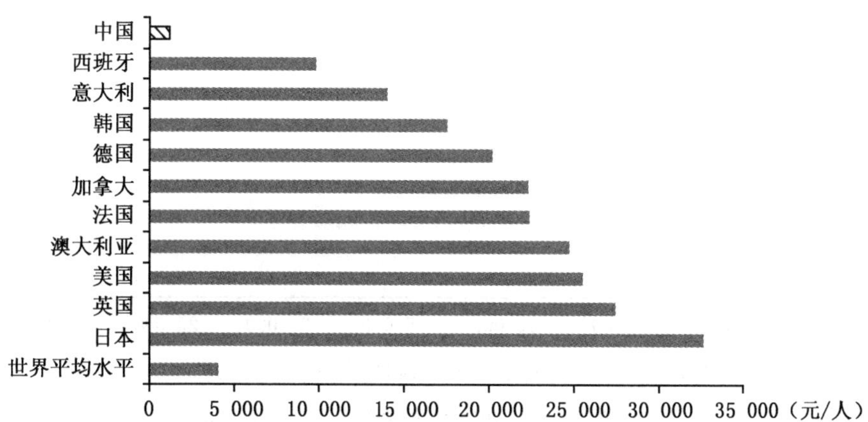

资料来源：根据 Sigma，中国保监会、国家统计局数据整理而成。

图 4—14　2012 年保险密度国际对比

具体来看，我国寿险保险密度由 2003 年的 233 元/人上升到 2010 年的 783.13 元/人；2011 年略有下降，为 709.56 元/人；2012 年又有所回升，为

750.13 元/人（见图 4—15、图 4—16）。

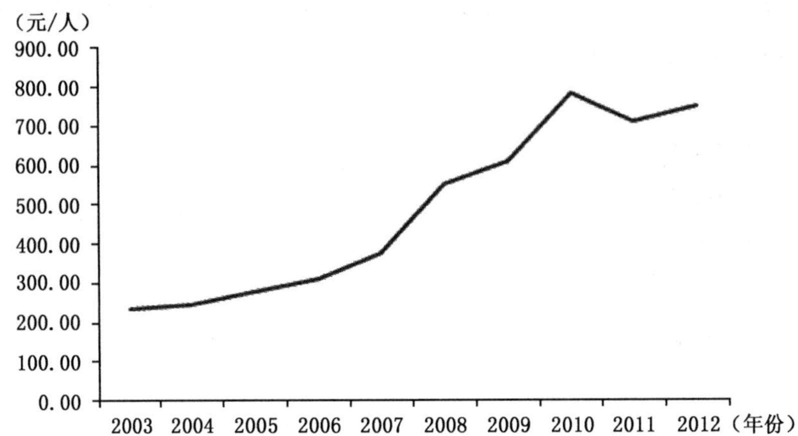

资料来源：根据中国保监会数据整理而成。

图 4—15　2003～2012 年中国寿险保险密度情况

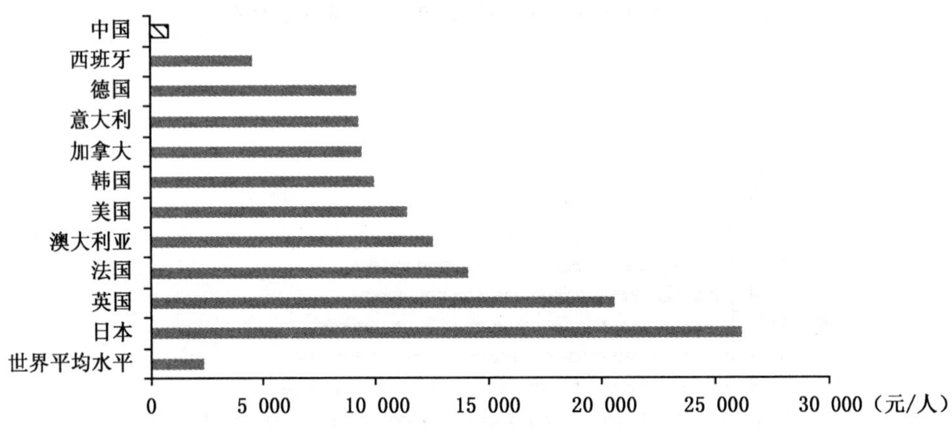

资料来源：根据 Sigma，中国保监会、国家统计局数据整理而成。

图 4—16　2012 年寿险保险密度国际对比

而我国非寿险保险密度自 2003 年以来一直不断上升，从 67.28 元/人上升到 2012 年的 393.71 元/人（见图 4—17，图 4—18）。

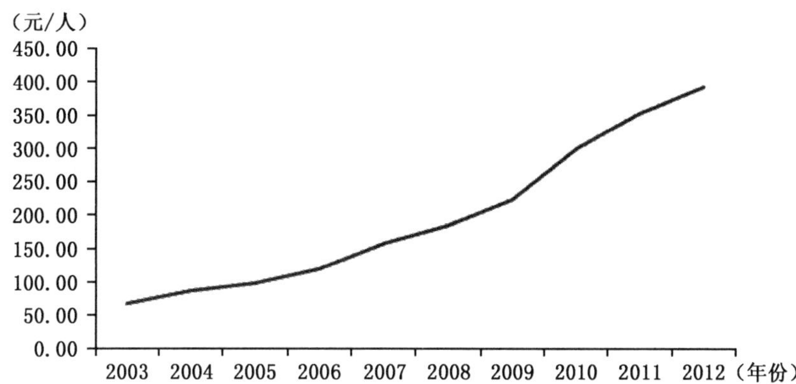

资料来源:根据中国保监会数据整理而成。

图 4—17　2003～2012 年中国非寿险保险密度情况

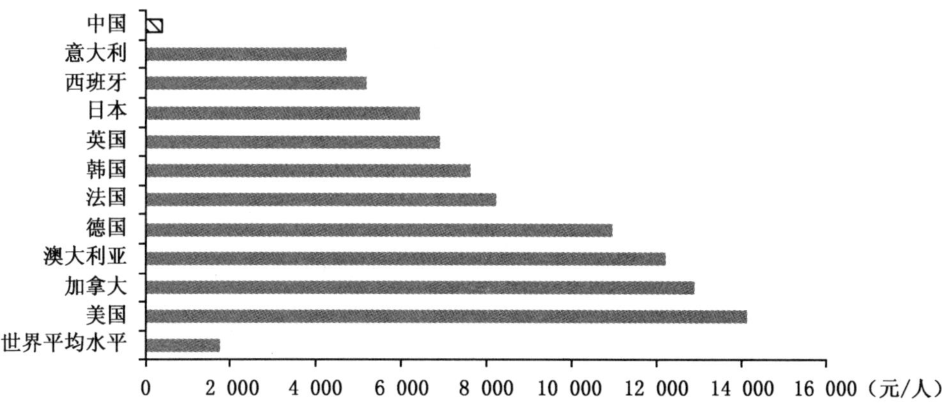

资料来源:根据 Sigma,中国保监会、国家统计局数据整理而成。

图 4—18　2012 年非寿险保险深度国际对比

4.1.4　保险业资产

传统金融业包括银行、保险、信托、证券和租赁等领域。对我国而言,银行业资产规模一直处于绝对领先地位;信托业 2011 年后明显发力,增速迅猛;保险业则一直保持稳步增长,2012 年总体资产规模达到73 545.73亿元。2008～2012 年间,我国保险业资产总额年均增长 55.02%(见图 4—19)。

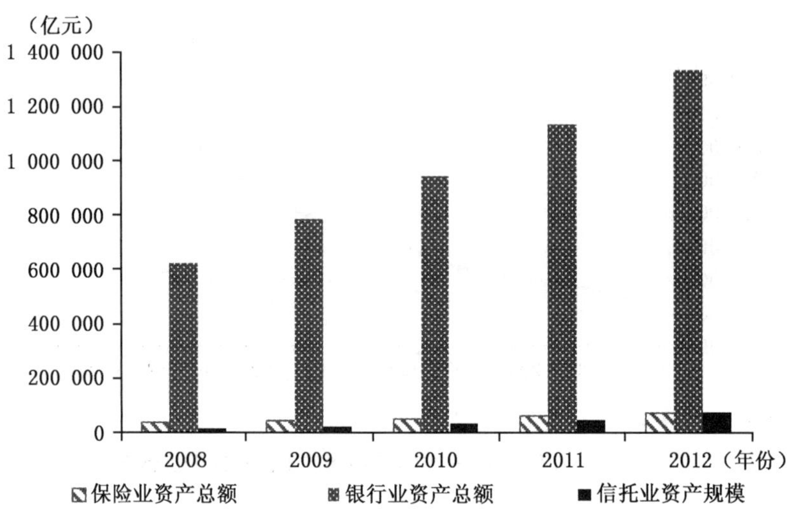

资料来源：中国保监会、中国银监会、中国信托业协会。

图 4—19　2008～2012 年我国保险业资产总额与银行业、信托业的比较

4.1.5　保险市场集中度

某行业市场集中度一般由市场集中率度量。市场集中度是该行业的相关市场内前 n 家最大的企业所占市场份额的总和，其计算公式为 $CR_n = \sum_{i=1}^{n} S_i$。其中：$S_i$ 是第 i 个企业所占的市场份额，n 是这个行业中企业的总数。

本文分别选取每年度原保费收入前四位与前八位的保险公司对我国保险市场集中度进行分析，结果如图 4—20 所示。

从图 4—20 中可以看出，我国保险市场集中度较高，排名靠前的几家大型保险企业占据了绝大部分的市场份额。但市场集中度呈现逐年下降趋势，CR_8 从 2004 年的 88.27%下降为 2012 年的 68.96%，这反映了我国保险市场竞争逐渐激烈化，中小保险公司崛起并抢占了一定的市场份额。

具体来看，人身险市场集中度高于保险市场总体水平，2004 年其 CR_8 曾一度高达 98.10%，随后呈总体下降趋势，但在 2012 年 CR_8 仍维持在 83.28%的较高水平（见图 4—21）。

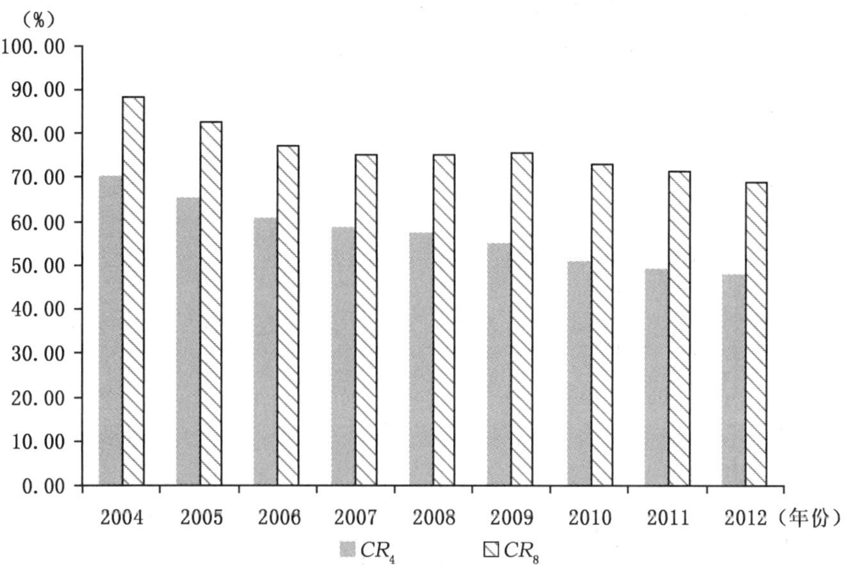

资料来源:根据中国保监会数据整理而成。

图 4—20　2004～2012 年我国保险市场集中度

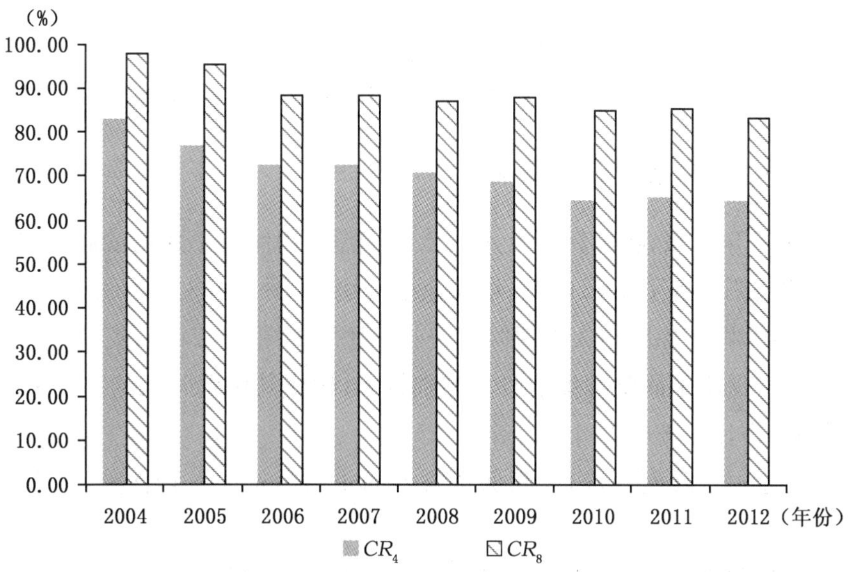

资料来源:根据中国保监会数据整理而成。

图 4—21　2004～2012 年我国人身险市场集中度

财产险市场集中度略低于人身险市场,但年际变化幅度较小,CR_8 一直维持在 80%以上,说明财产险市场中大型保险企业市场地位稳定、市场竞争程度较低(见图 4—22)。

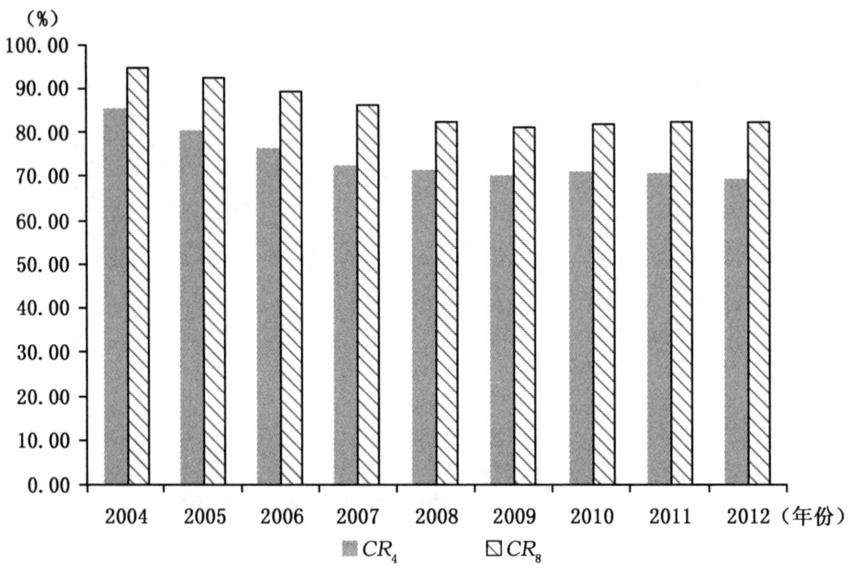

资料来源:根据中国保监会数据整理而成。

图 4—22　2004～2012 年我国财产险市场集中度

4.1.6　险种特点与结构

1997 年以来,我国保费收入除 2011 年外,均保持了递增的趋势,15 年间年均增长率达到了 133.63%,增长速度较快(见图 4—23)。

其中,财产保险与人寿保险保费收入比较如图 4—24 所示。

人寿保险不同险种保费收入差别较大,构成其保费收入的主要来源为寿险保费,占比在 80%以上(见图 4—25)。

对于财产险而言,构成其保费收入的主力为机动车辆保险,约占市场总额的 70%。

在保险理赔方面,各险种之间也存在着较大的差异,我国保险业总体赔款给付情况如图 4—26 所示。

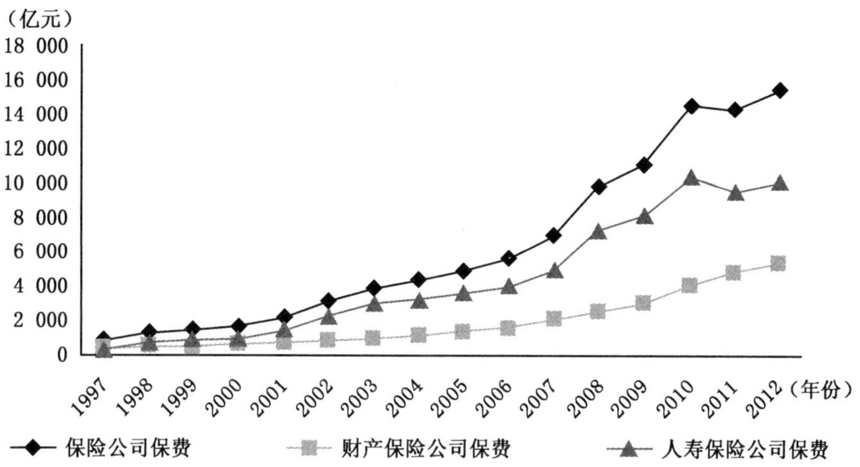

资料来源：中国保监会。

图 4－23　1997～2012 年中国保费收入变化

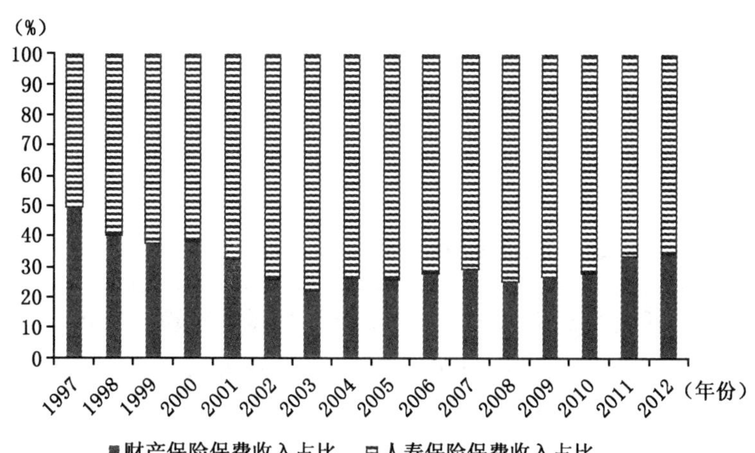

资料来源：中国保监会。

图 4－24　1997～2012 年财产保险与人寿保险保费收入占比比较

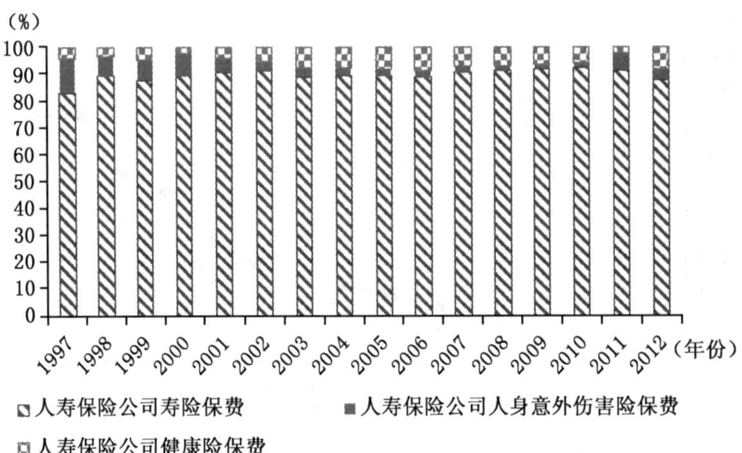

资料来源：中国保监会。

图 4－25 1997～2012 年人寿保险公司不同险种保费收入比较

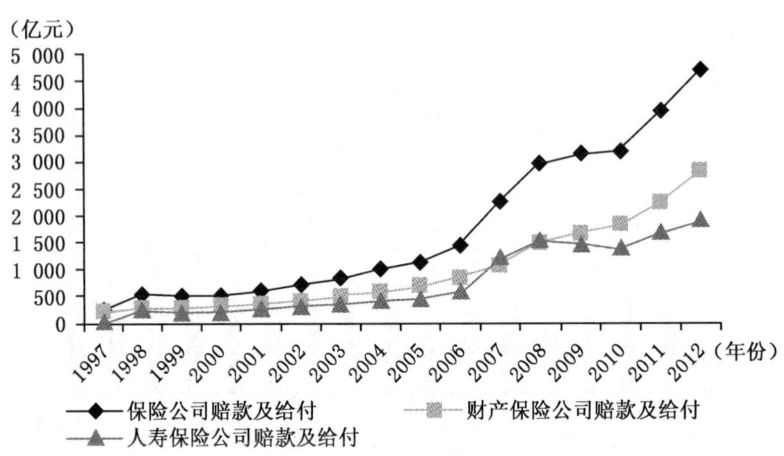

资料来源：国家统计局。

图 4－26 1997～2012 年中国保险业赔款及给付变化

对于人寿保险而言，主要赔付支出在于寿险赔款，健康险和意外险赔付也占有一定比例，如图 4－27 所示。

对于财产保险而言，机动车辆保险赔款及给付占据了赔付总额的 80％以上，农业保险和家庭财产险赔付也占有一定比例。

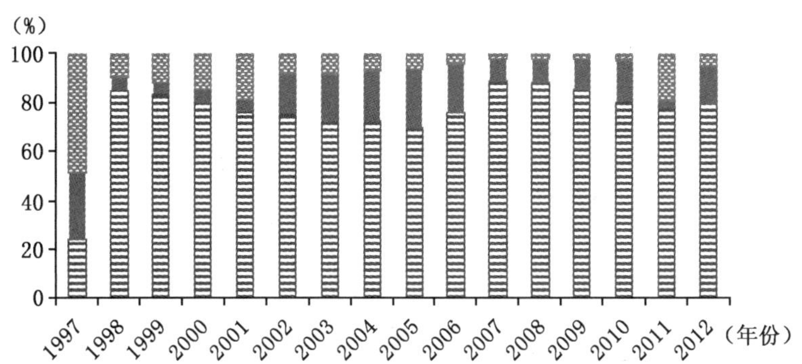

资料来源:根据国家统计局数据整理而成。

图 4—27　1997～2012 年人寿保险公司不同险种赔款及给付比较

4.1.7　保险投资渠道与影响投资收益的重要因素

保险公司的资金运用必须稳健,遵循安全性原则,以确保保险公司的偿付能力。我国保险公司资金运用限于下列形式:银行存款;买卖债券、股票、证券投资基金份额等有价证券;投资不动产;国务院规定的其他资金运用形式。根据相关资料统计,2004～2012 年间,我国保险投资渠道主要为银行存款,金融债券、企业债券、国债也占有一定的比例,证券投资基金占比最小,这样的投资配置与保监会相关规定相符(见图 4—28)。

1999～2012 年间,我国保险业投资收益率除 2007 年外,均处于较低水平,2012 年全年资金运用收益率仅为 3.39%,低于银行 3.75%的两年期定期存款基准利率,延续了前几年的下降趋势。

影响保险资金投资收益的因素主要有以下几个方面:

1. 宏观经济走势

保险资金投资收益情况与宏观经济走势息息相关。从国际方面来看,近年来全球经济增长速度明显放缓,美国金融危机、欧元区债务危机均对世界经济走势造成了巨大影响。从国内来看,国内保险业投资收益的顶峰出现在

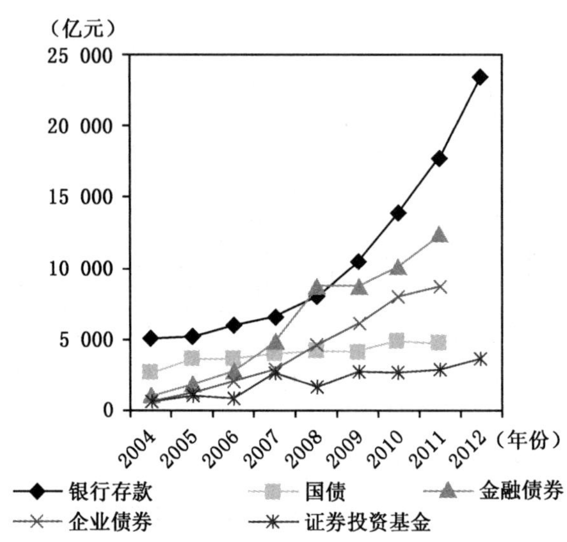

资料来源：国家统计局。

图 4—28　2004～2012 年保险公司资金运用余额

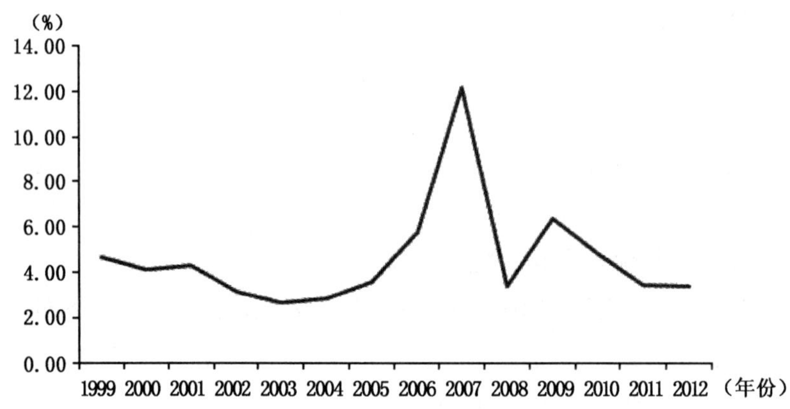

数据来源：中国保监会。

图 4—29　1999～2012 年中国保险业投资收益率

我国 GDP 增长速度最快的 2007 年（14.2%）。尔后，随着宏观经济政策的收紧，保险业投资收益率伴随着 GDP 增长率趋缓呈下降态势。结合图 4—30 与图 4—31、图 4—32 的各项经济指标，我们可以看出宏观经济走势与保险投资收益情况的相关程度。

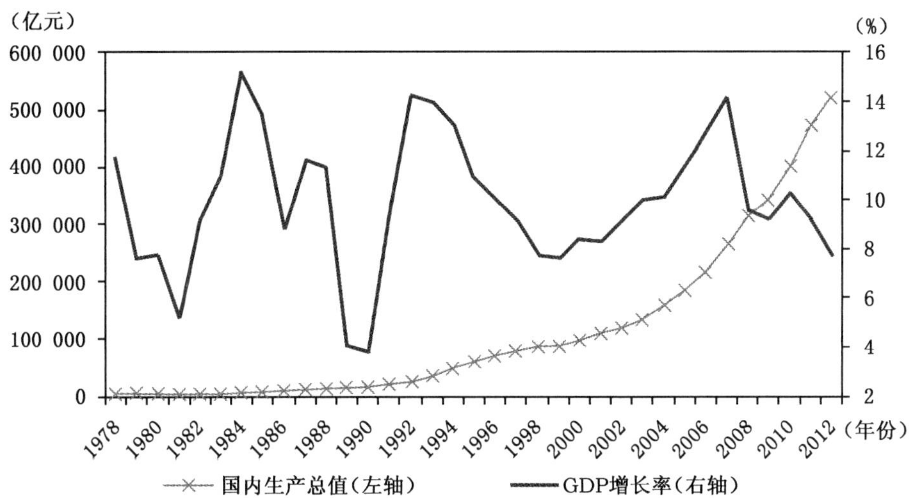

资料来源:国家统计局,Wind 资讯。

图 4—30　1978～2012 年我国 GDP 变化

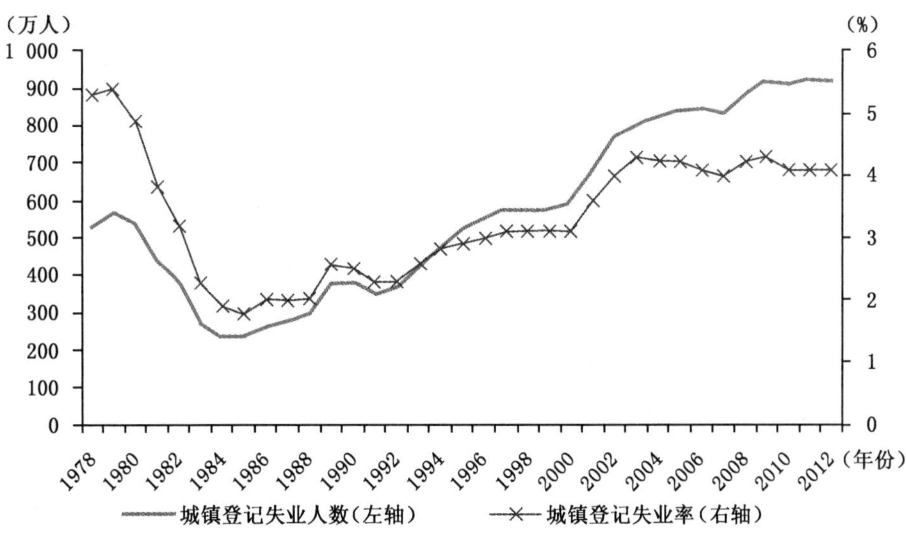

资料来源:国家统计局,人力资源和社会保障事业发展统计公报。

图 4—31　1978～2012 年城市登记失业率变化

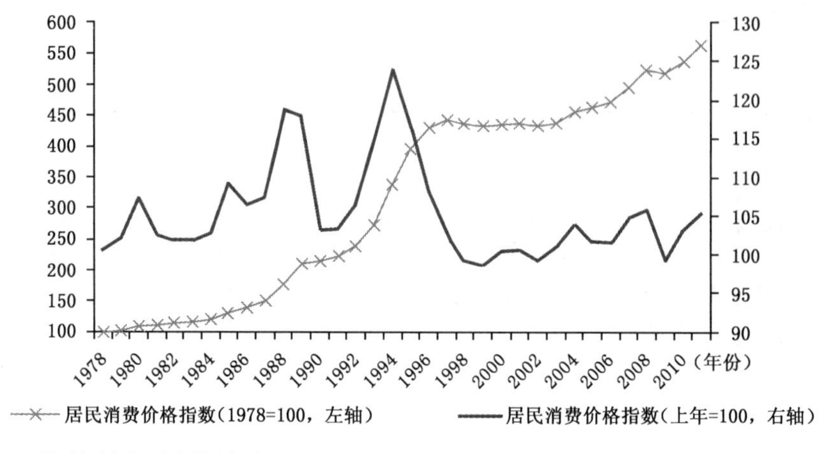

资料来源：国家统计局。

图 4—32　1978～2011 年通货膨胀率变化

2. 政府相关政策法规

保险投资的规模和结构受到财政政策、货币政策以及相关监管法律法规影响，进而左右其投资收益情况。当政府采取不同的财政政策时，其发债规模及国债投资收益率都将产生较大波动，而国债又是保险投资的主要工具之一，因而会直接影响保险投资收益。类似地，当政府推行不同的货币政策时，利率将相应产生变化，进而影响保险投资收益水平。

保险资金的负债性要求其投资必须遵循稳健原则，因为随时可能出现保险赔付或给付。各国政府及监管机构都对保险投资规模和结构作出了相关规定，避免保险公司违规投资操作导致保险资金流动性不足或安全性欠缺等问题。对保险资金可运用范围的界定，也较大程度地限制了保险公司的操作空间，影响保险资金的收益水平。

一国的税制对保险投资收益也存在着较大影响，通常来看，税法的变化会导致保险投资规模和结构的变化。例如，美国 20 世纪 80 年代税法改革后，取消了原先市政债券的免税优惠，进而造成了保险公司对其投资比重的下降。在我国，国库券一直是保险公司投资的主要方向之一，这也是由于我国对国库券的投资收益免征企业所得税。

3. 保险资金投资结构

政府的相关监管法规对保险资金可投资范围与比例作出了明确规定，因此，各个可投资科目的收益情况按其权重的不同，决定了保险资金最终的投资收益水平。在保险资金运用结构中，银行存款与债券投资占比都在70%以上，这两项资产的收益情况奠定了保险资金投资水平的基准(见图4—33，图4—34)；股票及证券投资占比约为10%，由于这部分投资盈亏波动一般较大，对保险资金收益也会产生相当程度的影响(见图4—35)。

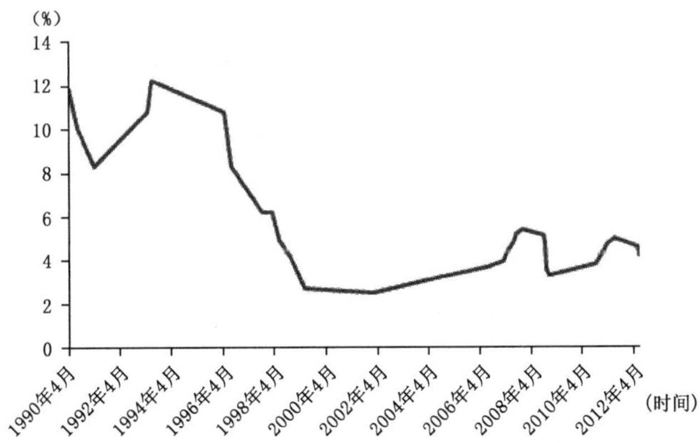

资料来源：中国人民银行。

图4—33　1990～2012年金融机构人民币3年期存款基准利率

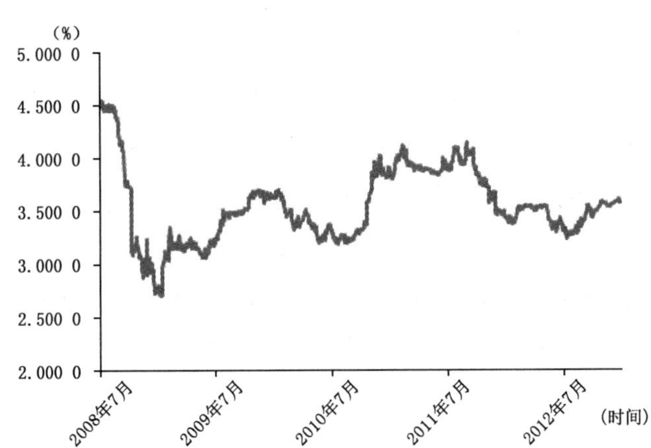

资料来源：中国货币网。

图4—34　2008～2012年10年期国债到期收益率

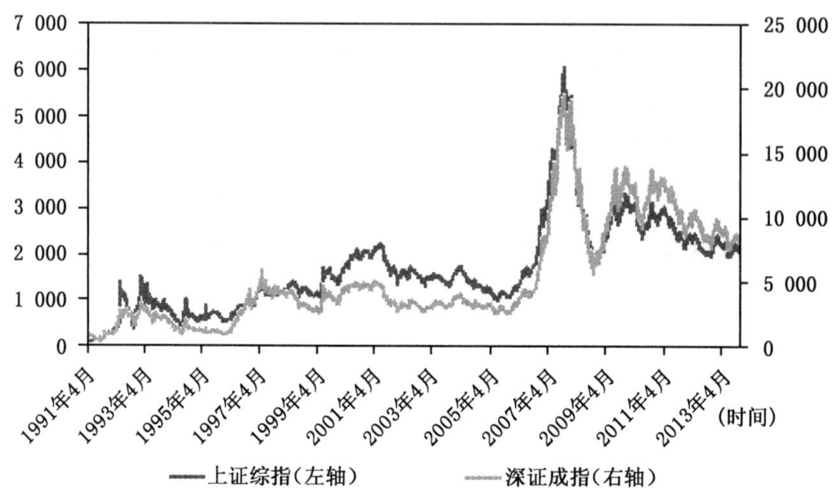

资料来源：Wind 资讯。

图 4—35　1991～2013 年上证综指与深证成指走势

4.2　我国保险业发展趋势

4.2.1　利率市场化下的保险业发展

利率市场化是指货币当局将利率的决定权交给市场，由市场主体自主决定利率，货币当局则通过运用货币政策工具，间接影响和决定市场利率水平，以达到货币政策的目标。其改革思路是：先外币，后本币；先贷款，后存款；先长期、大额，后短期、小额。自 1996 年中国人民银行放开银行间同业拆借市场利率开始，利率市场化历经 7 年，逐步放开了国债、政策性金融债的发行利率、国内外币存贷款利率。在 2013 年 7 月，又全面放开金融机构贷款利率管制，利率市场化可谓走完半程。而随后将建立的存款保险制度以及放开存款利率也将指日可待。

保险业作为金融行业三大支柱之一，属于利率敏感型行业。利率市场化将直接或间接地对保险业在各个方面产生深远的影响。

1. 对保险公司投资收益的影响

利率市场化对保险业投资收益率产生了重大影响。保险公司的资金投资决定了保险公司产品的收益率,同时也影响着保险公司的流动性和稳健程度。我国保险业投资收益率长期处于较低水平,2012 年全年资金运用收益率仅为 3.39%。我国保险公司资金运用渠道主要有银行存款、国债、金融债券、股票等形式。其中,银行存款和债券所占比重最大,2013 年 1～10 月保险公司资金运用中银行存款占总余额的 29.56%,债券占 44.48%,两者之和超过 70%。而利率的变动对银行存款和债券利息的收益有着直接的影响。目前,贷款利率管制全面放开,尽管尚未对保险业的投资收益率带来巨大的影响,但随着利率市场化的深入、存款利率放开,保险业资金运用的投资收益将会有巨大的波动,对保险公司的投资能力提出了考验。可以预计,在保监会监管逐步放宽的背景下,未来保险公司资金投资渠道比例将会发生重大的改变。

另一方面,利率市场化会优化整个金融系统的资源配置,促进证券市场的健康发展。利率市场化将利率的决定权交给金融机构,由金融机构根据自己的资金状况和对金融市场动向的判断来自主调节利率水平,由市场供求决定金融机构存贷款利率。这为金融机构提供了一个更加公平的竞争环境,使金融机构可以提供的差异化服务空间更大,品种更丰富、价格设定更合理的投资工具将会涌现,社会融资方式将会更加多元化。保险公司在进行证券投资时,也可以有更多的选择。

2. 对保险产品开发设计的影响

从保险产品的设计本身来看,利率市场化增加了保险产品的费率厘定难度。人身保险费率厘定是依托于存贷款利率的。在银行利率稳定的情况下,这种设计方式不仅能使资金获得一定的增值,满足未来的给付需求,又能够使寿险费率长期保持相对稳定。而利率放开之后,其变动将会十分频繁,幅度很大,这对保险公司的定价能力提出了巨大的挑战。一方面,保险公司要追求费率的公平合理原则和保证偿付原则,使投保人的保费负担贴近实际,同时保证自己足够的偿付能力,这就要求费率随着利率的变动作出相应的变动;另一方面,又要保持费率的相对稳定。要解决这个两难,保险公司必须在险种设计和经营方式上作出突破。

从产品需求的角度看，保险作为一种金融产品，要与其他金融产品进行竞争。消费者会将保险、银行存款以及其他理财投资产品进行比较，并在自己的投资预算范围内，选取更有吸引力的产品。利率市场化导致消费者面对更丰富的替代品，例如银行的理财产品收益率大大提高，相比之下，保险公司的万能险、分红险的收益水平就不再具有吸引力。如此一来，利率市场化反而抑制了保险的需求，如何与各类金融替代产品竞争就对保险公司的产品创新能力和投资能力提出了新的要求。

但从另一方面来看，利率市场化反而会激发更多的保险需求。利率市场化后，投资渠道增多，金融市场更加活跃。随着消费者理财意识的深化和对金融产品的了解，保险将会逐渐成为人们生活中一种不可替代的产品。此外，利率市场化之后，银行存款作为大众曾经最为喜爱的理财方式已经不再能保证确定的收益了，这时，长期储蓄型保险作为一种收益稳定、高回报的金融产品将会越来越受到中老年人群及具有稳定投资需求人群的青睐。

3. 对保险销售渠道的影响

目前，银行保险渠道对于保险公司来说是很重要的销售渠道之一。然而在利率市场化的背景下，银行竞争压力增大，为了维护存款作为银行生命线的基础地位，银行将优先保证自身存款不流失，避免保费分流存款。这将会进一步削弱银行销售保险产品的动力。银行保险渠道扩张受限，保险公司保费增长困难，这将会促使保险公司改变现行的销售模式和销售渠道，转而开发新型渠道。

4. 对保险监管的影响

利率市场化加快了保险费率市场化的进程。利率市场化在银行业的稳步推进，也促使保险费率市场化的进一步开放。2.5%的寿险预定收益率已经持续了十几年，严重抑制了保险需求。在银行市场利率接连放开的背景下，保险费率如果仍受强力管制，保险产品的竞争力将会大大降低。因此，继2013年7月20日贷款利率放开后，保监会于2013年8月1日下发《关于普通型人身保险费率政策改革有关事项的通知》，取消了普通型人身保险利率2.5%的上限限制——前端的产品预订利率由保险公司自主确定，后端的准备金评估利率由监管部门根据长期国债到期收益率曲线等因素进行调整。监管机构可通过后端有效调控前端的合理定价，以保证保险公司不会面临偿付能力的问题。

普通型人身保险费率放开后一个月，就有建信人寿、中英人寿和农银人寿 3 家保险公司率先试水，发售预定利率为 3.5%的新产品。在实现同样保障的情况下，预定利率更高的新产品保费更低，将会吸引大量的客户退掉旧保单、购买新保单。然而虽然短期内费率市场化可能会引起大规模退保的情况，增加保险公司流动性风险和业务成本，影响业绩指标，降低偿付能力；但从长期来看，费率市场化将会促进更具有保险保障意义的普通型人身保险的增长，促进保险同业竞争，提高市场服务效率和质量。同时对保险监管、保险公司调整保险业务结构和资产负债结构的水平提出了更高要求，这都将有利于保险市场的健康发展。

尽管此次保险费率市场化的尝试仍是渐进式的，其范围仅仅覆盖保费规模占总量比不到 10%的普通型寿险，且分红型人身保险的预定利率、万能型人身保险的最低保证利率仍被规定不得高于 2.5%。但是随着利率市场化改革稳步推行，受到市场压力最大的就是分红险和万能险，分红险和万能险的利率终有一天会逐步放开。

5. 对保险企业管理能力的影响

利率市场化会对保险公司经营方式、内部管理和风险控制提出更高的要求。利率市场化对保险公司的资产管理水平、产品设计水平、销售能力、服务质量和创新能力都提出了更高的要求，而这些都是要以完善的内部控制和全面的风险管理能力为基础的。在利率市场化的压力之下，顺应时代潮流的保险公司将会主动变革，优化配置，增强自身的市场竞争力。

4.2.2 城镇化背景下的保险业发展

城镇化是 21 世纪的典型社会发展特征之一，1950～2010 年间，世界城镇人口增长近 5 倍，每年新增城镇人口约4 700万人。为了更好的就业、教育、医疗、生活水平，人口从农村地区向城镇流动。20 世纪 70 年代后，发达国家城镇化水平趋于稳定，然而从全球范围来看，城镇化的程度在不断加深，迄今为止，世界城镇人口已占据总人口的一半以上。中国、印度等发展中国家的快速城镇化对这一进程起到了关键性作用，2011 年，发展中国家的城镇人口数量占到了世界城镇人口总量的 74%。2011～2030 年间，预计世界城镇人口总量将从 14 亿上升至 50 亿，而增量的 90%将在发展中国家产生。

城镇化进程会产生重要的经济、社会和环境的影响。从历史上看，城镇一直是区域经济增长的中心，在现代生产和工业中，由于规模经济效应的存在，城镇可以更有效地集中和利用资源，在降低生产成本的同时带来更高的收入与生活条件。当具备良好的基础设施和政府管理支撑时，城镇化可以成为经济增长的强劲引擎，提高社会生产力，促进就业，增加收入，提高生活水平；相反，一旦治理不善，城镇化反而会成为阻碍社会进步和经济发展的桎梏。例如，拉丁美洲如今是世界上城镇化程度最高的地区之一，有大约 78%的人口生活在城市。然而，这种城镇化却是建立在基础设施薄弱、贫民窟林立、收入差距过大、社会动荡不安的基础上，是一种不可持续的城镇化。

对于我国而言，未来的一二十年间，将是城镇化的关键时期，城镇化的深入会带来社会经济全方位的改变。因此，需要稳步推进，避免走上拉美各国低水平城镇化的老路子。对于保险业而言，城镇化既是机遇又是挑战，如何利用城镇化趋势带动行业发展，同时最大化发挥保险对于经济发展稳定器的功效，是需要研究与深思的问题。

1. 城镇化带来的新型风险格局

城镇化的过程是人口由农村地区向城镇集中的过程，人口的迁移将带来国家内部地区间人口密度的巨大差异，城镇拥有较高的人口密度，成为区域经济活动的中心。在这一趋势的推动下，将产生一系列新型的风险格局。

(1)自然灾害及环境污染风险

据统计，在 2011 年间，世界范围内约 87%的沿海城镇居民遭受过至少一次自然灾害或严重环境污染。随着城镇化的推进，2025 年前后，更多的大城市将会处于自然灾害频发地区，尤其是在亚洲国家，新兴城市或城镇多坐落于沿海或地震带上，这进一步加剧了其遭受多重自然灾害风险的可能性。同时，城镇化带来了经济活动的集中和人口的集聚，造成严重的空气、水、噪声、土地等环境污染。根据世界卫生组织的相关统计，城镇地区直接产生了全球约 60%的温室气体和 75%的能源浪费。一旦发生较为严重的自然灾害或环境污染事故，城镇地区将面临遭受更大经济损失的风险。

(2)工业灾害风险

城镇化的过程中，一些比较大的城市带逐渐兴起，如我国的长三角、珠三角地区，以及印度的“孟买—新德里工业走廊”等。这一新格局致使工业灾害风险被成倍放大，一旦一地出现险情，由于距离邻近，周围的城镇很容易受到波及，造成严重的事故后果。如 1984 年发生在印度博帕尔的化学气体泄漏事件，直接导致数以千计的平民死亡或残疾，而且泄漏导致土壤、空气和水体遭受严重污染，致使更多人间接受到伤害。这次事故的总体损失达 4.7 亿美元，其中只有不到一半得到了保险理赔。

(3)恐怖主义风险

恐怖主义是城镇地区，尤其是大城市面临的又一新型风险。大城市一般是恐怖分子实施袭击的首选目标，旨在造成更大规模的杀伤与恐慌。例如美国 2001 年遭受的“9.11”恐怖袭击，造成人身、财产及商业中断产生的延误损失达数千亿美元。同时，由于恐怖主义行为存在不可预估性，很难对其进行风险转移和分摊，相关损失也难以进行统计和度量。

(4)商业活动中断风险

城镇地区是全球供应链中的关键环节，其商业活动一旦发生中断，将对全球经济活动造成巨大影响。如 2011 年泰国南部遭受持续洪水灾害，致使大片工厂停产，由于该地区聚集了大量跨国企业生产基地，这些工业园区的停产对全球电子产品及汽车供应链造成了巨大影响，总计损失达 120 亿美元，这是历史上因洪水导致的最为严重的经济损失。

(5)流行病爆发风险

相对于农村地区，人口密集的城镇区域更容易遭受流行病的袭击，较高的人口密度和高速便捷的城镇交通为病毒的快速传播提供了条件。2003 年，亚洲主要城镇地区爆发 SARS 疫情，其经由空气传播，在短期内造成了大量的死亡。这一典型性事件为城镇地区、特别是超大型城市防范流行病风险提出了警示。

(6)网络及个人隐私风险

随着手机、平板电脑等智能移动终端的飞速发展,人们得以更加便捷地接入互联网。对于城镇居民而言,大量的网络热点使得互联网迅速普及,乃至成为生活中不可或缺的一部分。因而,互联网使用者的各类网络账户、存储于互联网上的个人资料及隐私、网上交易等活动便成为了新兴的风险点,网络安全将越来越受到人们的关注和重视。

2. 城镇化对保险业发展的机遇

城镇化的过程带来了个人可支配收入的提高,伴随着资产积累,人们倾向于改善生活水平,购置房产、汽车,享受更好的医疗、教育条件,利用保险分散转移生活中的各类风险损失。同时,城镇化拉动了经济的增长,使得保险有更多的机会涉足社会经济的各个领域,争取新一轮的发展机遇。

(1)传统险种需求增强

具体来看,第一,城镇化的过程中将不可避免地伴随着环境污染、流行病传播等问题;同时喜食方便食品、久坐不动等不健康的生活方式更易导致"城市病",使得人们对于健康险、寿险的需求增加。第二,随着居民收入水平的提高和家庭财产的积累,其对于家财险、火险、盗抢险、汽车险、三者责任险等险种的需求也会有所提升。第三,城镇居民往往享有更优质的医疗条件,寿命延长,同时城镇居民家庭结构发生变化,赡养比大幅提高,对长期护理保险、养老保险产生相应需求。第四,伴随城镇化过程中各类经济活动的兴起,雇主责任险、伤残险、团险、工程险、海上保险、航空保险等险种进一步肩负起经济发展稳定器的作用。第五,沿海城镇由于经济发展、人口增加,对遭受巨灾损失期望值增大,对巨灾保险需求增加。

(2)新型险种层出不穷

城镇化将对现有风险格局造成影响,刺激新型险种的出现,丰富险种配比,进一步促进保险市场发展。例如前文曾经提到的网络安全与个人信息泄漏问题,可以考虑借由保险对这一风险提供相关服务,设计出针对虚拟财物的相关险种。又如恐怖袭击风险,可比照巨灾风险对其进行设计,分散风险损失。再如城镇化过程中政府职能将逐步转变,减少对市场的干预、停止以政府权威为商业银行等机构背书是大势所趋,这样一来,存款保险等新型险种无疑将获得良好的发展空间。

(3)城镇化的投资机会

对基础设施的扩建和改造是城镇化过程中的重要一环，为适应从农村地区大量涌入的移民，基础设施、管理水平、社会保障与福利均要与之相匹配。保险资金具有稳定、周期相对较长的特点，适合对基础领域进行投资。同时，社会经济的发展将带来医疗、制药、养老、教育等诸多行业的投资机会，对于资金力量雄厚的保险业公司而言，可以寻找适合其投资的对象。

3. 城镇化对保险业发展的挑战

尽管城镇化为保险业创造了发展良机，但还应看到，城镇化本身充满不确定性，保险业应积极做好风险评估与管理，应对挑战。

(1)城镇化无序发展风险依然存在

城镇化成功与否的关键取决于其治理水平，无序混乱的城镇化将会适得其反，拉美国家的低水平城镇化便是鲜明的反面教材：基础设施建设未经全面考虑、贫民窟林立、缺乏清洁水源与卫生设施，因此造成了保险公司高额的疾病出险理赔和后续索赔。

(2)对风险管理与产品定价的挑战

随着城镇化的推进，城市将成为风险积聚地，各类风险高度集中。城市带的形成更加剧了风险管理的难度和潜在风险敞口。自然灾害、气候变化、人为袭击等因素的不确定性，加上经验数据质量较差且反应滞后，使得风险模型构建与产品定价愈发艰难。人口的高度集中与快速流动，也使得流行疾病飞快传播，不利于风险管理和把控。

(3)对保险创新能力提出要求

城镇化的快速发展要求包括保险业在内的各个金融服务机构能够及时反应，快速创新，针对市场变化和需求设计与之相匹配的金融产品，从而更好地服务城镇化进程，同时求得自身的发展。对于保险公司而言，保持对市场敏锐的嗅觉、及时准确地获取相关数据、合理设计产品及费率，无疑是一系列艰巨的挑战。

4.2.3 互联网金融对传统金融业竞争的冲击

2013 年“互联网金融”成为热词，有三个代表性的新闻事件发生：货币市场基金余额宝上线，只用了几个月时间，余额宝的余额已经达到了1 200亿元。而中国最大的基金公司华夏基金公司的管理资产规模也不到3 000亿元。第二个是微信推出了微信支付。第三个是 11 月 6 日众安在线互联网保险公司成立。这是保监会第一次批准成立纯互联网性质的保险公司。众安保险作为完全互联网化的保险公司，将结合互联网平台的需求进行定制化的产品设计，团队成员有近一半是数据挖掘人员，团队成员来自传统金融领域，以及阿里巴巴、腾讯等互联网公司。2013 年 11 月 25 日，众安保险推出其第一款产品“众乐宝”，该产品是担保卖家信誉的一款保证保险。它是国内首款网络保证金保险，为淘宝集市平台加入消费者保障协议的卖家履约能力提供保险，在确保给予买家良好的购物保障的同时，帮助卖家减负。除此之外，公司还将与电商平台紧密配合，对买家、卖家和电子商务平台进行售前、售中、售后的全面风险提供保障。

在互联网金融发展一年多之后，中国人民银行开始牵头组织研究这个课题，并在 2013 年第二季度的中国人民银行货币政策的报告中第一次引用了互联网金融这个名词，并给予了正面的评价。互联网给传统保险业带来了威胁以及机遇。保险产品只有现金流和信息流，适合在互联网利用大数据和移动云技术来做，符合移动互联网大数据时代的商业模式特征。传统金融是渠道为王，产品制胜；互联网金融是流量为王，服务制胜。大部分公司，将移动互联网作为一个渠道，通过它来卖产品，卖车险、意外险等，将互联网金融理解为金融互联网；也有公司将它理解为产品形态更深层次的变化及创新，谓之互联网金融。互联网企业其实已经对传统媒体、电信行业、零售商业行业、金融行业造成严重冲击。金融行业的竞争对手不仅来自同业，互联网企业同样也可以发展金融业务，包括京东商城在内的多家 B2C 电子商务公司已开始大力发展供应链金融业务。

“互联网金融”与“金融互联网”最大的不同之处便在于“互联网”的属性。传统金融因财聚人，互联网金融因人聚财；传统金融以机构为中心，互联网金融以用户为中心；传统金融以牌照、资金为主，互联网金融以技术和数据为主；传统金融产品是生硬的利率、收益率、年限方案，互联网金融通过互联网手段对金融产品包装；传统金融信息不对称，互联网金融信息对称。某银行的董事长公开承认互联网金融可以颠覆现在商业银行的体系。有学者甚至认为互联网金融有可能与商业银行、证券两种模式并列为第三种融资模式，未来发展前景广阔。

4.3 我国保险业发展的风险因素

4.3.1 价格风险

1. 寿险费率市场化可能存在的风险

2013年8月，保监会宣布普通型人身保险预定利率不再执行2.5%上限，可由保险公司按照审慎原则自行决定，同时将3.5%作为基准评估利率，超过3.5%的则需经保监会审批。费率市场化在带来更加充分的市场竞争的同时，其背后潜在的风险也值得注意。

(1)价格战与偿付风险

寿险预定利率进入“3.5%时代”后，其潜在的市场风险值得注意。尤其是在2012年寿险业整体保费收入下滑的背景下，费率市场化易助长以价格竞争为主的恶性竞争，特别是部分投资和创新能力不足的中小保险企业出于扩大业务规模和市场份额的考虑，极易忽略成本、降价销售，突破价格底线，通过“价格战”的方式争夺更大的市场份额。

尽管保监会也在本轮改革中规定了预定利率越高的产品，其用于偿付的准备金要求也越高，试图以此种后端偿付能力限制约束保险企业的前端销售行为。但这种后端制约是一种事后监管，即便保险企业因偿付能力不足而无法签发新保单，为抢占市场已经发售的高预定利率产品同样会因超越投资和风险控制实际能力而面临极高的兑付风险，甚至有可能引发保险公司的倒闭以及投保人的严重损失。

(2)两极分化风险

寿险费率市场化往往会使得保险公司经营状况呈现两极分化。事实上，费率市场化背后是各保险企业实力的较量，大型保险企业的加入让费率市场化下的寿险市场竞争日益激烈。利率越高，对风险资本金的要求也就越高。

平安人寿最近发布其首款寿险费率市场化新产品“平安福终身寿险”，预定利率为4%，目标直指中高端客户市场。四大上市保险企业中，除了中国人寿和中国太保外，新华保险也在2013年9月底推出预定利率为3.5%的“惠福宝”两全保险，这样的高利率都是有着强大的资金支持。因而可以预计几家大公司的市场份额还会增加，市场集中度将进一步提高，中小企业的生存将更加困难。

（3）利差损风险

寿险费率市场化改革后，预计部分传统寿险产品的定价利率会较当前有所上升。然而此类产品的负债久期长，与负债对应的资产需要维持长期的、稳定的、收益与定价利率相匹配的投资水平。如果投资收益率低于定价利率，将带来更大的投资风险。从长期来看，寿险公司若不能正确平衡预定利率与投资收益率之间的关系，必然会面临利差损风险。这就对保险公司的投资能力和风险管理能力提出了更高要求，需要进一步提升资金运用及资产负债管理水平。

（4）现金流风险

预计人身险费率改革政策将使寿险市场在产品结构、保费结构和主体结构三方面发生变化。从产品结构来看，分红型产品将逐步减少，银保渠道产品结构转型，固定回报产品和保障型产品将增加，具有较高固定收益的普通型两全保险对银保渠道现有的两全保险产品会产生一定的替代作用。从保费结构来看，预计趸缴保费将逐渐减少，期缴保费和续期保费逐渐增加。从主体结构来看，银行系统保险公司很可能通过率先销售较高固定收益普通型两全保险，或者其他短期高收益产品来逐步提高市场份额。

但是现实情况是，寿险公司对理财产品、趸缴保费形成的业务规模只能逐步调整。因此未来几年，一些公司必须考虑现金流问题。现金流风险是整个保险行业面临的主要风险，并且极易引起系统内风险，严重影响保险公司的经营。而为了解决规模业务的压力，寿险公司只能推出两类产品，即资产匹配高固定回报型产品和短期高现价产品。这类产品对客户有较高的回报，具有一定的市场竞争力，短期内也能上规模，但对寿险公司的盈利会带来一定影响。

2. 车险费率市场化可能的风险

2010 年 6 月,中国保监会下发了《关于在深圳开展商业车险定价机制改革试点的通知》,各财险公司可使用现行的商业车险行业指导条款和费率,也可自主开发基于不同客户群体、不同销售渠道的商业车险。深圳专用产品也经保监会审批后在深圳地区使用。2011 年 2 月,作为商业车险定价机制改革的试点省市,深圳市保险同业公会颁布了《深圳机动车商业保险费率浮动方案》,车险费率市场化改革再度成为业内热议的焦点。车险费率市场化的核心是各公司依据“随车、随人、随地区”等因素,在费率制定中引入各项浮动因子和系数,并在一定范围内进行上下浮动,最终目的是将费率和条款的制定权下放给保险主体。车险费率市场化可能引发下列一系列问题。

(1)竞争白热化,费率非理性

一旦车险实行费率改革,取消了 7 折的底线,各保险主体为争取优质客户,必将大幅下调费率水平;优质客户也将会向多家公司询价,选择投保。优质客户的争抢将首先迈入“白热化”,费率极可能出现“没有最低只有更低”的非理性时期。而一旦竞争性的费率低于风险保费,也就是通常所说的恶性竞争出现,将损及保险公司的利润和偿付能力,使得一些保险公司退出市场,保险产品的供给减少,保险业满足经济社会发展对于风险保障需要的能力下降,损及保险消费者以及整个社会的利益。

(2)行业盈利压力较大

车险费率市场化之所以备受关注,是因为改革的推进将带来保险责任扩大而费率却面临下调压力,从而将压缩本就微利的车险业务盈利空间。2012 年,已有近三分之二的财险公司出现了承保亏损,行业承保盈利呈现明显下滑趋势。一旦费率改革,原来的所谓优质业务可能由于费率的下降和竞争成本的投入而转化为普通业务,原来应该加价的劣质业务由于代理渠道或团体业务等原因可能很难真正实现费率上调。由于费率市场化必然带来费率的整体下降,从而使得一定时期内的保费充足率、稳定率下降以及车险赔付率上升。另外,由于竞争加剧及用工成本的增加,代理费用和业务费用依然会上涨,销售成本上升和保费收入下降的差距会进一步加大。从短期看,行业盈利压力巨大。

（3）市场分化格局加剧

从未来趋势看，财险业分化格局将势必加剧，天平似乎向大型财险公司方向倾斜。大型优质财险公司将拥有更多自主定价权，加上大公司本身盈利丰厚，在市场竞争中规模效益优势突出，有望从灵活的风险选择和风险定价中收益。中小财险公司本身规模小，盈利基础偏弱，且多数只能采用没有优势的协会条款，很可能将面临市场份额逐渐萎缩的境遇，市场由此将呈现“强者愈强、弱者恒弱”的趋势。

（4）道德风险增大

费率的敏感度增加，会诱使个别代理人和投保人逆向选择，如隐瞒、虚报相关情况，骗取费率优惠等。这是因为费率市场化一旦给出一个介于高风险和低风险之间的保险费率，这样的保险费率将有利于高风险者，因而高风险者会更愿意参加。高风险者更多的进入会使得索赔增加、赔付上升；同时，低风险者面临较高的价格，并被强制补贴给高风险者。如果市场中购买保险的行为是自愿的，那么低风险者将会选择放弃或者减少保险的购买，对保险市场产生非常消极的影响。

另一方面，低风险者也会因为要承担较高的费率和非自愿的保费补贴而对其行为带来扭曲，产生道德风险，即低风险者可能改变自己对风险变化的反应而让自己也变为一个高风险者，这会提高事故水平和损失成本。另外，当投保人从保险费率中无法观测到有关如何决定购买保险和购买保险之后的合适的行为信息时，将增加投保人的冒险行为，进而直接扭曲保险费率的定价基础。

4.3.2 投资风险

截至 2013 年 11 月底，保险全行业总资产为 80 903.66 亿元，保险资金运用余额为74 683.11亿元。然而，我国保险业的资产管理状况一直难以令人满意。2012 年全年资金运用收益率仅为 3.39％，甚至不及当年银行定期存款收益率。相比一般而言的 5.5％左右的寿险产品精算假设，收益率缺口很大。投资收益率的持续偏低严重限制了保险公司开发保险产品的收益率，大大降低了保险产品对于客户的吸引力，尤其在银行、证券公司、信托、基金等金融机构纷纷开发各类金融产品，财大气粗的互联网公司又强势突入金融行业抢占市场的背景下，保险业如果继续保持低收益率的话，前景堪忧。

1. 我国保险机构投资比例及问题

过去十年，我国保险业取得突飞猛进的发展，作为资金运用的重要环节，保险投资对于保险机构进行资产负债管理、实现资本的保值增值具有十分重要的意义和作用。

就目前而言，我国保险机构主要把资本投资到银行存款、债券、股票、不动产等领域。根据保监会 2010 年正式颁布的《保险资金运用管理暂行办法》，我国对保险机构投资资产的比例规定具体如下：银行活期存款、政府债券、中央银行票据、政策性银行债券和货币市场基金等资产的账面余额，合计不低于公司上季末总资产的 5%；无担保企业（公司）债券和非金融企业债务融资工具的账面余额，合计不高于本公司上季末总资产的 20%；股票和股祟型基金的账面余额，合计不高于公司上季末总资产的 20%；未上市企业股权的账面余额和投资于未上市企业股权相关金融产品的账面余额，合计不高于本公司上季末总资产的 5%；不动产的账面余额和投资于不动产相关金融产品的账面余额，合计不高于本公司上季末总资产的 10%；基础设施等债权投资计划的账面余额不高于本公司上季末总资产的 10%。保险集团（控股）公司、保险公司对其他企业实现控股的股权投资，累计投资成本不得超过其净资产。

该规定明确了保险企业持有各类金融资产的比例，进一步放宽对保险投资的限制，有利于保险机构利用投资调整资本结构，实现盈利收益。但综观我国保险投资市场，依然存在投资渠道狭窄、投资组合不合理、投资收益率较低的情况，其中，投资收益低下严重影响整个保险业的行业预期与发展，是目前保险投资亟须解决的重要问题。

截至 2013 年 11 月底，保险资金运用余额中：银行存款为 21 811.83 亿元，占比 29.21%；债券为33 269.54亿元，占比 44.54%；股票和证券投资基金为7 555.83亿元，占比 10.12%；其他投资为12 045.91亿元，占比 16.13%。债券市场在 2013 年进入结构性调整阶段，持续走低，债券价格纷纷跳水，股票市场又一直疲软，因此，相比年初，银行存款、债券投资与股票和证券投资基金所占比例一同略微下降。相对的，其他投资比例略有上升。但银行存款和债券投资在保险资金运用中仍占较大比例，体现了我国保险业资金的运用仍过度重视安全性和忽略收益性。这种投资结构虽然确保了资金的安全，但不利于资产的收益性、流动性和安全性的结合，也难以起到保险资源的优化配置作用，且会造成保险资产和负债期限错配的问题，从而增加保险公司的流动性风险。

2. 投资收益率低下的原因

从大环境上看，宏观经济的动荡与不景气是投资收益率低下的主要原因。2007 年以前，由于宏观经济增长强劲，股票市场一路走高，我国保险投资收益率一度达到 12.17%的最高水平。但 2008 年的金融危机，令经济严重下挫，仅该年一年的上证综合指数就下跌 64.7%，深成指下挫 63.36%，受其影响，当年保险投资的收益率仅为 3.38%。此后资本市场一直动荡起伏，在 2009 年的一个短暂回升后一直呈现出低迷状态；2010 年股市与债券市场的双跌令保险投资收益率从 2009 年的 6.41%下降到 4.84%；2011 年继续下降为 3.6%；直至 2012 年创 3.39%的新低。

其次，我国资本市场还不完善，政府严格控制投资渠道和市场上较少的可选投资产品也导致收益的低迷。一方面，政府对于保险公司的投资渠道严格控制，仅仅允许保险公司投资银行、国债等相对安全性高但收益低的资本；另一方面，由于我国资本市场发展不完善，衍生品等还未在市场上出现，即使政府放宽了限制，实际可供保险公司选择的投资工具仍十分缺乏，再加上具有稳定收益率、较高回报率的中长期项目更少，这就导致了大部分资金仍然投向银行存款与债券市场，令保险公司资产负债在期限上产生难以匹配的现状，出现持续低收益情况。

从保险行业本身来看，由于保险业起步较晚，对于资产负债管理、投资组合的理念以及技术还不够成熟，相关人才缺乏，投资环境受限，使得行业资产负债错配情况严重。就寿险保险公司来说，因为其保险合同的长期性、资金安全性要求令资金更适宜投资长期储蓄、房地产、金融债券等具有中长期性质的项目；而财产保险公司依照其短期的资金来源，更适合于投资同业拆借、股票等流动性相对较强、收益高的品种。但从我国保险业现状来看，寿险行业负债平均久期为10～15年，资产平均久期为5～10年，在寿险资金占整个保险资金80%的情况下，中长期负债与中长期资产匹配率却不到一半，很大一部分资金仍然投资到银行、存款与债券等收益率低且固定的市场，这就导致近年来收益率一直偏低。

3. 投资中面临的风险

作为保值增值的手段之一，保险投资本身就是一种伴随风险与收益的行为，而随着我国工业化、城镇化、市场化、全球化的进程不断加快，保险机构在投资过程中也会不断面临来自各方面复杂交替的风险。保险投资的资金来源具有负债性、期限性、追求利益性的特点，所以对于投资环境、渠道、资本结构要求较高。但在我国金融市场发育还未健全、政府对保险投资渠道监管尚严的条件下，保险投资较容易遭受各类风险攻击，由此造成保险机构的资产负债在总量、期限以及成本收益方面的不匹配，进而影响保险业偿付能力、经营安全等，严重时甚至威胁到保险市场稳定与健康发展。

从大环境来看，保险投资易遭到政策风险，也即因为政府政策的变动对保险公司收益率造成影响。政策对于保险市场的影响作用是具有决定性和导向性的，利率波动、监管松紧、投资渠道宽窄对保险投资的收益率具有直接影响，而政策对于股票、债券市场的作用也会通过传导机制影响投资行为以及结果。从保险公司自身来看，在投资过程中会遇到以下风险：

(1)财务方面的风险

第一，资产负债匹配风险。资产负债匹配与否直接关系着我国保险机构的资产管理好坏、偿付能力高低、经营是否稳健。一般而言，寿险保险公司对于资金稳健性的需求决定其偏好长期投资工具，而产险保险公司对于流动性的需求决定其偏好短期投资工具。从我国目前情况来看，投资渠道较窄，尚无可转移风险的投资衍生品工具，占保险投资主要份额的银行存款投资收益较低，债券市场缺乏短期和长期的债券资本，往往导致保险机构在投资过程中因无法找到期限相适应的投资工具，而造成承担债务与持有资产期限不符的情况，面临资产负债匹配风险。

第二，流动性风险。当保险公司资产因流动性问题令资产不能及时变现，无法应对被保险人或者受益人的赔偿、给付要求，或者以较高代价对资产变现或者借款，就会对保险公司经营活动安全造成巨大影响。随着我国改革进程的进一步加快，宏观政策、市场经济环境、微观主体结构不断变动令居民日常经济活动呈现出群体性与分散性并存的复杂特点。企业主体正规化、规模化和现代化令风险呈现出高频率、大损失的特点，风险事故一旦发生，如果保险公司没有足够资金对被保险人或者受益人及时提供赔偿给付，对于保险公司而言，不仅会面对流动性不足甚至破产清算的威胁，也造成了没有承担自身担保的责任，不利于社会稳定与和谐发展。

第三，信用风险。信用风险对我国保险公司的影响重大，该风险是指保险投资对象不能履行投资合约，或存在欺诈，造成保险公司不能按期收回投资收益甚至成本。过去十年，我国保险业取得显著发展，但随着经济主体活动的日趋复杂，信用危机越来越凸显，特别在涉及债券投资以及贷款的过程中，保险公司应该运用信用分析来化解此类风险。

(2)精算方面的风险

第一，资产贬值风险。保险公司会投资银行存款、债券、股票、不动产、保单抵押贷款等资产，随着我国宏观环境的开放，利率、汇率对于保险公司以及对其所投资的资产价值的影响越来越大。当所投资的资产价值因为市场因素而引起市值下降，保险公司的盈利能力将会恶化，甚至造成偿付能力不足，引发经营危机。

第二，利率方面的风险。利率风险对保险公司的影响较大。一方面，利率的变动令资产负债相对价值发生变动，造成资产负债不匹配，进一步导致收益与成本的不匹配，损失或者收益的扩大与具体指标的利率敏感性有关。另一方面，利率变动对于保险公司财务稳定产生直接影响，特别对于寿险公司而言，在签订保单时都会规定一个预定利率，也即保险公司给客户的回报率。利率上升，保险公司的收益率高于预定利率，为保险公司带来“利差益”的同时，容易造成保单贷款与解约率的上升；利率下降，在控制贷款与解约率的同时，又会导致较低收益率与“利差损”。无论是哪一种，都会令保险公司财务现金流发生变化。

(3)投资渠道方面的风险

第一，银行存款投资风险。尽管保险公司投资银行存款能满足安全性需求,有利于保证最低偿付能力,但银行存款并不是没有风险,其最大的风险来自于利率波动。我国正处于经济转型时期,来自市场自身以及政府的调控令利率变动较大,从而影响银行存款的收益率,特别是通货膨胀严重时期,实际利率的持续走低甚至负利率的情况出现,会极大地影响保险公司投资银行存款的收益。加之我国市场上还未出现直接套期保值等规避利率风险的衍生工具,使得利率所带来的风险进一步加大。

第二,债券投资风险。保险机构投资的债券主要有国债、金融债券和企业债券。国债兼具安全性、流动性、收益性的特点,曾经一度成为保险资金投资重点,但近年来其存在的投资隐患也令保险公司降低对国债的持有比例。最主要一点是因为国债期限结构不健全,中期国债比例较高,而短期国债相对较少,长期国债则严重缺乏。寿险公司倾向投资长期资产,而产险公司又更加偏好短期资产,国债市场上的结构缺陷令保险公司投资该资产后容易产生资产负债不匹配的风险。此外,目前的国债市场只有现券买卖、买断式回购、质押式回购,产品单一、没有衍生品交易令该市场容易遭受利率风险。最后,现阶段低于协议存款利率的国债收益率会令保险投资承担过低收益率的风险。由于金融债券和企业债券的收益率高于国债,近年来保险企业对其投资的比例呈逐年上升趋势,但是日益复杂的经济环境令该市场容易遭受利率风险与信用风险的冲击。

第三,权益类投资风险。保险机构在权益类投资的资产有股票和证券投资基金。股票相对于前者来说,收益高、流动性强,是较理想的投资工具。我国于 2004 年允许保险资金直接进入股票市场,成为保险投资的又一条重要渠道。但是由于我国经济环境还有待改善,股票市场发展不健全,导致了目前该市场投机行为多于投资行为,信用风险偏高,加上政府的宏观政策对于股票市场的影响极大,这就令投资股票市场的预期收益难以预测。股票市场的不稳定性导致保险投资股票的比例随着股市的变动而变动,极不利于保险公司的资产负债管理,威胁到公司偿付能力的实现以及日常经营的稳定,严重时甚至波及整个保险市场。证券投资基金具有规范化和专业化的管理,在股票还未对保险市场开放时,证券投资基金是保险公司进入证券市场的唯一渠道,但是因为我国目前的金融产品单一,基金可以选择的投资对象仅有股票、国债等个别产品，所以保险投资证券基金很难分散自身风险，并且基金投资较集中，容易诱发系统性风险。从基金本身来看，该市场还不完善，垄断情况较为严重，令保险公司的选择面较窄，并不能真正令保险公司通过投资分散风险，反而还有可能集中、扩大该类风险。

第四，境外投资风险。就当下的保险市场来看，我国保险机构很少涉及境外投资，主要投资方向也只有香港股票市场、美国的债券和股票市场。这是因为我国保险行业的境外投资实行审批制，这就导致只有少数大型保险公司能拿到境外投资资格，而大部分中小型保险公司很难进行境外投资。虽然境外投资对于规避我国国内的系统性风险提高风险投资组合收益率大有帮助，但其传导的境外金融风险也不容小觑。我国保险公司参股或者购买境外的金融资产，一旦境外资本市场出现动荡，这一系统性风险必将通过投资等渠道直接传导到保险公司，比如中国平安投资比利时富通股权在 2008 年金融危机中受到波及，导致中国平安 2008 年前三季度出现亏损。其次，投资机构的经营状况、管理层决策的变化也会影响投资境外资产的稳定性与收益率。此外，由于国家间金融市场环境、监管法律体系等不同，在境外进行投资后也存在潜在的经营管理风险。

第五，其他投资风险。保险投资所涉及的其他资产主要有基础设施项目、股权、不动产、金融产品等。基础设施债权投资收益稳定期限长，但是存在流动性和信用风险。股权投资可以改善保险资金的资产负债匹配状况，提高收益率，特别是保监会于 2012 年 7 月颁布《关于保险资金投资股权和不动产有关问题的通知》，更加促进了保险企业投资股权。但长期的股权投资易受到利率风险、政策风险的影响，应在一定比例内进行投资。不动产投资规模大、期限长，自我国放宽投资渠道后，受到保险投资的青睐，但其流动性较差，易受到通货膨胀等经济波动的攻击。金融产品包括境内依法发行的如商业银行理财产品、金融机构信贷资产支持证券、信托公司集资信托计划、保险资产管理公司的基础设施计划、不动产投资计划、项目资产支持计划等一系列产品。在拓宽投资渠道、提高收益率、弥补原资产结构缺失的同时，金融资产投资令保险机构与这些产品的发行机构联系更加紧密，容易受到发行公司风险与市场波动的影响，在获得高收益的同时会带来管理与监管方面的风险。

4.3.3 中小保险公司亏损风险

1. 在与大公司竞争中处于劣势地位

从效益角度来看，近几年中小公司总体情况不乐观。2010～2012 年的市场数据显示，市场份额大于 2%的前 8 家公司基本连续承保盈利，市场占有率 2%以下的公司，除农业险公司和个别公司外，均无法保持连续盈利。2009 年以后成立的公司无一实现承保盈利。

在目前市场环境下，中小保险公司在发展过程中普遍存在战略定位不清晰、专业人才不足、机构网点少、综合服务能力弱、品牌和信息化建设滞后、市场竞争手段单一、创新能力不强、经营成本高、风险管理不系统等问题。在与大公司的竞争中，中小保险公司除了决策效率较高、经营机制较灵活、转型改革成本较低以外，几乎没有什么优势。正因此，产品定价机制改革、营销体制改革及资金运用改革等市场化改革对中小保险公司而言挑战大于机遇。从本质上讲，中小保险公司的发展状态，主要取决于自身应对市场变化的能力。但不可否认，外部竞争环境已成为影响中小保险公司发展的重要因素。

近年来，虽然保险市场秩序有了很大改善，但市场中依然存在一些针对中小保险公司的不公平竞争现象。如在一些保险项目招标过程中，大公司和部分中介机构鼓动业主对中小保险公司设置资本金、全国网点数等非关联门槛，排斥中小保险公司于这些大型项目之外，使其无法借此提升自身专业能力，优化自身业务结构。一些地方在制定行业自律规定时，未考虑大小公司的品牌差异，给中小保险公司的发展带来很大困扰，甚至部分大公司在依仗其实力和市场地位，通过恶性竞争肆意提高市场成本的同时，给中小保险公司的正常经营造成了巨大冲击。

另外，中小保险公司业务发展和业务风险平衡对机构数量和网点布局依赖较大。保监会目前对保险公司分支机构严格的市场准入控制，表面上一视同仁，但由于大公司早已完成了机构网点布局，现行政策只是限制了部分中小保险公司的业务发展，大公司却毫发无损。

2. 亏损问题突出

国内中小保险公司的亏损问题一直较为严重，尤其是在保监会《保险公司信息披露管理办法》的规定下，国内100多家非上市保险企业的经营业绩被彻底曝光后，这个问题得到更加直观的反映。从近期非上市保险企业集中发布的年度信息报告来看，尽管保险公司在积极调整产品结构、提升盈利水平，但很多中小保险企业经营困境并未发生改观。

以2011年数据为例，101家非上市保险企业中仅46家实现了盈利，而亏损面则超过五成。尤其财险公司的经营业绩都不是特别突出，国内中小财险承保的五大经营险种普遍亏损，偿付能力全线下降，几家财险公司的偿付能力甚至严重不达标。而在外资财险公司中，大部分出现经营亏损的问题。与国外寿险业7～8年的盈利周期相比，国内一些成立近10年甚至10年以上，包括华泰人寿、中航三星人寿在内的多家保险企业仍在逐年亏损。而从市场份额看，中小保险企业与上市保险企业的业绩差距悬殊。寿险方面，四家上市保险公司总体市场份额接近70%，而财险行业前10大公司占据90%的市场份额。不仅如此，上述46家实现盈利的非上市保险公司2011年的净利润之和为79.36亿元，仅与上市的中国太保2011年83.13亿元的净利润相当。

中小保险公司亏损的问题比较严重，部分中小保险公司始终没有形成有效的盈利模式，业务结构单一，盈利能力不强，缺乏内生资本补充来源。特别是在当前流动性收紧的背景下，融资成本进一步上升，中小保险公司偿付能力与补充压力较大，有可能会出现增资困难的问题。中小企业的可持续发展能力让人担忧。而且，当前的保险市场上中小公司占大多数，中小公司一旦出现风险，很容易酿成行业风险。

3. 盈利困难导致频换股东

在2012年，北大方正集团对青岛海尔投资发展集团所持海尔人寿51%股权的收购正式获得保监会批准，海尔人寿更名为北大方正人寿，成为又一家创始股东全部撤资、彻底改头换面的保险公司。然而这并不是一起特例，事实上，近几年来股权遭遇变更的中小保险企业不在少数。据《经济参考报》记者的粗略统计，2005～2012年间共有超过80余家公司实现了127次股权转让，长生人寿、大都会人寿都是其中代表。其中，2010年开始股权变动迎来一波高峰，共有24家保险企业实现股权转让，2011年也达到18家，2012年不足半年时间就有 9 家公司发生股权变动，而后面还有多家保险公司排队申请变更。

徘徊在盈利门槛边缘的中小保险企业依然无法顺利走出频换股东的怪圈，这其中一个重要因素就是盈利能力差。由于有些保险公司在发展业务的过程中需要大量资本，自身却长时间亏损，因此完全依赖股东支持，而正是资本的缺乏使得需要股东持续注资成为部分股东选择退出的导火索。一些国有大中型企业或民营资本，当初对金融机构经营牌照盲目追捧，但却对保险盈利周期缺乏认识，面对长期亏损无法盈利的现状，股东难以长期等待只能选择退出。而部分外资股东也因为对中国市场缺乏了解，难以实现最初的预期目标而退出。

然而，每一次股权转让，尤其是大股东变化都会引起公司人事强烈变动。这样不利于公司的稳定经营，也不利于发展战略的连续性，保险公司股权频繁转让的负面影响不容忽视。

4. 再融资过度依赖次级债，信用风险过高

保险公司的融资手段主要包括上市融资、股东注资和发行次级债。在保险公司内生资本补充能力尚未形成，而又未能打通上市渠道之前，融资主要依赖次级债和股东注资。一位中小型保险公司工作人员表示："我国保险市场空间还很大，每年都有十几家新公司进入，并快速抢占市场份额，而保险公司通常都会有一段时间的亏损期。为了维持偿付能力水平达到监管要求，只能不断去向股东融资和发次级债。"通过发行次级债来缓解资本压力使得次级债融资规模屡创新高。据中信建投统计，仅在 2012 年上半年，已有 36 家保险公司进行了股权融资，6 家保险公司发行次级债，总融资规模超过 540 亿元。

然而，对中小保险企业，尤其是偿付能力不足的企业来说，发行次级债只能暂时解决融资问题，最终仍需偿还，积聚的风险依然膨胀；积累到一定程度后，信用风险将集中爆发。另外，保险公司次级债最大的购买者为银行和其他保险公司，过度依赖次级债进行再融资会导致整个金融体系的信用风险扩张。

4.3.4 新兴风险

"十二五"时期是我国经济、社会转型的重要时期，也是保险业增强综合

风险服务能力、转变结构提高综合实力的关键时刻。随着全球化进程进一步推进、自然环境持续恶化、经济结构不断改善、科学技术日益发展、社会活动进一步丰富，目前的风险呈现出多元化、综合化、复杂化的趋势，形成新兴风险，影响保险业提供综合风险管理服务的能力，并进一步威胁到我国保险业的健康发展。

1. 新兴风险的特点

（1）风险综合性因素增强

随着我国经济社会的进一步发展，与过去相比较，风险的综合性因素大大加强。从整体上来看，不仅与传统风险相关的自然风险、社会风险以及经济责任等风险因素进一步增加，风险种类也越来越多，并且其相互影响与作用程度在时间上、区域上、性质上呈现出高度的相关性，不同险种间的交互影响令风险管理日益困难，对保险业的风险管理以及保险保障服务提出新的挑战。特别是“十二五”期间，我国的经济形势、社会结构、产业组合、文化建设、科技研发等各个方面将会发生巨大改进，这势必会造成各领域不同层次间的风险，特别是社会管理、生产生活、民生医疗等社会保障风险进一步突出，相互联系与影响进一步扩大。而科技创新与全球化的进一步发展，互联网等技术的运用不仅带来了新的科技风险与国外的风险相关因子，还令新的风险与原有风险相互融合，历史的因素与新的因素相互交织，产生更为复杂的风险关系，令对新兴风险的管理日趋困难化、复杂化和综合化。

（2）经济社会风险日益突出

我国目前的社会发展正处于转型时期，工业化、城镇化、国际化、市场化、信息化在促进我国经济体制改革飞速发展的同时，也令各个领域不同阶段矛盾激化，居民收入不平衡、区域发展不协调、经济环境不可持续等一系列问题日益突出，经济社会方面的风险影响更为复杂多变。从国内来看，政策转型、社会利益、组织格局发生变化，都将对经济、民生等各方面产生影响；从国际来看，由于信息化、全球化加速，风险的国际化也日渐凸显，尤其是国际上的政策以及形势的变化，都极大地影响着经济社会风险的波动，并将成为今后的重要影响因素之一。另一方面，随着经济的发展，诸如地震、火灾等传统的自然风险除了带来直接的生命、财产损失之外，对社会管理、经济繁荣的影响也越来越大;责任信用、公共财产等风险对于经济安全运行、社会安定的阻碍也逐渐突出。可以预见,经济社会风险必将成为未来保险业持续发展所面临的桎梏之一。

(3)发生频率、损失及影响范围逐渐扩大

除了社会、经济发生复杂的变化之外,生态环境、自然气候也不断发生改变,尤其是突发性、灾害性事件增加,并且呈现出不可预测趋势。随着各领域风险相关性显著增强,自然风险、社会经济风险的影响面也逐渐扩大,形成损失加剧、波及多个领域、连锁反应加强、多灾并发、影响时间增加等特点。突出地表现在自然风险中的环境风险领域以及国内、国际的责任风险、经济金融风险和政治风险领域。

2. 新兴风险的种类

由于我国的社会、政治、经济、文化、环境等各领域处于转型关键期,加之各方面相关性不断增加,其风险的累积效果愈加难以预测。其导致风险类型与种类不断演进,形成新兴风险。目前所面临的新兴风险大致分为以下两种。

(1)原有风险的新变化

在"十二五"期间,我国保险业面临全球化、知识经济、人口结构改变所带来的挑战,传统风险及其提供的相应服务已不能完全覆盖这些变化所带来的新变化。这些变化主要体现在责任风险、社会管理及保险风险、全球政治、经济风险等领域:

第一,工业化所带来的环境、健康、安全风险。工业化推动了我国社会的巨大变革,促进了经济、政治、社会、文化各个领域的发展。在工业化过程中,一些比较大的城市带逐渐兴起,如我国的长三角、珠三角地区,以及印度的"孟买—新德里工业走廊"等。这一新格局一方面令生态环境遭到严重破坏,如北京的雾霾,附近河流、湖泊的污染。该风险持续时间长、损失难以估量、危害居民身体健康。另一方面致使工业灾害风险被成倍放大,一旦某地出现险情,由于距离邻近,周围的城镇很容易受到波及,造成严重的事故后果。如前面所提到的1984年发生在印度博帕尔的化学气体泄漏事件。

第二,全球化所带来的政治、金融风险。全球化是社会发展的一个必然趋势。随着全球化速度加快、程度加深，世界各国的政治、经济文化联系日趋紧密，在方便各国间交流、经济交往的同时，也令风险的影响扩散到整个世界。各国各地区政治、文化、宗教的冲突令恐怖主义的影响成倍扩大，大城市一般是恐怖分子实施袭击的首选目标，旨在造成更大规模的杀伤与恐慌。例如，美国 2001 年遭受的“9.11”恐怖袭击，造成人身、财产及商业中断产生的延误损失达数千亿美元。同时，由于恐怖主义行为存在不可预估性，很难对其进行风险转移和分摊，相关损失也难以进行统计和度量。在经济金融方面，信任危机、监管漏洞所导致的风险传导与相互影响更为明显。2008 年美国次贷危机对世界经济造成重大影响，其中所暴露出的不仅是美国、欧盟、日本等发达国家的经济陷入衰退，中国、印度等新兴经济体的经济增长速度也出现放缓。此次金融危机给各国都造成难以估量的损失，并导致后续一系列诸如欧债危机等地区性的经济波动，使世界经济发展疲软并一直影响至今。

第三，科技化所带来的责任风险。随着科学技术的引进，在方便人们日常生活的同时，很多原有关系与因素被打破，同时伴随着原有责任风险的改变。比如，随着遥感技术的引进，新兴交通形式开始走进人们生活，目前，美国已有两个州通过相关法律，允许无人驾驶汽车上路，新兴交通形式下司机乘客双方责任的改变，令如今的交强险承保方式难以适应，并且该类汽车测试将制造商放到了更新的保险敞口下，带来较高的诉讼风险。另外，越来越流行的个性化医疗服务也将产生新的医患之间、厂商与医院之间的责任风险。

第四，信息化所带来的网络攻击风险。随着手机、平板电脑等智能移动终端的飞速发展，人们得以更加便捷地接入互联网。大量的网络热点使得互联网迅速普及，乃至成为生活中不可或缺的一部分。因而，互联网使用者的各类网络账户、存储于互联网上的个人资料及隐私、网上交易等活动便成为了新的风险点，网络安全将越来越受到人们的关注和重视。另一方面，国家关键基础设施的统筹与管理也依托于网络运行，一旦一国电力、水、交通等控制系统遭受攻击，该国不仅仅在经济上会受到打击，更会严重威胁到国家安全。2013 年初发现的“红色十月”国际网络间谍组织就以各国政府、外交使馆、能源公司等机构为目标，不断窃取大量高级机密信息，受其攻击的国家达到 50 多个。一旦该类攻击持续升温，将会对社会和经济造成非常重大的影响，甚至造成社会和经济的混乱。

第五，被低估的环境、自然巨灾风险。随着人类高度集聚化以及生产生活方式对于自然环境影响越来越大，环境反作用于人类的影响也呈现递增趋势，并且其损失范围与影响程度也在不断增加。据统计，在 2011 年，世界范围内约 87%的沿海城镇居民遭受过至少一次的自然灾害或严重环境污染。随着城镇化的推进，2025 年前后，更多的大城市将会处于自然灾害频发地区，尤其是在亚洲国家，新兴城市或城镇多坐落于沿海或地震带上，这进一步加剧了其遭受多重自然灾害风险的可能性。

(2)新兴领域的风险

从自然环境方面来看，随着社会进步、科学技术发展，人类活动对于周围生态环境的作用越来越大。在新兴能源方面，诸如风能、核能、太阳能等的开发和运用在节约能源、保护环境生活的同时也可能产生新的风险。比如 2013 年 4 月美国成功研发的 HB-SIA 太阳能飞机就存在新能源运用风险，瑞士再相应针对该项目中的太阳能运用风险进行承保。在新兴灾害方面，根据劳合社资料显示，依照太阳 11 年的周期活动规律，2013 年的太阳耀斑和地磁活动将达到峰值，这一系列风险将会对各国包括电网、通信网络、卫星等基础设施造成严重威胁，使得人们的生产生活遭受严重损失。该类潜在的新兴自然环境风险需要依靠保险来进行分散，以弥补损失。

从科学技术运用方面来看，人工智能技术发展呈现几何增长，国外很多机器人已经被运用到了私人的生活领域。在机器人介入工作、生活领域的同时，随着责任事件的不断出现，保险公司如何对其承保将成为一个大问题。关于转基因技术的运用争论仍然很大，它的运用是否会对人体造成不良影响、其中风险与责任该由谁来承担，将是保险业面临的又一个问题。

除此以外，在个性化医疗服务领域、抗生素运用领域、商业活动领域等都存在新兴风险，它们涵盖了新兴责任关系、技术关系、法律关系。如何更好的对新兴风险识别，并对其责任进行量化和细分，有待保险界去进一步探索。

3. 新兴风险对我国保险市场的影响

近十年来，我国保险业已经取得突出的成就，风险管理及服务水平得到长足发展，主要如巨灾模型的应用、精算水平的提高、监管法规的完善、专业人员培养。但类似“黑天鹅事件”的新兴风险对我国的保险业影响巨大，主要体现在以下几个方面：

（1）风险识别难度加大

由于当今风险事件日趋复杂化、多样化、综合化，相互影响与作用程度大大加深，对于我国保险业界风险识别的要求大大提高。目前，国内保险企业在进行风险识别时仍然采用传统方法，这势必难以适应新环境、新形势下风险的不断衍生和变化。一旦遗漏其中某个方面或者对其中风险因子估计错误，势必会给保险人、甚至整个保险业界造成巨大损失。近年来，国内巨型自然灾害所造成的损失不断扩大，国外金融市场波动与政治变换对我国经济的影响逐渐加深。该类发生概率低、预测难度大、损失范围广的风险对我国的保险市场提出严峻挑战，增强新兴风险识别能力、把握新兴风险是新时期的保险业亟须解决的一大课题。

（2）风险评估手段不足

传统的风险评估是基于大量的历史数据以及统计结果，量化某一风险的影响程度以及损失大小。保险人基于该量化结果，决定是否承担或以何种方式承担风险的过程。风险评估手段的运用对于我国保险业提供有效的风险服务至关重要，但由于历史数据的缺乏，令保险公司很难再依照大数法则和中心极限定理对风险作出准确的评估。我国保险界目前依然沿用较为经典的传统方法，对新兴风险的认识以及量化能力不足，从而造成高估、低估甚至无法识别新兴风险的问题。

（3）面临实际操作风险

我国保险公司在承保时会依照以往的历史经验数据，在运用大数法则对风险进行识别和量化之后，对具体风险进行承保。绝大部分新兴风险属于一次性风险，其再次发生率极低，这又加深了风险定价的困难。我国保险业处理风险独特性问题的能力还有待提高，在社会经济大转型的今天，综合因素的冲击与变化令保险人没有足够的市场与机会进行不断探索与修正，量化、定价失败将对我国保险业产生巨大的损失。

在实际操作过程中，除了承保、定价的潜在风险会威胁保险业的健康发展外，承保后对于保险标的的风险控制与定期监测也是我国保险市场需要面对的又一个问题。目前,我国保险市场对于新兴风险的度量以及评定监测标准还处于初级阶段。

(4)风险监管仍有空白

一整套完善的风险监管体系对于新兴风险的预防与控制十分重要。从世界范围看,现阶段对于新兴风险的监管仍存在很多空白。监管不仅指从宏观上的对于整个保险市场的监管,还要包括对于具体险种、保险公司内部的微观层面的监管。尽管保监局先后出台了相关法律法规来填补对于新兴风险管理的空白,但是多变的风险来源、新兴风险与保险市场、保险业务的复杂关系仍会降低保险市场监管的效率。从公司角度来看,新兴风险在历史数据方面的缺失以及相关人员在财务、偿付能力监管方面缺乏经验,都会给量化风险控制指标、制定相关监控标准造成极大困难,从而威胁到企业财务、经营稳定,甚至整个保险业的平稳发展。

4.4 政策建议

4.4.1 抓住市场化、城镇化、技术变革的机遇,实现保险业的转型

新中国成立到1979年以前,我国保险业基本处于停滞状态。改革开放之后,国家先后出台了一系列政策恢复、扶持保险业的发展。近些年来,随着与国外交流的加深,各种先进保险经营理念被逐渐引入,保险创新逐步加强,各种新式险种层出不穷,更好地服务于社会经济发展与人们对风险分散的需求。然而,与美国、日本、中国台湾等保险业更为发达的国家与地区相比,我国保险市场无论是在大众参与保险意识、专业人才储备、风险控制能力,还是在创新能力、精算水平方面,都存在着一定的差距。

我国保险企业的管理模式以及保险市场的发展模式,大多数是在计划经济条件下产生的,带有很强的转型阶段的特点,因而在向市场经济转变的过程中,还面临着许多改革创新的重任,这个过程长期而曲折。虽然2008年以来的国际金融危机、国内经济金融发展下滑,在一定程度上影响保险业的发展,但多年来保险公司以保费为中心,重规模、轻效益、轻质量的粗放式发展

无疑是其遭遇困境的主因。

粗放式发展使保险业陷入困境，转型升级是当代中国保险业发展的根本出路。保险业过去三十多年持续增长严重依赖经济的恢复性、人口红利性等背景逐渐消失，发展中积累的问题凸显：行业诚信破坏，竞争环境恶化；渠道拓展受阻，业绩增长艰难；产品停滞不前，创新活力殆尽；企业效益低下，潜在风险频现。面对严峻现实，必须实践发展保险业的转型升级。

保险业转型升级面临巨大压力，但同时也带来极大的发展机会。市场化改革目标确立，国内消费市场正处于加速扩展时期，蕴藏在民间的巨大消费潜力，将转化为保险增长的强劲动力。城市化进程加快，人口老化加速，将进一步激发保险潜在需求转化为现实需求。科技创新和互联网经济的快速发展，也将为保险业创新发展开辟新的渠道空间和注入新的动力。

2011 年 8 月，中国保监会发布《中国保险业发展“十二五”规划纲要》（以下简称《纲要》）。《纲要》指出，2015 年，全国保险保费收入争取达到 3 万亿元；保险深度达到 5%，保险密度达到2 100元/人；保险业总资产争取达到 10 万亿元。根据《纲要》，“十二五”期间保险业的扩张速度将大大低于“十一五”期间，增强行业发展质量被提到更高地位。十八届三中全会对未来一个时期我国全面深化改革进行了总体部署，中央经济工作会议和城镇化工作会议对巨灾保险、农业保险、养老保险、大病保险等保险业的重点问题提出了明确要求，为保险发挥功能作用释放了巨大红利。

在经营管理方面，随着行业盈利下行及市场化改革的到来，粗放式发展的终结是必然的，只有实现转型、精益管理，才能在新的市场周期中生存和发展。运营集中、组织变革、流程再造、绩效管理，都是精益管理需要关注的方面。在盈利模式方面，单一的规模主导模式可以通过综合经营、做大规模来发挥规模效应和品牌优势，但在中国保险市场开始进入保险需求多样化、细分化，保险服务开始进入体系化、专业化的市场大环境下，发展模式多元化，深挖某一个或某几个细分市场，争当某一领域的隐形市场“领头羊”，将是广大中小市场主体的必然选择。将非核心作业外包，通过聚焦某一细分市场及自身的核心能力，打造某一领域的产品、服务、技术优势，是中小主体应对综合性大型公司竞争，把握发展机遇，实现后发优势，进而实现局部超越的可能路径。

在保险企业和保险市场的转型过程中，国有大型保险企业、中小保险企业和中外合资保险企业转型的目标不尽相同，各个保险企业必须按照实际情况，确定参与保险市场转型的发展战略，政府有关部门及保险业各级监督管理机构则要以应用为主导，分层次渐进地引导和推进保险企业参与保险市场转型的发展。

此外，中国地大人多，发展水平有着巨大的差异，在经济学上可以视为一种经济地理的级差。中国保险市场分为东部、中部和西部，大体符合中国的整个市场经济发展的现状。不同地区保险市场发展程度不同，应在部分地区先行试点，在试点成熟的基础上再扩大转型范围，实现渐进式、梯度式的转型。

由于国情不同、所处的经济发展阶段不同、国民理财意识不同，这些差距并不能靠保险市场一夜之间的“推倒重建”来解决。可以预见，我国保险市场的改革与创新水平将不断提高，速度将不断加快，然而新旧体制的替代不可能一蹴而就，需要较长时期的不断积累。转型在旧制度的框架内渐进、逐步地对旧体制进行制度创新。随着改革进程的逐步深化，新制度的组成部分会不断地把旧制度的组成部分置换出来，在较长的一段时间内，新旧两种制度处于一种并存及此消彼长的状态中。

4.4.2 发挥险企在泛资管时代的竞争优势，提高保险资金运用水平

为了解决投资收益率不高、保险资金投资运用结构不完善等问题，并应对激烈的竞争环境，近几年，保险资金运用政策出现了重大变化，投资政策一步步放开。2010 年，保监会推出《保险资金应用管理暂行规定》，将不动产及不动产相关金融产品、非上市企业股权投资纳入了保险资金投资范围。2012 年，又全面推出一系列新政，相继发布《保险资金投资债券暂行办法》、《关于保险资金投资股权及不动产有关问题的通知》、《保险资金委托投资管理暂行办法》、《保险资产配置管理暂行办法》、《保险资金参与股指期货交易规定》、《保险资金参与金融衍生产品交易暂行办法》、《保险资金境外投资管理暂行办法实施细则》、《基础设施债权投资计划管理暂行办法》、《关于保险资金投

资有关金融产品的通知》、《关于保险资产管理公司开展资产管理产品业务试点有关问题的通知》10项新政，在保险资金的投资品种、资金托管机构和投资比例等方面实现了多项突破。2013年，保险资金运用继续放开，保险资产负债匹配监管委员会的成立，更将推动险企产品开发和投资运作的协调互动。保监会已于2013年9月30日向各保险公司和保险资管公司下发《关于加强和改进保险资金运用比例监管的通知（征求意见稿）》（以下简称《通知》）。此次《通知》不是在原有比例的监管政策上简单增减，而是重新将保险投资资产划分为流动性资产、固定收益类资产、权益类资产、不动产类资产和其他金融资产五大类资产，然后针对五大类资产制定保险资金运用上限比例和集中度监管比例，不再对各大类资产包含的具体品种设限。

新政大幅增加了保险资金的投资能力。在放宽保险资金投资渠道和投资比例的同时，也增加了保险企业的投资空间。保险公司的投资范围不再局限于银行协议存款和债券、股票等传统项目，还可以投资银行理财产品、信贷资产支持证券、证券公司理财产品和信托产品，并且可以参与金融衍生品交易进行套期保值。另类投资资产的不动产准入门槛也大幅放宽，并且增加了投资上限至30%。这一系列放开几乎囊括了保险机构所能想到的所有投资渠道，所迈出的步伐不可谓不大。

同时，随着以放松管制为特征的“券商新政”、“保险资金新政”的逐步推出，商业银行、信托公司、证券公司、基金公司、保险资产管理公司进入全面混战，泛资管时代加速到来。在《证券投资基金法》修订和证监会发布《资产管理机构开展公募证券投资基金管理业务暂行规定》的合力之下，符合相关规定的保险资产管理公司经申请即可依法开展公募业务，保险公司自此可以像基金公司一样发行公募基金，从而促使保险资产管理公司由缺乏压力和动力提升投资收益率的专门管理保险资金的金融机构，转型为市场化业绩导向的综合管理多种资产的专业的资产管理机构。同时，使保险业的利润来源多元化。

保险资产管理的发展与保险业自身的转型发展密不可分。随着保险市场的深化发展，仅仅起到风险管理作用的传统保险产品不再能够满足消费者日益增长的理财需求，保险业因此还需要具备财富管理的功能，保险资产管理因而在保险业中占据了越来越重要的地位。

保险资产管理具有资金量大、追求"绝对收益"的特点，与其他金融机构相比具有差异化优势。我国目前共有 18 家保险资产管理公司，在保险资管十年的发展过程中，保险资金运用一直以追求绝对回报为主要目标，尽管投资收益的波动性较大，但从未出现过负收益。绝对收益是目前大多数投资人追求和看重的管理模式。因此，在绝对收益产品的管理领域，保险资金具有先发优势，在产品创新中将会走在市场前列。此外，保险资管在固定收益投资、专户管理、大类资产配置和风险控制方面的经验丰富，将会为金融市场带来新的元素。

在客户分层设计上，保险公司可以完成公募基金难以完成的设计。譬如针对不同投资人的年龄段和承受风险的能力而设计的"生命周期"概念的基金，实际上与传统保险的设计定价有着一定的相通之处，而保险公司在这方面具有更丰富的经验。而对于不同客户的投资偏好和风险承受能力，保险公司坐拥庞大的客户信息数据，比其他金融机构拥有更多的第一手资料。因此，保险资产管理公司有条件为市场提供更符合投资人需求的、创新性的金融产品。

除了产品本身的优势，保险公司的另一大优势在于其强大的销售能力。保险公司不同于基金公司，有自己的销售网络和销售队伍，因而不需要完全依赖银行的渠道销售产品。2012 年年末，证监会下发了《保险机构销售证券投资基金管理暂行规定(征求意见稿)》，随后保监会对保险机构进入基金销售业务进行了细化规定，目前多数保险公司的基金销售团队基本成型，保险公司从事公募业务即可摆脱银行销售渠道的限制。

从资金来源方面，保险资金作为公募基金最主要的机构投资者，是公募基金重要的资金来源。现在保险公司可以自己搭建公募团队、自己发行公募产品，就不再需要像从前那样借道公募基金进行一些工具化产品的投资，而是可以将资金投入自己的公募产品之中。保险投资资金本身来源于保险主业的保费收入，只要保险公司的保费收入在增长，保险资金就有了充足的源泉。此外，2013 年 12 月，财政部、人力资源社会保障部、国家税务总局联合发布《关于企业年金、职业年金个人所得税有关问题的通知》，将要在 2014 年 1

月1日起开始实施个人所得税递延纳税优惠政策，标志着中国版“401k计划”历经多年终于启动。可以预见，这一政策的放开将会为保险业和资本市场带来更加充足的保险资金来源，而保险公司近水楼台，能够享受到更大的资金优势。资金的充足在泛资管的逐鹿战之中是一个巨大的优势，在保险公司公募产品发行初期，保险公司完全可以利用资金来做大规模，这是其他金融机构所望尘莫及的。

近年来接连不断的保险监管政策改革和金融改革的深化，为保险资金投资运用提供了更大的灵活性和自主性，为保险资产管理的发展带来了巨大的生机。商业银行、证券公司、保险公司等金融机构在泛资管时代激烈竞争，为保险业的发展带来了前所未有的机遇和挑战。未来仍需继续进行保险资金运用和资产管理方面的深化改革，引导保险行业的发展。

1. 进一步拓宽保险资金运用范围，建立多层次的动态比例监管体系

近年来由于密集的政策改革，相关政策出台时间跨度大、涉及范围广，监管比例缺乏系统性整合，造成监管导向不明确、市场认识不统一，影响资金运用效率。同时，由于监管层在不断扩大保险资金的投资范围，推出新的投资品种的过程中，每推出一个投资品种就要设定新的投资比例，具有滞后性，无法适应快速的市场变化。因此，要逐步把对业务范围和投资渠道限制的“列举式”监管转为对保险公司偿付能力的监管。

2. 进一步完善保险资金运用的结构

鼓励保险资产管理公司在确保资金安全性的基础上，通过对股票、证券投资基金、不动产等另类投资的研究，发掘出优质的投资标的，改善资金运用结构，增加整体投资收益。建立完善的保险资产管理公司内部投资绩效考核制度。同时，加强保险公司的资产负债匹配管理，通过调整各期限投资资产的比例，缩小保险公司资产负债期限错配的资金缺口，降低流动性风险。

3. 进一步加强对保险资产管理公司内部控制和风险管理

保险资产管理公司从只为保险资金服务的资产管理机构转变为面向公众的综合性的资产管理机构，社会影响力日益增强。因此需要强化其风险控制和内部控制的能力，引入分账管理制度，对不同的产品进行独立的账户管理和投资管理。同时鼓励保险资产管理公司建立规范的保险资产管理运作

流程，强调独立托管制度和保险投资体系的前后台分开原则，并加强监管层、社会公众、行业自律组织对各保险资产管理公司的有效监督，确保社会公众的资金安全。

4. 完善保险资金运用和保险资产管理公司的信息披露制度

保险业资金运用的透明度不足，保险资金运用和保险资产管理的市场化过程就没有完成。加强信息披露便于各市场参与者进行外部监督，有利于保险资产管理健康有序的发展。

5. 进一步加强对保险资产管理方面的人才培养

保险资金运用和资产管理对人才有一定的特殊要求，通过对保险资金投资及资产管理方面的人才外部引进和内部培养，完成能够满足保险资产管理行业需求的人才储备，为保险资产管理业务的未来发展奠定人才基础。

6. 保险经营中运用资金风险控制技术

根据 2009 年《保险法》规定，保险公司的资金运用限于下列形式：银行存款；买卖债券、股票、证券投资基金份额等有价证券；投资不动产；国务院规定的其他资金运用形式。保险资金的有效运营对保险业务良性循环有着至关重要的意义，在保证安全性、流动性和盈利性的前提下，应采取相应的风险控制技术有效地对保险资金进行管理和配置。

第一，保持投资规模与负债规模的匹配。这种匹配技术首先需要充分考虑承保风险的不确定性，加强对风险的识别和把控。同时，应充分审视经济形势波动所导致的资产与负债价值变异情况，从而保持动态平衡。就我国而言，之前的保险资金管理是按照单个险种逐一规定投资比例，现在调整为对单一主体进行投资比例的控制。这一调整为保险公司自主决定投资结构的配比提供了运作空间，保险投资机构可充分发挥主动性，妥善利用市场时机，优化其投资组合，保持资产与负债规模相匹配。

第二，保证业务结构相匹配。在保险资金运营过程中，应当根据其业务类别，保持保险公司长短期负债分别与长短期投资相对应，选用相同的币种投资外汇业务以规避外汇风险。此外，应根据资产和负债平均到期日的比率来决定投资，保持寿险的投资期限和负债偿还期一定程度的匹配关系。在过去很长一段时间内，由于国内 20～30 年长期有固定收益债券缺乏供给，我国长期、终身寿险以及两全保险都找不到与其相匹配的投资品种。而现今我国开放了境外投资渠道，国内保险公司可以自主投资于成熟资本市场，充分利用国际资本市场的相应投资品种，选择长期固定收益产品，弥补国内短缺，改善其资产负债的匹配状况。必要时还可利用成熟市场的股票、股权和证券化产品，拓展自身保险产品的开发空间。

第三，实现保险投资安全性、流动性和收益性的综合平衡。保险资金的运用必须稳健，遵循安全性原则，在可接受的风险程度上实现最大化收益，以保证保险公司拥有充足的偿付能力，实现经营的可持续化。因此，保险投资应该在不同市场、不同货币和不同资产类别之间进行合理配比和全球化配置，在此基础上分散投资风险。投资选择的多样化有利于提高投资收益，币种的分散化和金融衍生工具的适量运用也有利于降低汇兑损失，对冲汇率风险，保持流动性。

保险资金运用范围空前加大，随之而来的是保险资金运用监管难度加大。既有过去没有定下规矩的领域（例如保单贷款的监管），又出现了一些新的问题。例如保险资金现在既可以投资基础设施，也可以作为 QDII 境外投资，又能进行股权投资，还可以进行创业投资。随着保险资金运用渠道的多元化，怎样清晰界定资金投资的空间和规则成为很迫切的问题。另外，保险公司参股或控股银行、证券公司，亦或控股保险公司，对现行分业监管的格局来说也造成极大的挑战。

4.4.3 以自贸区和社会保障体系建设为契机，实现保险创新

创新能力被视为保险业保持长期成功的必要和关键因素。产品创新成为保险公司的首要任务。通过向企业和个人提供更多分担风险并减少收入和支出波动性的方式，保险业产品创新可以促进金融流动，提高资本积累，分散风险，并最终增加经济效益。随着近几十年保险业在我国的发展，我国保险产品创新竞争日益加剧。但是，与发达国家相比，我国保险产品的创新仍然比较落后，保险产品品种比较单一、同质化严重且创新不足。例如在寿险市场上，2010 年分红险保费收入占寿险保费收入的 77％；在财产险中，车险保费收入占财产险保费收入的 74.6％，而且各保险公司推出的险种之间存在

着较大的替代性，说明我国保险产品的创新性不强。随着我国保险市场发展速度的不断加快，其竞争日趋激烈，这种竞争特别体现在保险产品的创新上。

从全国保险业的“十二五”规划到各地保险业的“十二五”规划都多次提到保险创新，产品创新的内容涉及方方面面。确实，就保险的服务属性来说，没有保险不能参与的事业。“十二五”时期的保险创新将集中在社会保障体系的多元化建设、参与社会管理创新以及促进新农村建设方面。

当前，保险业正在经历从高速增长到平稳递进、从规模扩张到质效优化的转变。被喻为改革开放以来“第四波浪潮”的中国（上海）自由贸易试验区于 2013 年 9 月 29 日正式挂牌。自贸区作为我国保险业发展的“试验田”，能为保险业带来的创新主要有：

1. 设立外资专业健康保险机构

此次自贸区试点设立外资专业健康医疗保险机构，有意将外资健康险企业及其特有的专业性服务定位成中国健康险市场催化剂的角色。特别是针对中高端人士设计的高端健康险产品方面，外资健康险公司更具优势。

2. 再保险业务的创新

监管层将支持保险公司在自贸区内设立分支机构，开展人民币跨境再保险业务，支持上海研究探索巨灾保险机制。同时，支持国际著名的专业性保险中介机构等服务机构以及从事再保险业务的社会组织和个人在自贸区依法开展相关业务，为保险业发展提供专业技术配套服务。多方人士建议在上海自贸区内鼓励建立像百慕大一样的再保险中心，提供免税、资金运用、结算货币自由化等优惠政策，吸引再保人进入。

保险中介等服务机构的专业化能为保险市场的繁荣发展提供配套服务，并为将来发展离岸保险业务提供基础条件。自贸区内人民币跨境再保险业务的开展条件更加成熟，沪港、沪台合作潜力巨大，研究探索巨灾保险机制，有助于上海进一步培育发展再保险市场。

3. 境外投资试点

自贸区保险机构将开展境外投资试点，各方正积极研究在自贸区试点扩大保险机构境外投资范围和比例。自贸区跨境融资自由化的政策，有利于保险资产管理机构设立专业化境外投资平台。另一方面，境外投资的成功开展也会进一步推动人民币国际化的进程。

4. 航运保险创新

要实现2020年上海船舶融资规模和航运保险保费规模在世界同类市场的份额争取超过5%的战略目标，应发挥国际航运中心发展综合试验区政策“先行先试”优势，并借上海自贸区有利条件在航运保险方面实现跨越式发展。

目前上海最大优势之一是其地处长江黄金水道的入海口，并是向外连接日韩、东南亚的最近交汇点。这将有利于上海打造“水水转运”航运贸易优势，实现“在岸与离岸”、“物流与结算”、“外贸与内贸”统筹安排，加快其通关速度以节约贸易成本，因此较适合于发展分离型与单一避税港型相结合的离岸再保险模式。可以船舶保险和海上货运险为切入口，以此带动洋山港，覆盖上海和长三角，并逐步带动国内和周边地区的再保险发展。自贸区的推进将使得航运保险业务在上海得以培育和集中，解决航运中心建设中金融支持的问题，使上海获得更多的制度红利。

航运金融在中国是个新兴事物，各种相关的保险产品如油污责任险、无船承运人责任险等在中国并不常见。对于以大数定律为经营法则的保险业来说，这就意味着更大的产品设计难度和更高的定价风险。对于新兴风险，再保险公司无疑有更好的风险管理经验和更全面的全球性风险数据，为保险公司的产品开发和创新提供支持。

5. 保险资金运用投资范围创新

保险资金运用投资范围创新主要集中在境外投资范围和比例、保险资金运用中心建设、保险资金运用创新等方面。上海自贸区的创新政策将赋予区内企业更大的业务拓展空间，会不断派生保险保障以及投融资需求，创造新的市场空间。保险资金可以满足上海自贸区大规模的基础设施建设的资金需求。同时，保险资金更可以扩大海外金融投资比例、分散风险，实现多元化收益。

6. 其他保险产品的创新

自贸区将继续支持创新保险产品，不断拓展责任保险服务领域。自贸区内相关的码头责任保险、出口产品责任保险、物流责任保险、油污责任保险、无船承运人责任保险等都亟待开发。此外，2013 年 9 月 13 日，国务院发布《关于加快发展养老服务业的若干意见》;9 月 26 日，国务院办公厅出台《关于政府向社会力量购买服务的指导意见》;11 月 15 日十八届三中全会的决定，12 月 6 日财政部、人社部、税务总局出台关于企业年金的职工缴费的税优政策。以上这些政策都为商业保险创新提供了商机。

我国保险业在过去三十多年一直保持了高速增长，保费收入已跃居世界第四位。但目前发展速度与过去相比趋缓，发展过程中也暴露出不少问题。尽管不少保险企业也进行了商业模式转型和产品创新的尝试，但碍于市场竞争和监管限制等外部因素，保险业的改革仍然显得困难重重。上海自贸区的骤然落地无疑为保险业的深化改革提供了前所未有的机遇，其金融业开放试验区的定位，激起保险业无限的遐想。从高端商业健康险在自贸区先行先试到人民币跨境再保险业务，从扩大保险机构境外投资范围和比例到支持国际著名的专业性保险中介机构开展相关业务，尤其是对于航运保险的推动，蕴涵着巨大的机会。通过自贸区推动航运保险定价中心、再保险中心和保险资金运用中心等功能性保险机构建设，自贸区建设有助于促进功能型保险机构的聚集，推动上海国际金融中心建设，也有助于我国保险业的发展与创新。

4.4.4 制定扶持倾斜政策，促进中小保险公司的发展

在我国目前独特的产险市场结构和竞争格局下，由于受发展空间的限制，大部分中小保险公司在发展过程中遇到了一些自身难以解决的困难。如果没有保险监管部门对中小保险公司的发展给予必要的政策引导和扶持，不仅进入“瓶颈”期的中小保险公司后继乏力，一些新成立的保险公司也有可能迅速进入发展的“瓶颈”期，不利于逐步降低我国保险市场结构的寡头垄断，也不利于营造充分公平的市场竞争环境、为广大保险消费者提供更多选择，实现保险市场的长期持续的健康发展。

1. 明确中小保险公司的划分标准

关于中小保险公司的定义一直很不明确。综观世界各国对企业大小划分的标准，总体上可分为两种，即定量界定标准和定性界定标准。从保险的经营特性来看，用相对的业务规模来界定较为适宜。建议以市场份额作为划

分中小保险公司的基础指标，由于1%或2%是一个重要的市场份额节点，且我国财产险市场已达到6 000亿元的规模。建议将市场份额低于1%的公司划入中小保险公司范围。

2. 营造公平竞争环境

例如，减少保险项目招投标过程中的不公平竞争现象，提高中小保险公司市场参与度。保险监管部门和各地行业协会应出台相关规定，禁止在保险项目的招投标过程中设置针对中小保险公司的歧视性条款。对于违反规定的招投标项目予以行业抵制；加大打击少数大公司和中介机构在大型招投标项目中的不公平竞争行为的力度；鼓励、引导中小保险公司组建共保体参与重大保险项目的招投标，提高中小保险公司参与大型保险项目的几率和份额。

3. 扶持中小保险公司发展

应引导、扶植中小保险公司大力推进电网销售等新渠道业务发展。由于品牌、综合实力等差异，中小保险公司在传统业务渠道的市场竞争中日益被动。而这几年电网销售渠道的兴起为中小保险公司转型发展开辟了一条新路。建议保监会尽快出台保险公司互联网业务管理规定，并在规定出台时充分考虑中小保险公司的资源投入承受能力，允许中小保险公司使用外包等方式降低前期投入成本。同时在电网销售产品的定价折扣方面，应允许中小保险公司在一定时期内，实施与大公司差异化的发展战略。

大力发展公共保险服务网络，降低中小保险公司发展过程中的资源投入压力。目前，服务网络不全已成为中小保险公司业务发展的软肋，短期内也不可能完全解决。电话、网络销售等跨地域新渠道的兴起，使得中小保险公司服务网络不全的弱点进一步显现，在与大公司的竞争过程中更加处于不利地位。如果能建成一个覆盖全国的公共保险服务网络，不但能避免中小保险公司服务网络的重复建设，提高资源配置效率，还能对推进我国保险业专业化分工，提高中小保险公司市场竞争力，起到明显的效果。

我国寿险业和几家大的财险公司的实践已经证明，借助先进的信息化工具和集中业务处理平台，可以发挥集约化优势，既可降低经营成本，又可强化内控管理，是中小保险公司解决自身内控薄弱问题、提升核心竞争力的有效途径。当前，随着微信、二维码的普及，保险行业的传统营销方式和业务流程面临重大的技术革新机遇。

4.4.5 以市场化改革为导向改进保险监管

回顾2013年，各项政策红利纷纷出台，旨在改革创新中国保险业，进一步提振保险市场发展水平。2013年保监会将产品定价、资金运用等多种权力交还给市场，在保险行业大力推行市场化改革。就实际发展而言，国内保险业连续多个月实现10%的累计保费同比增长，行业总资产首次突破8万亿元、保险资金运用余额突破7万亿元，年度发展可圈可点。同时，“三马同槽”标志着互联网保险大幕拉开，安邦保险等保险企业举牌入股上市公司，更是为2013年保险业大事记增添了亮色。然而，一些问题随着行业发展相继浮出水面：“汇丰人寿退出事件”倒逼代理人制度改革，雅安地震考量巨灾保险体系建设，“上海泛鑫事件”触碰监管红线。如何进一步促进保险体系的建设与完善，加强保险监管水平和执法力度，是今后较长一段时间内需要思考的问题。对前文所述我国保险业风险因素，结合年度保险发展状况和一些典型性事件，对保险监管提出如下政策建议。

1. 建立以偿付能力为核心以及相配套的监管制度体系

偿付能力是保险公司履行其财务责任的能力，对保险公司进行偿付能力的监管能保证其履行赔偿或给付责任，能够长期持续经营。自20世纪70年代欧洲提出保险机构的偿付能力资本监管要求以来，历经短短几十年，该风险控制技术已经发展成为一套完整的系统。美国NAIC将其分为三种分析工具，即信息管理系统（IRIS）、财务分析和偿付能力跟踪系统（FAST）、风险资本金（RBC）；欧盟委员会则把Solvency Ⅱ设计成涵盖对资本安全充足、监管全面严格、信息透明公开三方面要求的“三支柱”体系。虽然两种体系对偿付能力的监管不尽相同，但都有助于保险公司在经营过程中对其资产风险、利率风险、行业风险、保险风险等进行防范和管理，对风险进行持续评估测量；在财务分析上注意各类准备金提存、最低资本要求，既重视自身的认可资本、认可负债，又关注行业的整体偿付能力与大环境发展；在信息披露方面，充分保障被保险人、受益人的合法权益，降低道德风险和逆向选择的发生，有助于优化保险资源的合理配置。

2013年5月14日，保监会发布第二代偿付能力监管制度体系（以下简称“偿二代”）整体框架，确立了包括定量资本要求、定性监管要求、市场约束机制在内的“三支柱”框架体系。对偿付能力的监管构建了一套较为完整的综合风险管理体系，有利于保险公司在界定资本要求的不同等级之后，采取与之相对应的风险识别、测量以及管理程序，最大限度地预防与减小保险经营中汇总的风险。

无疑保险监管机制要有更大改革以符合市场化规律，要进一步加快推进费率市场化和进一步拓宽保险资金运用渠道。目前保险企业的利润和定价值得关注，但监管部门更应当关注保险企业的偿付能力。

2. 推进保险资金运用监管

目前我国保险公司的主要投资渠道包括银行存款投资、债券投资、权益类投资、境外投资。对于银行存款而言，政府的调控带来的利率波动会极大地影响保险公司投资银行存款的收益，加之我国市场上还未出现直接套期保值等规避利率风险的衍生工具，使得利率所带来的风险进一步加大；对于债券投资而言，国债市场上的结构缺陷令保险公司投资该资产后容易产生资产负债不匹配的风险，同时，日益复杂的经济环境使得企业债市场容易遭受利率风险与信用风险的冲击；对于权益类投资而言，股票和基金收益较高、流动性强，是较理想的投资工具，但是由于我国股票市场发展不健全，目前该市场投机行为多于投资行为、信用风险偏高，不利于保险公司的资产负债管理，威胁公司偿付能力的实现以及日常经营的稳定，严重时甚至会波及整个保险市场；对于境外投资而言，我国保险行业的境外投资实行审批制，这就导致只有少数几家大型保险公司能拿到境外投资资格，而大部分中小型保险公司很难进行境外投资，同时，由于国家间金融市场环境、监管法律体系等不同，在境外进行投资也存在潜在的经营管理风险。综上所述，我们必须对不同投资渠道进行区分，有针对性地采取对应措施，进行监管引导，控制渠道风险，以保证保险资金的安全性及保险公司的偿付能力。

3. 建立维护消费者利益的长效机制

维护消费者利益是保险监管的应有之义。2012年从保障消费者的知情权入手，保监部门着力完善了保险消费投诉处理、保险纠纷调处及诉调对接、服务承诺公开、消费风险提示和信息披露等机制，畅通了投诉管道，规范了投诉处理流程，提高了矛盾纠纷化解效率。目前多个保监局设立了消费者权益保护处(科)，近百家保险公司在总公司成立了消费者事务工作委员会，在省级及以下机构也成立了4 000余个消费者事务工作委员会，消费者的权益第一次被提到如此高的位置。2013 年保监会发布“为民监管、依法公正、科学审慎、务实高效”的保险监管核心价值理念和“守信用、担风险、重服务、合规范”的保险行业核心价值理念，并将每年 7 月 8 日定为全国保险公众宣传日。这些举措为提高保险消费水平和化解保险消费矛盾提供了一个良好的平台，是建立保护消费者利益的长效机制的良好尝试。保监会未来在这方面还可以有更大的作为。

4. 出台扶持中小保险公司的政策，实施差异化监管

鉴于保险监管部门在行业发展过程中的特殊作用和地位，建议拟出台的专项政策将重点放在为中小保险公司加强服务和创造良好发展环境上。具体而言，应制定差异化的监管政策，鼓励和保护技术创新，推进中小保险公司基础发展能力建设，在推动建立行业公共资源平台等方面有所突破。建议保监会在行业内积极推动电子保单和二维码的应用，使保险行业的作业方式跟上技术革新的脚步。特别是鼓励中小公司充分运用技术进步的成果，缩短与大公司的竞争力差距，加速转型发展，早日实现技术兴业的行业创新发展局面。

5. 关注互联网金融发展，适时出台互联网保险的监管规定

对网络保险业务的监管方法应该与对保险人通过其他媒介的保险业务的监管保持一致性。保险监管者应当要求管辖权限内的保险人和保险中介人确保在网络进行的保险交易行为与通过其他媒介进行的保险交易行为所应用的透明度及披露原则是一致的。基于互联网金融正在发展演化的过程中，对于互联网保险可密切关注，并遵循着眼现在、面向未来的保险监管原则。具体来说，第一，先易后难的原则。对网上业务开展进行监管，其他的结构性难题(如平台支付时间差形成的资金截留的法律界定)先等相关法律出台，再出监管条例。第二，宽严适度的原则。一个行业有相应的监管政策，就

能够有序地发展，企业才能做得长久。但如果监管过严，也会导致创新遭到扼杀，所以一个宽严适度的监管标准就变得尤为重要。第三，行业监管与政府监管相结合的原则。包括制定和实施相应的法规、部门规章以及实施专门的监管等，由相关的互联网金融企业自发成立行业自律机构，制定统一的行业条例，进行自律监管。

6. 破解自贸区监管的新课题

上海自贸区既是金融业进一步深化改革的平台，也是监管制度创新、政府职能转变的试验场。由于再保险市场的国际性和流动性，其监管一直是全球保险业监管的一个难点。再保险机构由于在不同的市场上受到不同监管制度的管理，其市场行为、财务状况、偿付能力等并没有一个统一的参照标准，因此相比于在本地市场运作的原保险公司而言监管的壁垒更大。建议我国保险监管机构可以参照百慕大离岸市场的监管模式，实行与公司联系紧密而监管形式较松散的模式，以促发展为核心、以偿付能力监管为主线，加强与地区内和全球主要保险市场的监管者在国际再保险监管业务上的联系，建立一个清晰的风险转移监管框架，以促进再保险行业的创新，为自贸区离岸再保险市场发展保驾护航。具体的措施可以包括：建立专门的再保险管理规定，促进再保险规范发展；给予再保险机构、再保险业务税收优惠，给予巨灾基金特殊的税收和投资政策支持；对再保险公司建立分类监管机制，给予只经营离岸业务的再保险公司创造较为优惠和宽松的监管环境，吸引再保险公司落户。

第五章

人口与财富结构变化对金融业发展的影响

核心观点

人口结构及财富结构作为经济社会的重要特征，其发展变化都在不断地催化金融产业的发展进步，改变着金融产业的格局。美国即是一个极为鲜明的例子。美国的婴儿潮、老龄化，以及社会财富向居民部门转移后居民配置金融资产比例的上升，都促使金融产业在深度和广度上快速发展和延伸。对于中国来说，人口快速老龄化与居民财富的快速增加，为发展相关金融产业造就了巨大的市场机会。无论是金融产业的体量还是结构，都在加速跟进美国金融产业的发展轨迹。未来随着中国经济社会的发展，资产结构将更加趋于多元化，金融创新力度将进一步加大。

5.1 文献综述

人口状况是一个国家最基本的特征，是支撑经济增长和金融发展的基本要素。一国人口增长情况和比例结构将直接影响该国总体消费、储蓄和投资，以及一国资产的总体配置比例。财富则反映了收入增长和累积的情况。个人或企业财富存量的变化势必影响其消费、储蓄和投资，财富在不同资源上的分配则可直接反映金融资产结构的变化。从中国人口情况看，人口老龄化已成为当前中国人口结构的重要变化趋势。从中国财富情况看，过去十几年经济的高速发展已使中国居民财富有了一定的累积，而中国个人和企业的财富配置思想也正发生转变。这些变化对中国金融发展和金融稳定的影响值得探究。

与对经济发展影响相比，人口结构、财富结构对金融发展影响机制较为复杂，涉及消费、储蓄等多个中间变量，又与资源配置相关。因此，本部分对相关理论与研究的总结并非赘述，而是提供一些直观认识。

5.1.1 人口结构与金融发展

从理论方面看，生命周期理论、人口红利理论和迭代模型被广泛应用于解释人口结构变化对金融发展的影响。实证研究则主要从人口结构对金融资产价格影响以及人口结构对金融结构影响两个角度进行分析。

1. 生命周期理论

生命周期理论对微观个体的消费、储蓄和投资等经济行为作出了界定。生命周期理论由 Modigliani、Brumberg 和 Ando 共同创建，Modigliani 生命周期假说又被称为储蓄与消费的生命周期假说。该假说认为，经济中理性消费者追求一生效用最大化，因此会根据其预期的一生总收入（劳动收入和遗产继承）决定当前消费支出。因此，为平滑一生的消费水平，理性消费者在年轻时会进行储蓄、投资以供年老时消费。在该假说下，个人在不同年龄阶段消费和储蓄倾向会发生变化，因此当一个国家（个体的结合）不同年龄阶段的人群比例（人口结构）发生变化时，其整体的消费和储蓄倾向也会发生改变。储蓄与消费的生命周期理论最终得出的结论是:若人口规模和结构不变,生产率的增长将使当前年轻人储蓄高于原来年轻人(现在老年人)的储蓄,从而促进储蓄增长。若生产率不变,人口增长率上升将使年轻人数量多于老年人数量,因此社会储蓄也将增长。总而言之,人口的年龄结构决定了总储蓄和总消费,处于储蓄年龄的人(年轻人)更多时,净储蓄将增加;反之则减少。

在此基础上,形成了投资的生命周期理论。投资的生命周期理论将个人财富分为金融财富和人力财富。人力财富可以用未来劳动收入贴现值来表示,实际上是一种不可交易的资产,代表索取未来劳动收入能力的大小与个人年龄阶段相关。此外,一般而言,人力财富的价值具有稳定性,人力财富可被视为一种零风险资产,因此,人力财富与无风险资产间存在较大的替代性。整个生命周期内,个人将根据人力财富的变化调整其他资产的持有量,从而实现财富配置的帕累托最优。若个人拥有较大数额人力财富,那么无风险资产就可能在很大程度上被挤出。与投资的生命周期理论紧密相关的是生命周期风险规避假说。该假说认为,年龄增加会使投资者风险厌恶程度也不断增加,因为年轻人人力财富较高,有较多的剩余时间来弥补风险损失,从而也更愿意冒险。投资的生命周期理论和生命周期风险规避假说都支持了一个结论,即投资者在不同阶段持有的资产品种将不同,且随着年龄的不断增加,投资者将由偏好风险资产转变为偏好无风险资产。例如,Campbell 认为,在20～35 岁,由于现实需要,绝大多数的收入将用于住房和其他耐用消费品上;35～55 岁,收入接近峰值,住房需求不再迫切,且人力财富较高,因此股票等风险资产的需求将增加;55～60 岁,人力财富降低,资产配置将由股票转向债券、储蓄和保险等风险较小的金融资产上。Bodie、Merton 和 Samuelson 则构建了一个消费投资配置模型,该模型的结论是:一般情况下,个人投资股票比例随年龄增长而递减。因此,当一个国家不同年龄阶段的人群比例发生变化时,投资额将会发生变化,即金融资产的持有量将发生变化。并且,当一个国家年轻人更多时,风险资产持有量将增加。

2. 人口红利理论

人口红利指在一定时期内,少儿抚养比和老年人抚养比处于较低水平的人口结构所带来劳动力和储蓄增加以及经济增长的现象。处于人口红利窗口的国家，一般具有三个有利于经济发展的典型特征：首先是劳动力供应充足，成本低；其次是抚养负担较轻，家庭储蓄率较高；再次是国家社会保障支出负担轻，国家财富积累也很快。应注意的是，积累的收入未必会以储蓄形式，而可能以各种金融资产形式出现，人口红利也极有可能推动金融市场的发展。但是，如果一个国家进入人口红利末期，实体经济增速放缓，由于前期积累会使流动性十分充足，人们投资于金融市场的意愿将明显加强。此时如果过剩流动性无法通过实体经济吸收，很有可能会引发资产泡沫。

第二次世界大战后，许多国家经历了三个阶段的人口变迁，相应的经济现象支撑了人口红利理论。第一个阶段即婴儿潮阶段。第二个阶段则是婴儿潮过后的 20～50 年，随着婴儿潮时代出生的人陆续进入劳动力市场，这些国家进入第一人口红利窗口，GDP 迅速增长，储蓄率随之升高，由此形成的社会投资需求也不断上升。这些变化又形成了第二人口红利，经济得到进一步加强，此时股市也不断上涨。第三阶段则出现在婴儿潮过后的 50 年左右，由于年轻人占比减少，抚养负担加重，人口红利逐渐消失，经济转向萧条，股市下跌。

3. 迭代模型

生命周期理论和红利理论实际上未考虑代际关系的更迭，而只是单纯考虑不同年龄人口比例的影响。迭代模型考虑了时间因素，将个体生命分为多个阶段，考虑一定结构的人口状况随着时间迁移将如何变化，这种变化又将影响金融发展。上一部分中的第一人口红利、第二人口红利以及人口负债对金融的影响实际上就是迭代模型的运用。

4. 人口结构对金融资产价格影响实证研究

无论对于国内还是国外而言，以实证方法探究人口结构和金融资产价格关系的研究，多以发达国家为对象。主要原因是发达国家人口转变过程先于发展中国家，其金融市场较发展中国家也更加完善。这些研究通常选择以股票价格来分析。Yoo 通过对美国股票市场进行分析证实，在资产供给量给定的条件下，45～55 岁群体规模越大，投资者越多，股票泡沫越大。Erb、Haryey 和 Viskant 分析了 1970～1995 年发达国家的数据，发现个别国家平均年龄与股票价格存在正相关关系。Bergantin 基于 Mankiw 和 Weil 关于人口结构变化对美国房地产市场影响的研究论证了美国人口结构变化不仅会影响美国股市,还是美国普通股市场波动的重要原因。Brooks 用人口迭代模型实证研究证实,美国 40～64 岁人口群体规模与美国股票类资产价格正相关;随后,Brooks 又将人口迭代模型中人的生命扩展为四阶段,并在加入风险资产和无风险资产的基础上,研究了人口结构变化对风险资产收益的影响,得出资产价格将因婴儿潮一代人在退休后出售资产而进入下跌通道的结论。总体来看,绝大部分研究都肯定了人口结构和资产价格存在一定的正相关关系。

5. 人口结构对金融结构影响的实证研究

同样,人口结构对金融结构影响的研究主要对象是发达国家,而研究的焦点主要是人口结构变化给资本市场带来的影响,大部分以人口老龄化作为研究的内容。Bakshi 和陈志武的研究认为随着年龄结构的变化,人们对资产的选择也会发生变化。A. Boersch-Supan 和 J. K. Winter 的研究认为,人口老龄化给资本市场带来的冲击将十分强大,个人和家庭会将大部分资产配置于契约式储蓄资产,而资金则通过契约式储蓄机构间接进入股票市场,从而扩大股票市场规模。Davis 研究了人口老龄化给金融结构带来的影响,并指出现收现付制养老体系难以满足人口老龄化程度对社会提出的养老需求;并且以智利为例,证明养老金改革可以促进契约式储蓄机构的发展。Blommestein 也有相似观点,认为人口老龄化使基金制的养老机构获得了发展机遇。Heaton 和 Lucas 通过对净资产大于 1 万美元且持有股票数额多于 500 美元的家庭进行调查,将家庭分为早期中年家庭(35～49 岁)、晚期中年家庭(50～64 岁)和退休家庭(65 岁以上)三类,通过数据分析发现退休家庭持有的权益证券明显下降。

5.1.2 财富结构与金融发展

财富结构对金融发展影响的理论并不多,主要原因是:首先,财富的概念和界定处于不断发展的过程中;其次,财富结构实质上包含了金融资产的配置,即直接反映了金融资产结构;最后,个人和企业的财富数据在获取上存在一定困难。

1. 对财富的认识

对财富的认识存在一个发展过程。重商主义学者认为金银是财富的主要形态，因而国家的经济活动以获取财富为目的。古典政治经济学家批判了重商主义学者的财富观，将财富定义从流通领域引入生产领域，亚当·斯密在《国富论》中提到："一个国家或社会的总财富是全体居民的财富，因而自然地分成了三个部分。第一部分是留作消费用的，不提供收入或利润；第二部分是固定资本，不须经过流通，不必更换主人便可以提供收入或者利润；第三部分是流动资本，需要经过流通才能提供收入。"边际效用学派则将财富定义为人类可以支配的商品与劳务给其带来的效用总和，虽并未对效用财富的衡量问题作出有效解释，但其对财富概念的贡献在于将劳务纳入了财富范畴之中。马歇尔在边际效用学派财富观的基础上赋予了衡量财富的方式，提出一个人的财富即其外在财富中能用货币衡量的部分。至此，西方的主流财富观念得以形成，可以概括为财富是以货币衡量的能给人带来效用的物质与非物质（商品与劳务）财富。因此，不论是房产还是各种各样的金融资产都是居民财富的组成部分。

2. 财富结构对金融发展影响的理论与实证研究

财富结构对金融发展影响的现存理论研究较少，但是学术界普遍赞成一个观点，即随着财富的增加，人们对金融资产的需求不仅会增加而且将更加多样化，从而推动金融发展。理论通常从两个方面解释：首先，现实生活中大多数金融资产购置存在金额限制，只有购买量超出一定数额才能持有该金融资产，通常这些金融资产的收益率也更高。当财富水平超出这些门槛时，人们便有机会选择持有更多样化的资产。其次，随着财富的增加，人们的风险偏好将发生变化。财富增加意味着抗风险能力的增加，因此人们对损失的厌恶程度将减小。也就是说，当财富增加时，人们往往愿意投资更多的风险资产，减少无风险资产的投资。如果从宏观层面上看，社会财富存量的增加只是影响金融发展的一个方面，而财富结构，如财富集中度等将对金融发展产生更大影响。

财富结构对金融发展影响的实证研究也并不充足，主要因为不论是个人还是企业的财富配置数据都较难获得。Cuiso 等对美国、德国、意大利、荷兰、日本、英国等国家的家庭资产配置进行了实证研究，发现随着财富增加，所有国家风险资产的持有份额也将增加，并且财富越多，持有风险资产的份额也越高，收入排行位于前5%的人群持有的风险资产远远高于平均数。美国审计总署(General Accounting Office，GAO)的研究认为，在财富两极分化的情况下，中低收入者由于收入减少、养老负担加重等原因会不断变现持有的资产，从而对股市产生影响。

5.2 美国人口结构变化对美国金融产业发展的影响

5.2.1 美国人口状况概览

从总体人口状况来看，据普查数据统计，2010年居住在美国的人口达3.1亿，较2000年增长2 730万人，增长率为9.7%，低于20世纪最后10年13.2%的增长率，与1980～1990年9.8%的增长率基本持平。2010年美国妇女生育率为1.93，自20世纪90年代以来美国生育率基本维持在2左右。可以看出，美国人口增长较为稳定，是为数不多的人口仍然维持正增长的发达国家之一，如图5—1所示。

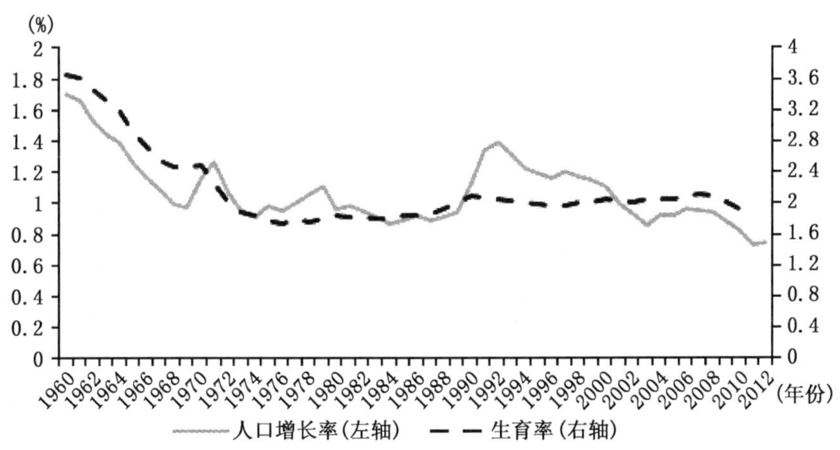

资料来源：美国统计局。

图5—1 美国1960～2012年人口增长率和生育率

从人口年龄变化总趋势来看，1950～1970 年美国人口中位数年龄呈下降趋势，1970 年中位数年龄为 27.8 岁，达到最低点。自 1970 年以来，美国中位数年龄便不断上升，2012 年为 37.3 岁，如图 5—3 所示。

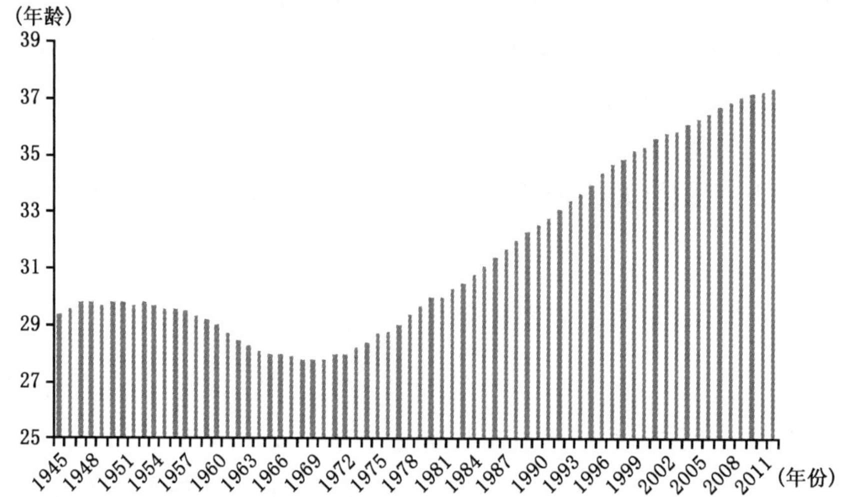

资料来源：美国统计局。

图 5—2　美国 1945～2012 年人口中位数年龄变化

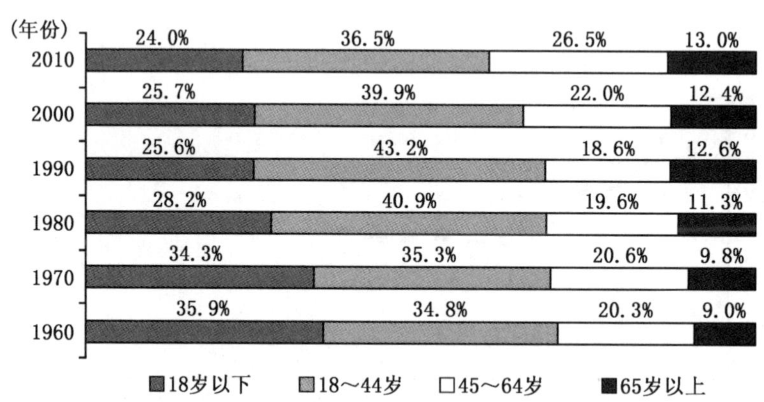

资料来源：美国统计局。

图 5—3　美国 1960～2010 年十年期人口结构变化

从人口年龄结构来看，2000～2010年间，18岁以下人口增加2.6%，达到7 420万人，占总人口的24%，其中1/4为移民，这些移民是美国目前成长最快速的年轻群体；18～44岁的人口仅增加0.6%，达到11 280万人，占总人口的36.5%；45～64岁人口增长31.5%，达到8 150万人，占美国总人口的26.5%；65岁以上人口增长率为19%，达到4 030万人，占总人口的13%，如图5—3所示。

5.2.2 美国的婴儿潮和老龄化

1.20世纪五六十年代的婴儿潮

第二次世界大战后美国出现了一次人口生育高潮(1946～1964年)。这一时期被称作“婴儿潮”(baby boom)。婴儿潮时代出生的人口约在828万，如果包括流动人口和不完全统计的人口，可能会更多。婴儿潮对美国后续社会经济发展产生了巨大影响，了解婴儿潮时代出生的人口特点是理解美国现代社会和经济的重要基础之一。

20世纪五六十年代近20年的生育高峰期间，婴儿大量出生，产生的第一个影响是对学校、住房等各种消费品的需求大量增加，劳动力市场、消费市场和政府规划等方面都对此进行了相应调整。第二个影响是当婴儿潮时期出生的人成年后，会推高社会劳动人口数量，对社会整体的储蓄、消费也产生重要影响。美国高出生率、高人口增长率一直持续到了20世纪60年代中期，然后开始回落并逐渐进入美国人口结构的第二个特征期——老龄化。

2. 人口老龄化

一般而言，人口老龄化的定义是65岁以上人口达到人口总数的7%，但是人口老龄化并不仅以此项指标为准。美国1929年65岁以上老年人仅占总人口的5.32%，1987年上升到12.23%，并长期维持在12%左右。老年人口占比提高的主要原因是医疗水平的进步，体现了社会福利、社会保险等社会保障制度的完善。

1960年后，美国人口死亡率长期维持在9.5%左右，老年人口占比则不断上升(见图5—3)。尽管上升缓慢，若对比图5—2可以发现，这种变化经过长期的累积后逐渐显著化。例如，45～64岁人口占比由1960年的20.3%上

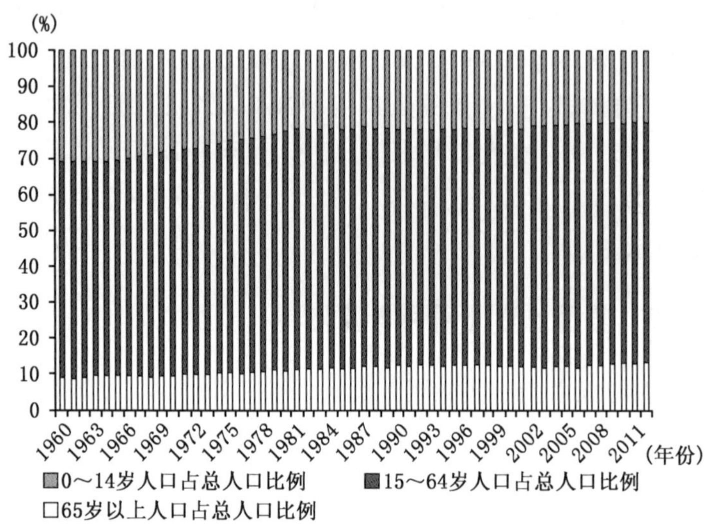

资料来源：美国统计局。

图 5—4　美国 1960～2012 年大分类人口结构比重变化

升到近年的 26.5％，再加上 65 岁以上人口占比，45 岁以上的人口占比已接近 40％。除此之外，美国人口年龄中位数自 20 世纪 70 年代后就一直在上升，1970 年、1980 年、1990 年和 2000 年分别为 28.1 岁、30.0 岁、32.9 岁、35.3 岁，目前则达到了 38.2 岁。以上数据均表明美国人口正逐渐老龄化。

虽然医学进步使得人均寿命不断增加，助推了人口老龄化，但更主要的原因是婴儿潮一代人口年龄的增长。1946～1964 年出生的人（截至 2010 年）年龄恰好在 46～64 岁。人口老龄化意味着劳动人口将逐渐变为非劳动人口，也将对一国经济和金融体系产生很大影响。

5.2.3　美国人口结构变化对美国金融发展的影响

1. 人口结构变化对金融需求总量的影响

金融需求总量变化可以通过家庭部门持有的金融资产来观察，从绝对额来看，1945～2012 年美国家庭部门持有的金融资产和非金融资产总额具有不断增加的趋势。但这一趋势可能与收入增加、总人口增长有关，与人口结构

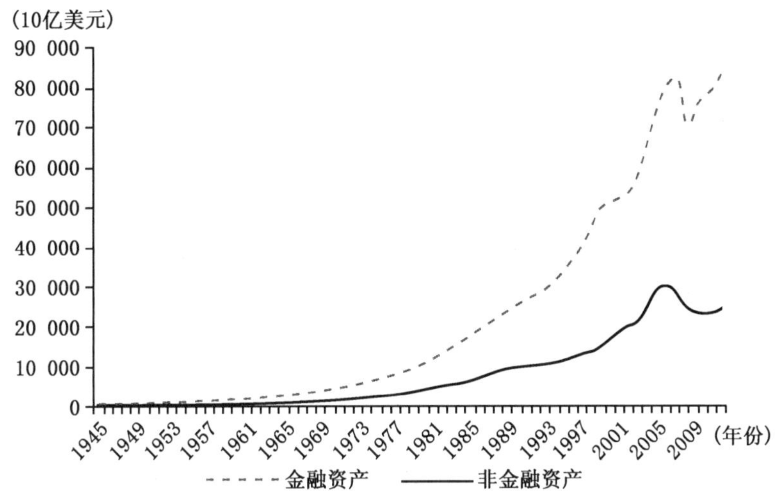

资料来源:美联储。

图 5—5 1945～2012 年美国家庭部门持有金融资产和非金融资产总额

的相关性较弱。

观察相对值可以从两个方面出发。首先,虽然金融资产和非金融资产的增长率波动较大,但是可以明显观察到,1960～1980 年非金融资产持有额增长率上升;1980～1990 年非金融资产持有额增长率下降。将图 5—6 中数据进行 5 年移动平均后,这一趋势更加明显(图 5—6 中 5 年移动平均数据)。此外,从金融资产和非金融资产占金融资产总额比例来看,1960～1980 年,非金融资产占比增加,金融资产占比下降;1980～1990 年,这一趋势则逆转。

因此,将 1945～1995 年人口年龄结构变化趋势和金融资产占比摘出并对比分析,可以发现若将中位数年龄线平移 15 年,此时平移所得线段表现与金融资产占比线的趋势基本吻合(见图 5—8)。这意味着,1960～1980 年随着婴儿潮时期出生人口年龄增长,中位数年龄上升,金融资产占比下降,对于金融资产的相对需求下降。1980 年以后,中位数年龄进一步上升(此时婴儿潮时期出生人口已经成年,社会开始老龄化),金融资产占比上升,对于非金融资产的相对需求下降。

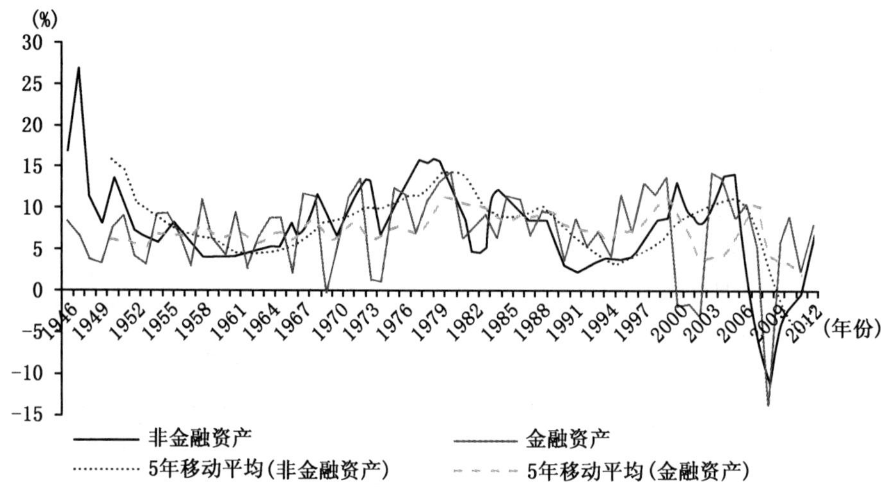

资料来源：美联储。

图 5－6　1946～2012 年美国家庭部门持有金融资产和非金融资产增长率

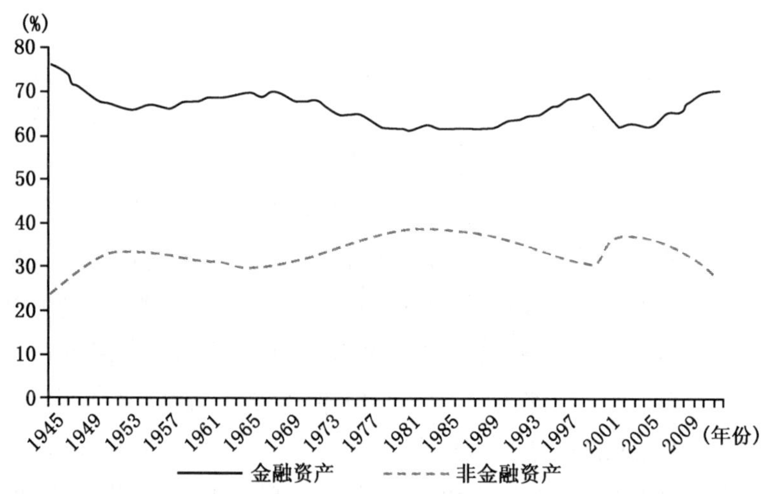

资料来源：美联储。

图 5－7　1945～2012 年美国家庭部门持有金融资产和非金融资产占总资产比例

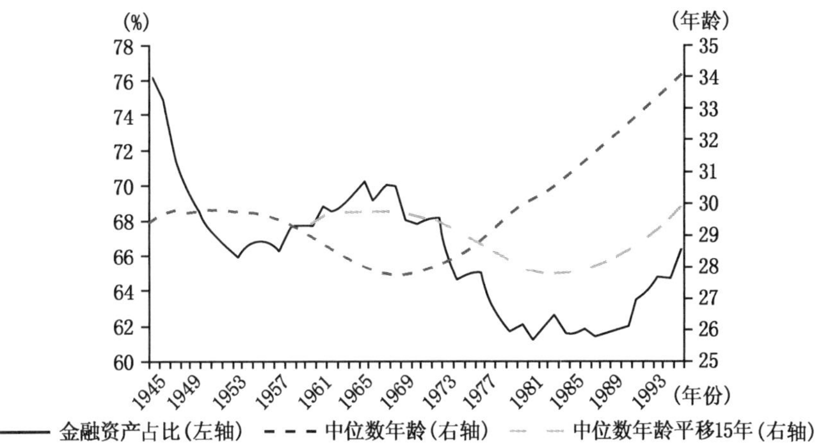

资料来源:美联储和美国国家统计局。

图 5－8　1945～1995 年中位数年龄与家庭部门持有金融资产占总资产比重对比图

根据美国统计标准,非金融资产主要包括房屋、汽车、设备等耐用消费品。分析可知,婴儿潮出现时,金融资产总需求下降,非金融资产总需求上升。非金融资产总需求上升不仅拉动房地产等市场的繁荣,其对应的家庭部门金融负债,例如住房贷款、购车贷款、消费信贷等也会增加。人口老龄化时,非金融资产总需求下降,金融资产总需求上升。金融资产涉及居民存款、债券、股票、保险等众多类别,不能一概而论。

2. 人口结构变化对金融需求结构的影响

从绝对量来看,美国家庭持有的各类金融资产均有了较大幅度的增加,这与金融资产持有总额增加的趋势相符。从相对量来看,股票、养老金账户和共同基金变化趋势较为明显。1945～1965 年,家庭部门持有股票占金融资产比重在 50%左右,1965 年之后,股票占比总体呈下降趋势;到 2012 年,家庭部门持有股票占金融资产比重下降至 31.0%。可见,在社会年龄结构更加年轻化时,持有股票的倾向更高。

养老金账户则呈持续上升态势,从 1945 年占比 9.4%上升至 2012 年的 30.4%,基本与股票所占份额持平。但是,若观察养老金账户的增长情况,可以发现，1955～1965 年间，随着婴儿潮出现，养老金账户增长率下降；1965 年以后，随着婴儿潮出生人口年龄增长，养老金账户增长率上升，1975～1985 年维持在 10%左右（见图 5—9）。

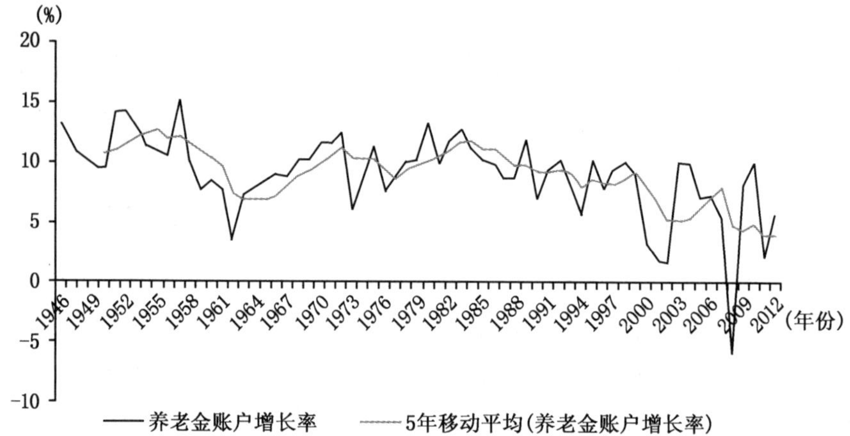

资料来源：美联储。

图 5—9 1945～2012 年美国养老金账户增长率

总体呈上升态势的还有共同基金，20 世纪 80 年代后这一趋势尤为明显，从 1980 年不足 1%增加至 2012 年的 8.9%。共同基金作为一种风险较高的金融资产，其增长与人口老龄化同步似乎与现存理论相悖。但是，一方面，共同基金占比较低，不超过 10%；另一方面，与其他金融资产相比，共同基金灵活、收益高、安全性高等特点，使其更易受到居民收入和财富等因素的影响。

存款和通货、债券持有比例则可以分为两个阶段。就存款和通货占 GDP 比重而言，1950～1990 年的上升通道将其分为了两个时期：1950 年前，存款和通货占比在 20%～30%；而 1970～1990 年，占比则在 40%～50%（见图 5—10）。虽然存款和通货占 GDP 比重并未完全与人口年龄特征相吻合，但从这两个时期对比可以看出，老龄化社会的通货和存款持有量高于年轻化社会，老龄化会使存款和通货持有量增加。

就债券而言，1945～1980 年，债券占比呈小幅下降趋势，由 1945 年的 13.0%下降至 5.5%左右；1981 年以后，债券占比又开始上升，由 1981 年的

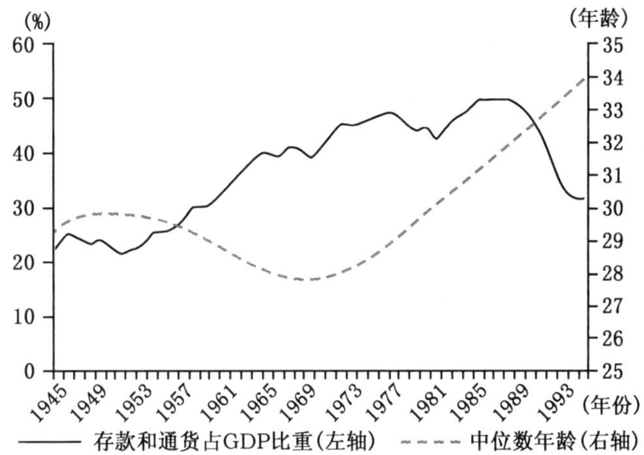

资料来源:美联储和美国国家统计局。

图 5－10　1945～1995 年美国人口中位数年龄与存款和通货占 GDP 比重变化

5.2％上升至 2012 年的 9.2％(见图 5－11)。这与美国人口中位数年龄变化一致,当社会年龄结构年轻化时,债券持有量较低;当老龄化加剧时,债券作为具有稳定收益的金融资产将受到更多青睐。

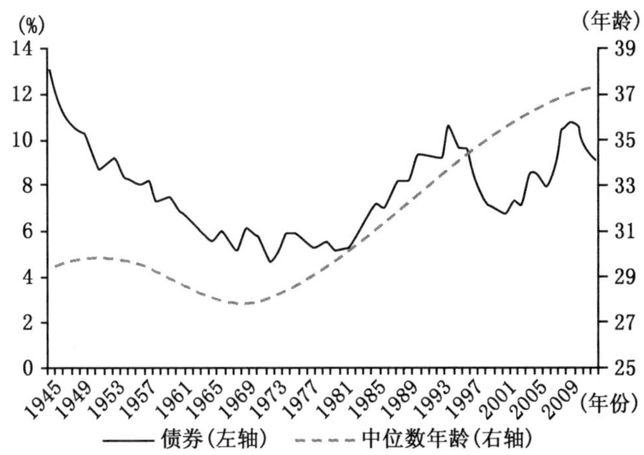

资料来源:美联储和美国国家统计局。

图 5－11　1945～2012 年美国人口中位数年龄与债券占金融资产比重变化

综上所述，将美国人口年龄结构变迁和金融发展对比可以看出，婴儿潮将降低对金融资产的需求，并且使金融结构向股票等风险更大、收益更高的金融行业倾斜。此外，非金融资产需求增加将增加居民的金融负债，消费信贷等金融行业可借势发展。老龄化将使社会对金融资产的需求增加，并使得债券、存款等风险更小、收益稳定的金融行业获得更大的发展机遇。

5.3 美国财富结构变迁对金融产业发展的影响研究

5.3.1 财富结构的内涵

纵观财富结构的变迁史，已对金融业态和竞争格局产生了不可忽视的影响，且其发展变化在未来将发挥更加重要的作用。概括来说，财富结构指的是由财富系统内不同比重的组成部分所形成的一种体系。具体来说，财富结构从不同的视角来看具有不同的含义。

从宏观层面来看，财富结构是指一国的居民部门、企业部门和政府部门在国民财富中所占比重而形成的格局。从这一角度考察财富结构，有利于了解国民财富价值创造的来源和构成，通过各部门之间比例的变化趋势，可以为金融行业找准未来业务开发和发展的侧重点提供参考。

从中观层面来看，居民部门、企业部门和政府部门内部均可以形成各自的财富结构。而就实际情况而言，考察居民部门的财富结构具有十分重要的现实意义，这也是当前研究的热点课题。居民部门的财富结构也可以称为财富的社会主体结构，即居民财富在整个社会群体中的分布状态和情况，如“倒金字塔型”、“橄榄型”结构等。

从微观层面来看，财富结构的范围又可以定位到家庭和个人的资产配置结构上，包括非金融资产和金融资产两大类。实物资产是家庭拥有的实物形态的资产，主要包括住宅、车辆、耐用消费品、艺术收藏品以及生产性固定资产等；金融资产是指居民持有的金融债权及权益性凭证形式的资产，主要包括手持现金、储蓄存款、债券、股票、保险、基金和外汇等。金融资产与实物资产的比重变化以及金融资产的数量与结构在很大程度上能够反映一国经济金融发展的水平。

5.3.2 美国财富结构变迁的过程及原因

1. 宏观层面财富结构的变迁

自20世纪60年代末开始，美国逐步从工业化阶段进入以信息技术和知识革命为特征的后工业化时代。由于技术、资本等要素更多地参与收入分配，促使社会整体财富结构发生了较大变化。自20世纪70年代以来，美国个人消费支出占GDP比重上升了近9个百分点，这从侧面反映出美国的国民财富逐渐向居民部门倾斜，如图5—12所示。

资料来源：Wind资讯。

图5—12 美国个人消费支出占GDP比重

另一方面，对比私人储蓄总额与政府储蓄总额的变化趋势可以发现，私人储蓄总额在过去的80多年间特别是90年代以来呈快速增长态势，而政府储蓄总额却有明显的下降趋势，许多年份甚至为负值。从此变化情况中不难看出，国民财富总额中私人部门拥有份额显著上升。如图5—13所示。

2. 中观层面财富结构的变迁

与国家财富的结构变化相随，财富在美国社会主体之间的分布也发生着变化。从社会主体（居民）角度来看，美国不同人群在总收入中拥有的份额呈

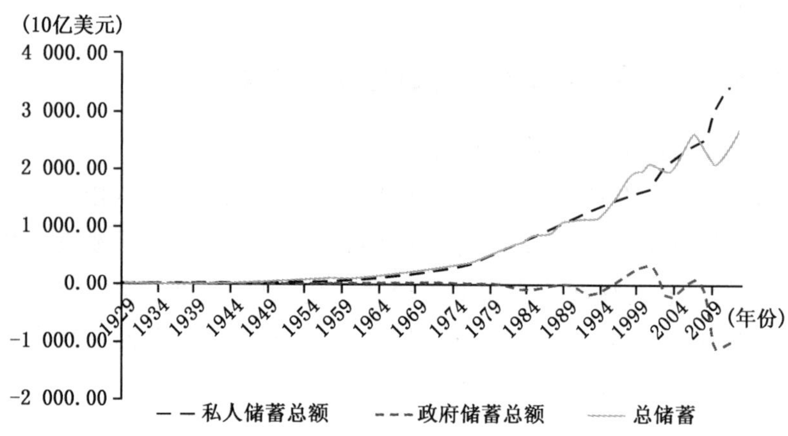

资料来源：Wind资讯。

图5—13　美国储蓄总额及各构成部分的总量变化

现出较大差异，其收入分配结构具有低收入者占比低、高收入者占比高的特点，财富的集中度日益提高。

不同收入阶层占总收入的比重具有显著差异：收入最低的20%和次低20%群体在总收入中的份额日渐缩减，目前仅占据一成左右；中高收入者（中层20%与次高20%人群合计）所占总收入比重自1947年以来一直保持相对稳定的状态，约为四成的份额；而收入最高的20%家庭，其占总收入的比重从43%一路上升至48.9%，几乎相当于其他80%家庭的总和。

此外，根据基尼系数和最富5%的家庭收入占总收入份额更能体现出美国的收入分配差距（见图5—14），这两项指标虽然总体变化不大，但仍呈现出明显的上升趋势。收入最高的5%家庭目前已拥有美国超过1/5的财富，基尼系数也从0.376一跃超过0.4的警戒线达到0.451，这反映了居民财富向高收入者进一步转移的特征。

过去50多年间，低收入家庭的收入增长步伐极为缓慢，增幅非常有限；中高收入家庭的收入有一定幅度的增长，但并不十分显著；而高收入的20%家庭收入近乎翻番，最富5%家庭的增幅已超100%。再对比最低收入家庭与最高收入家庭的差距，可以看到财富的两极分化现象更加明显，差距从原

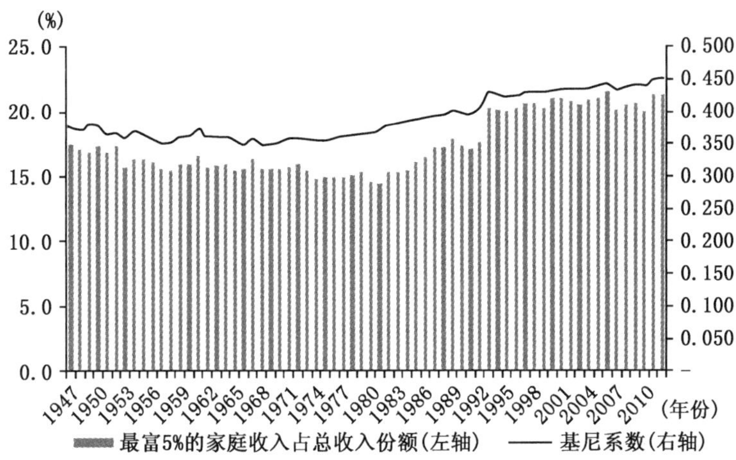

资料来源:美国人口普查局。

图 5—14　美国的基尼系数与财富集中度

来的 11 倍攀升至 22 倍,体现出富者越富的态势,如图 5—15 所示。

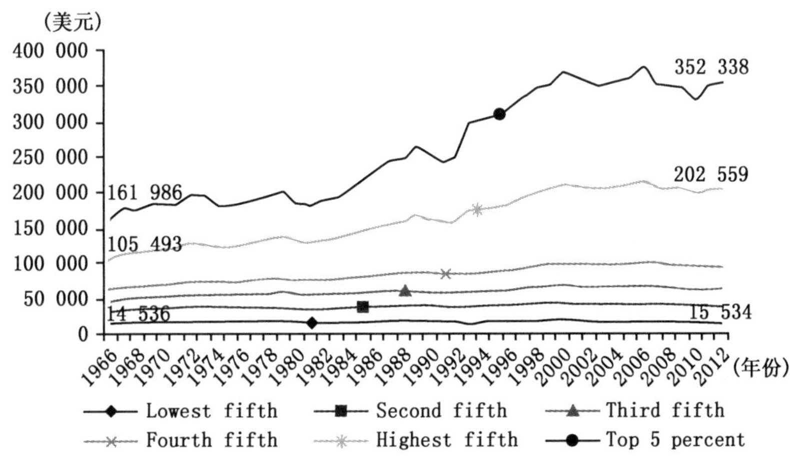

注:图中数据已按 2012 年价格做通胀调整。

资料来源:美国人口普查局。

图 5—15　美国不同收入家庭的收入均值

3. 微观层面财富结构的变迁

(1)总体特征

随着经济发展水平和金融发展程度的不断提升，家庭和个人财富也在逐年增长，从而引发了家庭内部资产组合的改变。总体来说，美国家庭财富结构变化体现出的明显特征是：无风险资产的比例逐渐下降，风险资产的比重逐渐上升。

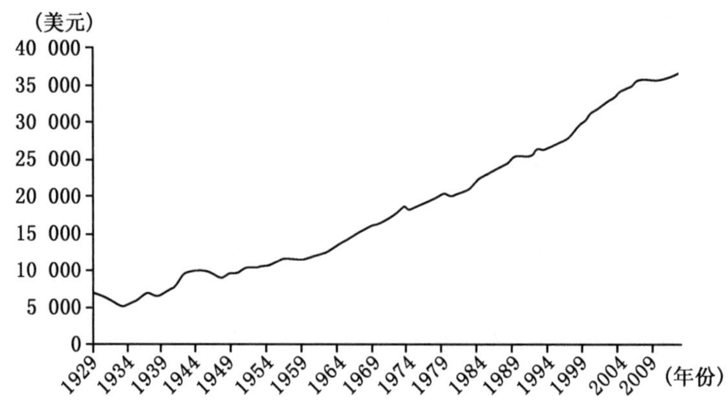

资料来源：Wind 资讯。

图 5—16　美国人均可支配收入(不变价格)

以不变价格计算的美国人均可支配收入呈稳步增长，在过去 80 多年间翻了近 5 倍(见图 5—16)，而与之相伴随的是家庭资产结构的调整和变化。从无风险资产的典型代表，即个人储蓄存款这一指标的情况来看，自 20 世纪 70 年代美国步入后工业化时代开始至金融危机爆发前，个人储蓄存款总额占个人可支配收入的比重就呈现出明显的波动下降趋势，最低时一度达到 2005 年的 2.6%，如图 5—17 所示。

(2)实物资产结构与金融资产结构对比

在家庭资产配置中，非金融资产和金融资产的比重具有此消彼长的关系。根据美国联邦储备委员会“消费者金融调查”(Survey of Consumer Fi-

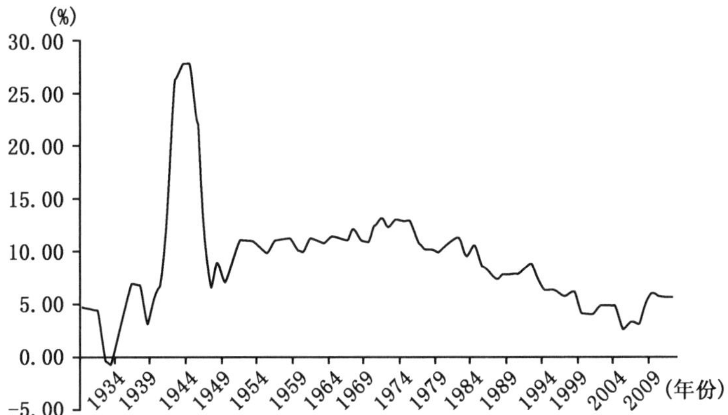

资料来源:Wind 资讯。

图 5—17　个人储蓄存款总额占个人可支配收入的比例

nance,SCF)①的统计结果,自 20 世纪 80 年代末以来,金融资产占家庭总资产的比重略有上升,由 1989 年的 30.5%上升至 2010 年的 37.9%,并曾于 2001 年突破 40%,如图 5—18 所示。

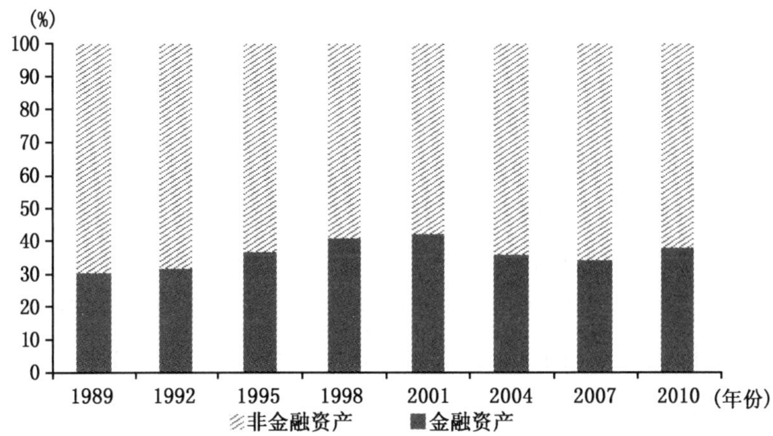

资料来源:美国联邦储备委员会 SCF 调查数据。

图 5—18　美国家庭各金融资产类型的变化情况

① 该调查每三年一次。

（3）金融资产结构

美国联邦储备委员会“消费者金融调查”对于家庭金融资产的数量和比重同样进行了统计，并将金融资产分为了 10 大类。从表 5－1 中不难发现，美国家庭金融资产的组合构成自 20 世纪 80 年代初至今已发生了较大变化。

表 5－1　　美国家庭金融资产的构成情况　　单位：%

金融资产类型	1989 年	1992 年	1995 年	1998 年	2001 年	2004 年	2007 年	2010 年
交易账户	19	17.4	13.9	11.4	11.4	13.1	10.9	13.3
存款	10.2	8	5.6	4.3	3.1	3.7	4	3.9
储蓄国债	1.5	1.1	1.3	0.7	0.7	0.5	0.4	0.3
债券	10.2	8.4	6.3	4.3	4.5	5.3	4.1	4.4
股票	15	16.5	15.6	22.7	21.5	17.5	17.8	14
共同基金	5.3	7.6	12.7	12.4	12.1	14.6	15.8	15
退休账户	21.5	25.8	28.3	27.8	29	32.4	35.1	38.1
人寿保险折现值	6	5.9	7.2	6.3	5.3	2.9	3.2	2.5
其他托管资产	6.5	5.4	5.8	8.5	10.5	7.9	6.5	6.2
其他金融资产	4.8	3.8	3.3	1.7	1.9	2.1	2.1	2.3
合　计	100	100	100	100	100	100	100	100

注：（1）共同基金中不包含货币市场基金。

（2）数据已做四舍五入处理。

资料来源：美国联邦储备委员会 SCF 调查数据。

一方面，非风险性金融资产（交易账户、存款、储蓄国债、债券）的重要性逐步下降，其比重由 1989 年的 40.9%下降至 2010 年的 21.9%；而以共同基金和退休账户为代表的风险性金融资产的重要性日益增加，仅两者的比重就由 1989 年的 26.8%上升到 2010 年的 53.1%，超过家庭金融资产的一半。

另一方面，共同基金和养老金中延后应税退休账户逐渐成为家庭主要的投资理财工具，美国家庭的金融投资越来越依靠金融中介。1989 年，仅有不到 6%的美国家庭拥有共同基金，自此之后，共同基金占美国家庭金融资产的比重不断上升，家庭成为共同基金的主要投资者。由于家庭投资越来越依靠共同基金等金融中介,因此家庭直接投资股票和债券的需求逐步下降。

(4)非金融资产结构

对于非金融资产,SCF 将其分为 6 大类进行统计,根据 1989～2010 年的调查结果:非金融资产各部分占比变化较小,但是住宅类实物资产比重的上升(由 54.2%升至 58.6%,次贷危机之前这一比重曾达到 60.2%)和非地产股权占比的下降(由 11.1%降至 6.7%)反映出家庭进行非金融资产选择时对房地产的青睐。在这一期间,金融业也从房地产市场的繁荣中获取了巨大利益,如图 5－19 所示。

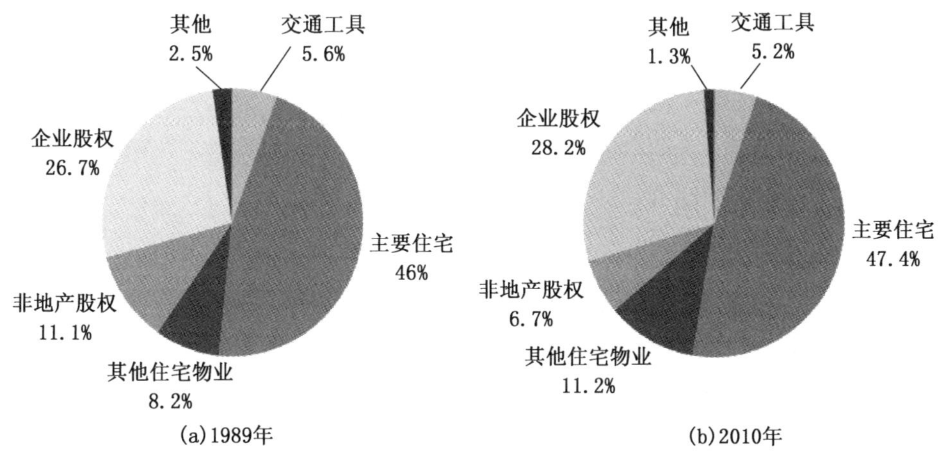

注:数据已做四舍五入处理。

资料来源:美国联邦储备委员会 SCF 调查数据。

图 5－19　美国家庭非金融资产的构成情况

(5)债务结构

与金融资产相对应,美国家庭的财务管理中同样引入了债务,适度的债务有利于财务平衡和财富增长。美国家庭的杠杆率近年来有所提高,反映了美国居民风险意识的加强以及善于利用债务进行财务规划的特征。

从债务的具体构成来看,住宅物业抵押债务占据了美国家庭债务的绝大部分比重,目前已超过 80%,而非抵押信用债务所占比重较小。非抵押债务中又以分期贷款和信用卡居多,但是分期付款的份额有所下降,信用卡余额

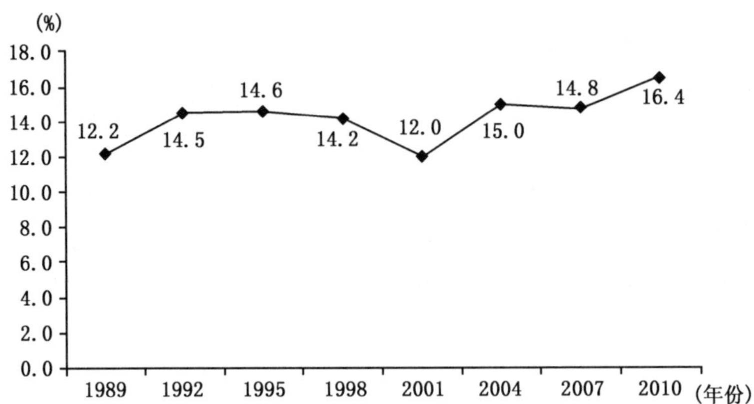

资料来源：美国联邦储备委员会 SCF 调查数据。

图 5—20　美国家庭杠杆率

比例保持稳定，如图 5—21 所示。

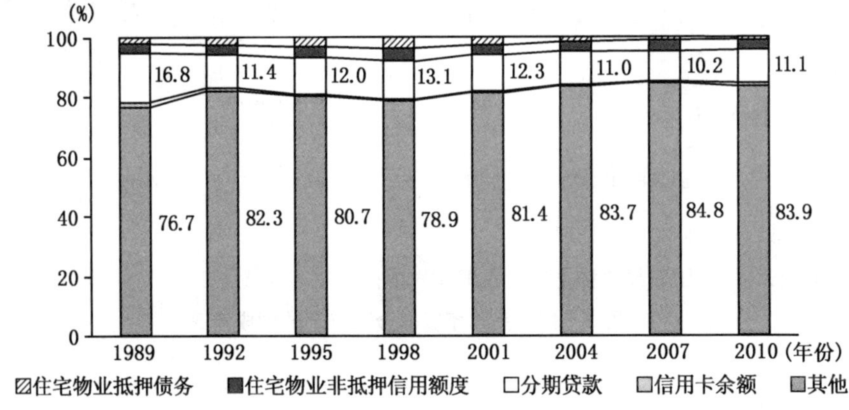

资料来源：美国联邦储备委员会 SCF 调查数据。

图 5—21　美国家庭债务构成

从家庭取得借款的机构来源来看：商业银行发挥着主要借款人的作用，其所提供的贷款占到了家庭贷款总量的 45.1%；而之前盛行的储蓄机构的份额则一路缩减，从超过 1/4 降到目前仅剩 4.1%；信用社、贷款公司等借款者在家庭债务中的比重则保持相对稳定;抵押贷款和房地产贷款在次贷危机前一直保持着高速发展,危机后其比重有较大幅度的下降。此外,个人贷款占家庭债务比例也呈现出下降趋势(见表5—2)。

表5—2 **美国家庭债务的借款来源机构** 单位:%

机构类型	1989年	1992年	1995年	1998年	2001年	2004年	2007年	2010年
商业银行	28.7	33.1	34.9	32.8	34.1	35.1	37.3	45.1
储蓄机构	26.7	16.9	10.9	9.7	6.1	7.3	4.2	4.1
信用社	4	4	4.5	4.3	5.5	3.6	4.2	5.1
融资或贷款公司	3.8	3.2	3.2	4.1	4.3	4.1	3.4	4
经纪人	2.3	3.2	1.9	3.8	3.1	2.5	1.6	6.9
抵押贷款或房地产贷款	21.5	27.3	32.8	35.6	38	39.4	41.6	26.9
个人贷款	5.5	4.2	5	3.3	2	1.7	1.4	1
其他非金融性贷款	1.6	1.6	0.8	1.3	1.4	2	2	2.4
政府	2	1.9	1.2	0.6	1.1	0.7	0.4	0.8
信用卡发行商	2.9	3.3	3.9	3.9	3.7	3	3.6	2.9
养老金	0.1	0.1	0.2	0.4	0.3	0.3	0.2	0.4
其　他	0.9	1.1	0.7	0.3	0.5	0.2	0.2	0.5
合　计	100	100	100	100	100	100	100	100

注:储蓄机构包括储贷联合会和储蓄银行。

资料来源:美国联邦储备委员会SCF调查数据。

5.3.3 财富结构变迁对金融业的影响

1. 宏观财富结构变迁的影响

宏观层面财富结构的变迁主要体现为私人部门财富拥有量和份额的增长,私人部门中又以居民部门财富总量和比重上升为主要特征,反映了社会财富向居民部门转移的趋势。宏观财富结构的变化意味着金融机构和金融市场在政府和企业客户之外又开拓了个人客户这一广阔市场,使得金融行业更加重视为家庭和个人提供金融产品和服务,如为辖区内居民量身打造的社区银行，为更好地迎合个人客户需求而推出的银行卡、电子银行业务等。

2. 中观财富结构变迁的影响

综观美国中观层面财富结构的变化，可以发现，一方面居民收入水平不断提升，富裕群体规模逐渐扩大，但与此同时财富日益向高收入者集中，这些变化也成为了催生专门为高端客户服务的财富管理和私人银行业务的巨大动力。在这一背景下，财富管理行业应运而生并取得迅速发展：越来越多的金融从业人员从其他业务领域补充进入日益扩张的各金融机构财富管理部门；财富管理机构不断推出创新产品和服务，以满足高净值人群的需求；财富管理朝着更加高端化、专业化、精细化的方向发展。

3. 微观财富结构变迁的影响

从家庭这一微观主体财富结构的变化来看，随着居民财富的逐年增长，风险承受能力和风险意识都在逐步提升，因此实物资产与金融资产、风险资产和无风险资产以及各种资产内部的配置情况也发生了变化。第一，金融资产占比有小幅上升，但仍低于非金融资产的比重；第二，金融资产中，存款等非风险性资产的重要性日渐降低，取而代之的是风险资产份额日益提升，尤其是股票、共同基金和退休账户已成为家庭资产配置的主流，且共同基金和退休账户增长快速，这也推动了美国金融市场的繁荣；第三，非金融资产构成中，住宅物业这一实物资产的比重占据家庭非金融资产的一半左右，在一定程度上带动了住房抵押贷款业务的发展甚至资产证券化、特殊目的机构等金融创新的出现，而美国家庭对交通工具的大量配置也成为汽车金融服务发展的推动力。

5.4 中国人口结构变化对金融产业发展的影响

5.4.1 中国人口结构现状和发展趋势

中国是世界人口第一大国，同时也是世界人口结构转变速度最快的国家之一。人口结构转变对中国经济发展产生了深远影响。自 1949 年新中国成立以来，中国的人口发展经历了多个阶段，呈现出不同的特点，尤其是在改革开放后30余年的高速经济发展中，中国的人口结构呈现出不同于以往的新特点。当前，中国正处于人口结构变化的拐点，在此背景下，通过对中国人口结构发展进行梳理，阐述其特点、现状及发展趋势，对中国金融产业的发展具有很强的现实意义和指导意义。

1. 中国人口状况概览

(1)我国人口规模

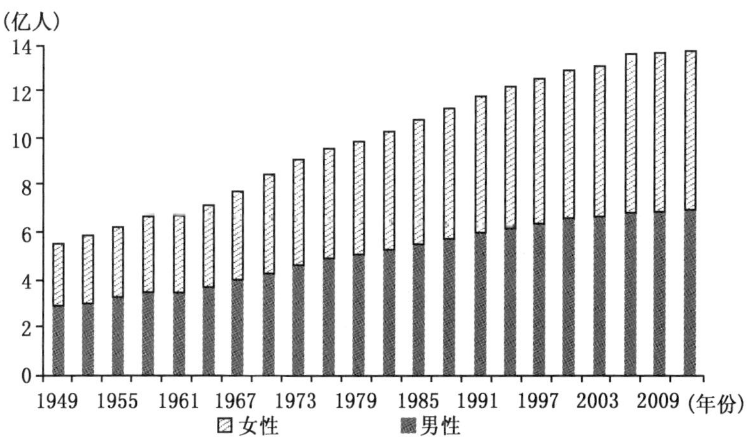

资料来源：国家统计年鉴。

图5—22　1949～2012年中国人口规模与性别比

就人口规模而言，新中国成立以来，中国人口总量持续攀升。1949年中国的人口总量为5.4亿，2012年达到13.5亿，与2000年第五次全国人口普查相比增加了9 000万(2000年总人口为12.6亿)，并仍在持续增加。

人口性别结构是指在一定时期内，一个国家或者地区的人口构成中，新出生的男性、女性各占总人口中的比重。性别比通常指某一人口群体中男性对女性的比例，以每100个女性对应的男性数来表示。从1949年到2012年，男性人口一直多于女性，男女性别比超过100%，但一直维持在比较稳定的水平。

(2)我国城镇人口规模

城镇人口的规模及占总人口比反映了一个国家城市化的进程、社会现代化的程度，城镇人口的变化对一个国家金融产业发展水平也因此具有重要影

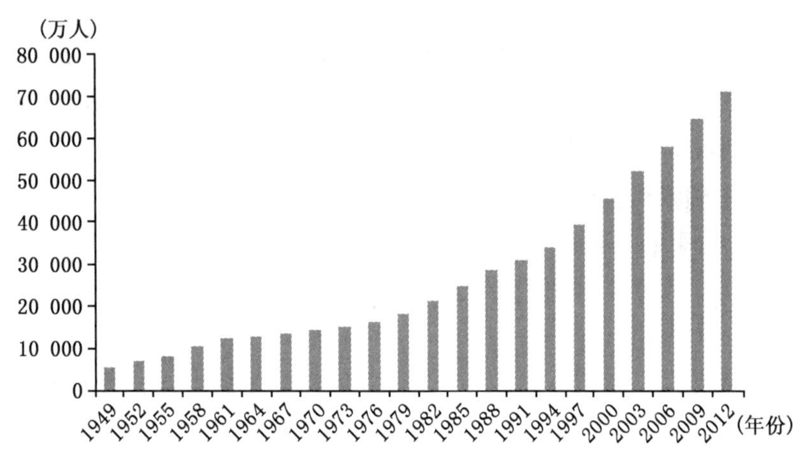

资料来源：国家统计年鉴。

图 5—23　1949～2012 年中国城镇人口规模

响。根据国家统计局统计数据显示，城镇人口已由 1949 年的 0.58 亿人增长到 2012 年的 7.12 亿人，城镇人口占比从 11%增加到 52.6%，中国城市化水平不断提高，改革开放以来增速尤快。

（3）人口出生率与自然增长率

从新中国成立至今，中国人口出生率及自然增长率具有明显的波动特点。可以看出，除自然灾害原因造成 1960 年前后出现了出生率及增长率的锐减外，1991 年之前中国人口都保持较快增速，1949～1957 年、1962～1970 年、1981～1990 年出现了三个高速增长阶段，尤其是 1962～1970 年间，人口出生率及自然增长率分别最高达到了 43.6‰、33.5‰。20 世纪 90 年代以后，计划生育工作不断加强完善，人口的高出生率、高自然增长率态势得到了控制，增速逐步下降，中国人口进入平稳增长阶段。

（4）老年人口及老年人口抚养比

老年人口抚养比是指人口中非劳动年龄人口数中老年人部分对劳动年龄人口数之比，用以表明每 100 名劳动年龄人口要负担多少名老年人。老年人口抚养比是从经济学角度反映人口老龄化社会后果的指标之一，也称为老龄人口抚养系数。从图 5—25 可以看出，中国老年人口及老年人口抚养比均不断增

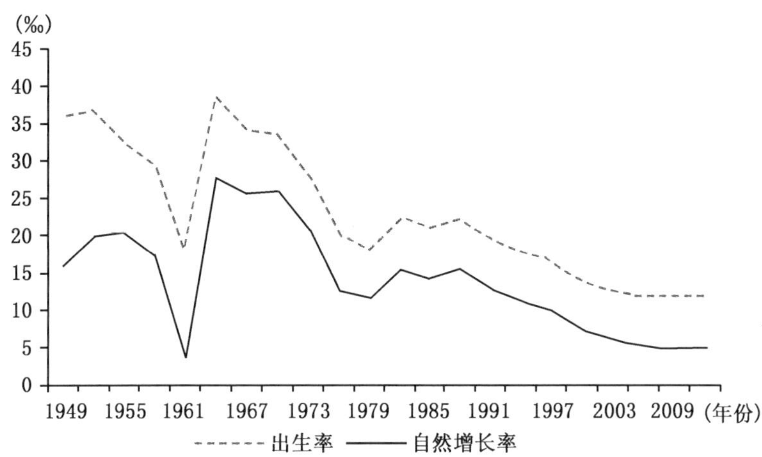

资料来源:国家统计年鉴。

图 5—24　1949～2012 年中国人口出生率及自然增长率

长,尤其最近 10 年更是进入了明显提速发展阶段。截至 2012 年年底,中国 65 岁及以上人口已达 1.27 亿,老年人口抚养系数为 12.7%,老龄化程度不断加深。

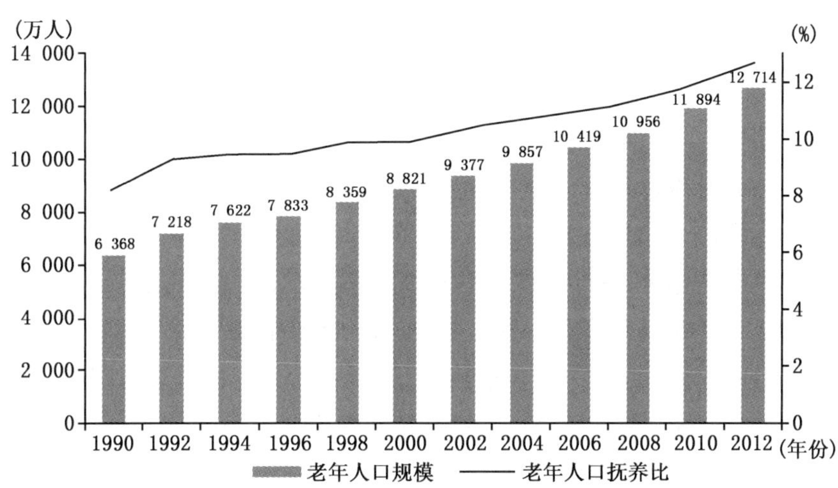

资料来源:国家统计年鉴。

图 5—25　1949～2012 年中国老年人口规模及老年人口抚养比

（5）人口年龄结构

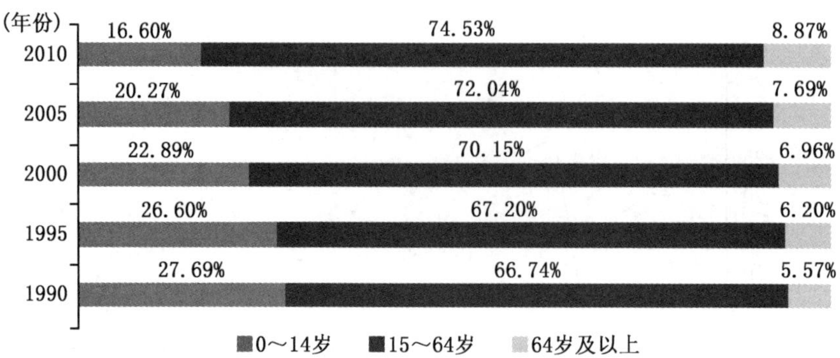

资料来源：国家统计年鉴。

图 5－26　1990～2010 年中国人口年龄结构

从人口年龄结构来看，1990～2010 年间，0～14 岁人口由31 659万人减少到22 259万人，占比由 27.69％减少为 16.60％；与此相反的是，15～64 岁人口和 65 岁及以上人口则分别由76 306万人和6 368万人增加到99 938万人和11 894万人，占比也分别由 66.74％和 5.57％增长为 74.53％和 8.87％。少儿抚养比由 41.5％降为 22.3％，结合老年抚养系数，总抚养比由 49.8％降为 34.2％。总抚养比的大幅降低为中国经济的快速增长营造了极为有利的人口条件，即"人口红利"。未来中国的人口红利还能存续多久将取决于少儿人口和老年人口的增长速度。

2. 中国的婴儿潮

中国从 20 世纪 60 年代初到 70 年代中后期的 20 年间迎来了人口增长的高峰，人口出生率一直保持在一个相当高的水平，尤其是 1962～1970 年阶段。1962 年中国人口出生率为 37.22‰，1964 年涨为 39.34‰，对比最近几年的人口出生率数据，2011 年为 11.93‰，2012 年为 12.1‰，其差别甚是明显。据国家统计局数据显示，短短的 20 年间共出生超过 4 亿人，约占目前人口的 1/3，此为中国第一次婴儿潮。进入 1982～1990 年，中国的第一代婴儿潮成家立业，进入生育年龄，又产生了第二次婴儿潮，称为"回声婴儿潮"。中国婴儿潮大约较西方晚 16 年，又由于之后的人为限制，其峰值及聚集度都要大得多，有着鲜明的中国特色。

人口与经济发展有着极为密切的关系，人口结构变化往往会对经济发展产生重要影响。受婴儿潮的影响，中国的人口结构发生了显著变化，相应的社会消费、储蓄结构也产生了新格局，金融产业及金融产品也产生了相应的变化。事实证明，正是由于第一次婴儿潮的产生，伴之以计划生育政策的推行，产生了改革开放之后的“人口红利”效应，促进了经济的巨大飞跃。据中国社科院的研究，1978～1998 年，在中国持续 20 年的 GDP 高速增长中，劳动力的贡献超过了 50%。与此同时，中国的房地产、汽车产业乃至整个金融产业在过去几十年得到了空前的发展。人口统计数据显示，中国的“回声婴儿潮”在未来将是中国生产与消费的主力，同时，受其成家立业的影响，中国已经在近几年出现了出生率微涨态势，虽然无法与一代、二代婴儿潮相比，但相信伴随着“单独二胎”政策的推行，不久中国将迎来第三次小婴儿潮。

当然，随着一代婴儿潮开始步入 50 岁大关，可以预见的是，未来 10 年中国的人口红利将可能消失，伴之以日益加剧的人口老龄化，这将对社会整体的储蓄、消费产生重要影响，也将影响中国金融产业的发展。

3. 中国的人口老龄化

(1)中国老龄化现状

我国自 1973 年以来全面推行计划生育政策，人口增长由“高出生、低死亡、高增长”转变为“低出生、低死亡、低增长”。出生率从 20 世纪 70 年代初的 33.59‰下降至目前的 12.1‰，自然增长率则由 25.95‰降为目前的 4.95‰，低于自然更替水平。伴随人口增速放缓，我国的老龄人口快速增长，人口老龄化随之而来，于 2000 年正式迈入老龄化社会。至 2012 年，65 岁及以上人口已达 1.27 亿人，占人口总数的 9.4%，老龄化程度不断加深。与发达国家相比，中国人口转变的进程明显缩短，在经济社会发展还没有足够积累和充分准备的条件下就迎来了人口老龄化，庞大的老龄人口规模和老龄化程度迅速加深给中国经济社会带来了沉重压力。

(2)中国老龄化特点

中国老龄化的特点是老龄人口规模大，发展速度快。中国人口老龄化始于 20 世纪 60 年代中期，当时的高出生率促使中国人口结构年轻化，1965 年

65 岁及以上老年人口在总人口中所占比重仅为 3.6%。20 世纪 70 年代中国实行计划生育政策以来，中国人口出生率和死亡率同时下降，人口结构由年轻型转向成年型，1982 年中国 65 岁及以上老年人口占总人口比重上升至 4.9%。20 世纪 90 年代以后，生育率持续下降，老龄人口占比继续提高。至 2000 年，60 岁及以上老年人口已达 1.3 亿，占总人口的 10.3%；65 岁及以上老年人口达8 821万人，占总人口的 7.0%，标志着中国正式进入老龄化社会。2010 年中国第六次人口普查数据显示，中国目前人口总量已达 13.4 亿，65 岁及以上人口已经超过 1 亿，占总人口的 8.87%，老年人抚养系数也提升至 11.9%。根据联合国的预测结果显示，中国 65 岁及以上老年人口在总人口中所占的比重在 2050 年将达到 23.3%，超过世界平均水平 6.9 个百分点。与世界人口老龄化的发展进程相比，中国人口老龄化起步较晚，但由于受到 20 世纪 70 年代计划生育政策的影响，中国人口转变进程和人口老龄化步伐加快，中国提前步入了人口老龄化。

人口老龄化与经济发展不同步。发达国家的人口老龄化是伴随着经济高速发展而出现的，在其步入老龄化社会的同时，一般都已经基本实现现代化，具有较高的经济实力应对人口老龄化，属于“先富后老”的老龄化发展进程。作为发达国家中人口老龄化进程最快的国家，日本在 65 岁以上人口比例达到 7%、10%、14%时，人均 GDP 已分别达到1 967美元、11 335美元和 38 555美元。而中国属于“未富先老”，在经济还不发达的情况下就出现了老龄化。2000 年中国 65 岁及以上人口达到 7%时，人均 GDP 为 840 美元，仅相当于世界平均水平的 16.25%，与发达国家的差距很大。超前的人口老龄化无疑给本就不发达的经济发展水平带来了沉重而深远的影响，同时也对中国的养老保障体制提出了严峻的挑战。人口老龄化将使中国在世界经济的竞争中，逐渐失去劳动力资源的比较优势。如何转变经济增长方式，保持中国经济持续增长的态势，将是中国面临的又一严峻挑战。

人口老龄化在地区发展上不平衡。人口老龄化是伴随经济社会发展而出现的客观规律，通常情况下，地区人口老龄化水平与经济发展水平呈现正相关关系，经济越发达的地区一般也伴随着较高的人口老龄化水平。中国区域经济发展的不平衡性也自然使得老龄化在地区之间存在显著的发展不平衡现象。总体来看,中国老龄化由东向西具有梯度特征,经济发达的东部沿海地区的老龄化程度相对严重,经济欠发达的西部地区的老龄化程度相对较轻。

(3)中国老龄化原因

首先,强有力的计划生育政策的推行。我国人口老龄化日益严重的主要原因是 20 世纪 70 年代以来实施的全面计划生育政策。计划生育政策的成功实施,使得中国人口发展仅仅用了 30 年的时间就完成了西方发达国家要用 70～100 年时间才能完成的人口转变历程。1978 年中国的人口出生率为 18.25‰,1987 年高达 23.33‰,之后计划生育政策效果开始显现,人口出生率呈现下降趋势,2000 年降为 14.03‰,2011 年继续降为 11.93‰。出生率的逐年下降使人口结构发生显著变化,加快了中国人口老龄化的进程。

其次,人均寿命延长。随着我国经济高速发展,医疗卫生事业不断改善,人均预期寿命显著增加。1990 年中国平均预期寿命为 68.9 岁,2000 年增加到 71.4 岁,2007 年继续增加到 73 岁,超过世界平均预期寿命 68.9 岁,与很多发达国家接近。一般来说,平均预期寿命较长的地区老龄化情况也较为严重;而平均预期寿命较短的地区老龄化进程则较为缓慢。如西班牙 2007 年的人口平均预期寿命为 80.9 岁,老龄人口比例达到 17%;而孟加拉国 2007 年的人口平均预期寿命为 66 岁,老龄人口仅为 3.7%。人类的平均寿命在过去 200 年中几乎翻了一番,并且这一趋势还在继续,因此,人均寿命延长也是中国人口老龄化日趋严重的原因之一。

再次,社会经济发展的地区差异。人口老龄化的地区发展差异主要是由中国社会经济发展的地区不平衡性造成的。此外,出生率与经济发展水平呈负相关关系,经济发达地区的出生率较欠发达地区下降得更快。我国的计划生育政策在经济发达地区落实得更加彻底,而在经济欠发达地区,政策很难真正落实。大量年轻劳动力人口由欠发达地区向发达地区输入,能在一定程度上缓解城市人口老龄化,但同时,这些流动人口大部分年老后又回到欠发达地区,为欠发达地区的人口问题埋下了隐患。

(4)中国人口老龄化发展趋势预测

鉴于人口总规模变动、年龄结构变化等因素对一国的经济社会生活影响巨大，人口预测往往成为世界各国政府制定社会政策的重要依据。根据联合国2011年5月3日公布的《世界人口前景2010（修订本）》的人口预测结果，同时结合中国人口的具体实际变化情况，综合分析认为：中国人口将在2030年达到峰值，然后逐渐下滑，到2050年，中国人口将达到13.85亿人，与现在相近；同时，中国快速迈向老龄化社会大势已定，无法逆转。

首先，人口总规模变动趋势。根据联合国的预测结果，中国在21世纪人口变化最大的可能性是负增长。其认为中国人口将继续增长到2026年，然后转入负增长，而且负增长的速度不断加快，直到2060年达到约－0.7%时才会稳定下来。2080年以后负增长速度有所减缓，但人口缩减会一直持续到21世纪末，届时中国人口将会比2010年减少4亿人，约为9.41亿人，相当于中国1977年的人口水平。但由于此报告的公布时间为2011年，考虑到中国人口基数庞大的实际情况，以及近年来计划生育政策的松动，在人口惯性的作用下，中国人口总量将继续保持快速增长趋势，到2030年达到峰值水平，此后将迎来人口缓慢负增长的发展变化趋势，到2050年，中国人口将达到13.85亿，与现在相近，人口规模总体呈现“倒U型”变化趋势。

其次，人口年龄结构变动趋势。20世纪90年代初以来，除极个别的例子之外，各种调查数据都显示中国的出生率已经下降到低于人口自身再生产的更替水平（该数值水平为2.1，即平均每个妇女生育2.1个孩子），近年来已低至1.5左右的水平。伴随着生育率的大幅下降，人口年龄结构也发生了巨大变化。同样，随着经济发展水平的提高以及“单独二胎”政策的推行，未来中国人口年龄结构也将发生深刻的变化。受计划生育政策的影响，在21世纪前期，人口的年龄结构变化将不再单纯是人口老龄化程度的快速提高，对中国经济发展起推动作用的人口红利也将逐渐消失，中国劳动力的资源禀赋将随着人口年龄结构的剧烈变化而逐年失去优势。但由于生育率已经稳定在相对低水平，少儿人口的增长率持续下降的空间较小，随着独生子女一代陆续进入婚育年龄及“单独二胎”政策的推行，未来生育率将会转入上升轨道，中国人口结构将趋于合理。

最后，人口老龄化发展趋势。根据联合国的预测结果，中国人口老龄化将伴随21世纪始终。2015年后中国人口老龄化会明显提速，2020年65岁及以上人口比重将达到12%,2030年达到16.5%,2035年会超过20%,2030年到2040年将是中国人口老龄化最严峻的时期。到21世纪下半叶,中国老龄化进程有望趋于缓和,但高龄化问题将日益突出。中国80岁及以上人口占总人口的比重在2030年前上升相对较慢,此后速度加快,2050年将达到7.57%,即2050年的高龄人口将接近1亿(9 834万)。

5.4.2 人口结构变化对未来金融产业发展的影响与启示

1. 人口结构变化对未来金融业发展的影响

毫无疑问,中国人口总规模的持续扩大必然会提高整个社会的金融需求总量,引起金融资产及非金融资产的增长趋势。但根据生命周期理论,人口结构的变化,尤其是人口老龄化问题的出现,社会对各种金融工具的偏好将发生改变,这势必导致各类金融机构及金融资产的相对发展态势将不尽相同。随着人口老龄化程度日趋加深,老龄人口越来越多,其消费越来越多,将导致资金从银行流出,影响银行的存款业务。同样,鉴于老龄人口抗风险能力较弱,老龄化趋势的加剧将导致家庭直接持有的股票比例下降。但对于保险机构、养老金契约式机构而言,人口老龄化可能是利好的:人口老龄化将促使家庭将大部分资产配置于契约式金融资产,也将增大家庭对于各类保险的需求,促进其发展。伴随着契约式金融机构的发展,资金将间接进入股票市场、债券市场,从而扩大股票市场、债券市场的规模。但考虑到目前人口教育结构的变化,接受高等教育的人越来越多,老龄人口的接受教育水平也在不断提升,这将在某种程度上有利于这一人群理解现代的金融技术、风险管理手段,促使其接受风险的能力增强,从而改变金融产业的格局。

2. 人口结构变化对未来金融业发展的启示

随着我国人口结构的变化,尤其表现为人口老龄化,人们的风险意识将趋于保守,势必引起家庭资产投资结构的改变、金融需求的变化、社会保障制度的改革等,最终可能改变整个金融体系格局。为适应人口结构变化所带来的新形势,金融产业进行相应改革、调整相对金融供给,将显得尤为必要。

(1)建立多层次的养老保险体系

从目前来看,我国养老保险体系还不够健全,养老保险基金的投资方式相对单一，发展较不完善。特别是社会保障中应对老龄化趋势的主要手段，即养老保险和医疗保险还相对落后，覆盖面很窄。为此，保险公司应抓住机遇，提供优质服务，推出能满足企业、个人需要的产品。同时，针对养老保险基金的特殊性，应继续探索基金管理、运营的有效途径。

(2)合理进行金融产品创新

在综合考虑中国人口结构变化的条件下，各金融机构应合理进行金融产品创新，迎合各层次人群需求，切实为其提供特色的金融服务。以老龄人口为例，针对其接受新事物的能力、意愿较差及其尤为重视投资的安全性等特点，银行应充分利用自己的专业化优势，为老龄人口提供专门的理财服务；保险公司则应创新业务，例如通过银保合作，推出适应市场需要的产品；基金及债券公司可以考虑推出针对老龄人口的保值增值产品等。

此外，老龄人口是一个慢性病高发的群体，这无疑对医疗保险提出了更高的要求。同时，由于目前家庭保障功能的日趋弱化，老年人护理问题也日益突出，保险公司可以开发设计一些老年照料护理类的险种，以满足市场的需要。

(3)适度发展契约式金融机构

契约式金融机构能够提供长期稳定可靠的收入，其跨期风险管理能力明显优于其他机构，易满足老龄化人口安全性投资的需求。在老龄化问题日益突出的条件下，适度发展契约式金融机构无疑能够促进金融市场的稳定。一方面，其可以有效降低个人资产配置集中的风险，个人可以把资金投向契约式金融机构，机构通过多元化投资可以在实现分散资金风险的同时提高收益水平；另一方面，契约式金融机构可以缓解银行“短借长贷”的资产负债不匹配的风险，同时也可以通过债务展期以降低债务人再融资的风险。

当然，考虑到我国金融市场的不完善，在金融产业进行相关调整的同时，监管机构应该充分发挥其监管职能，增强金融市场透明度，减少金融市场运作中的不确定因素，防范金融机构过度涉险，确保整个金融产业的健康运行。

5.5 中国财富结构变迁对金融产业发展的影响研究

5.5.1 中国财富现状与发展趋势

改革开放以来，中国的社会面貌发生了翻天覆地的变化，经济实力的腾飞令世界瞩目。随着经济环境的优化和社会制度的完善，我国的财富总量和结构无论是从宏观层面还是微观层面来看，均有了质的改变。中国财富结构的变迁既呈现出与美国等发达国家类似的规律，又体现着中国独有的特点。

1. 宏观财富总量与结构

近年来，我国经济持续快速发展，经济实力大大提升，衡量一国国力和财富的国内生产总值指标最能体现出这一变化。我国 GDP 总额已于 2012 年年底突破 50 万亿元，且同比增速常年保持在 8%以上的高位。

但从最近几年的趋势来看，在我国经济结构加速调整转型的背景下，国民经济增长呈现出稳中趋缓的态势，这意味着未来超高增长的局面将不复存在，因而国民财富的积累速度也会有所放缓。

国家财富快速增长的同时，其构成和推动力量也在发生变化：我国最终消费占 GDP 的比重从 1981 年最高点时的 67.1%下降到 2012 年的 49.5%，而居民消费支出占 GDP 之比则相应地从 52.47%下降至 35.98%，一方面反映出消费拉动经济增长乏力，但另一方面则体现出居民部门财富发挥其作用的有限性。

再对比近年来居民、政府、企业三个部门的收入增速可以发现，工业企业的主营业务收入增速以及国家财政收入增速远超城镇与农村居民收入。这种收入增长速度的差异直接导致了我国宏观财富分配的不均衡，形成了“政府与企业相对富裕、居民收入相对有限”的财富结构，这一格局与美国有着明显的不同。

按照美国等发达国家的发展趋势，未来居民部门应成为国家财富的主导力量。但是由于当前我国过高的企业留利和财政收入的现状短时间内难以改变，居民消费拉动经济增长的动能不足，所以就目前的宏观收入分配情况

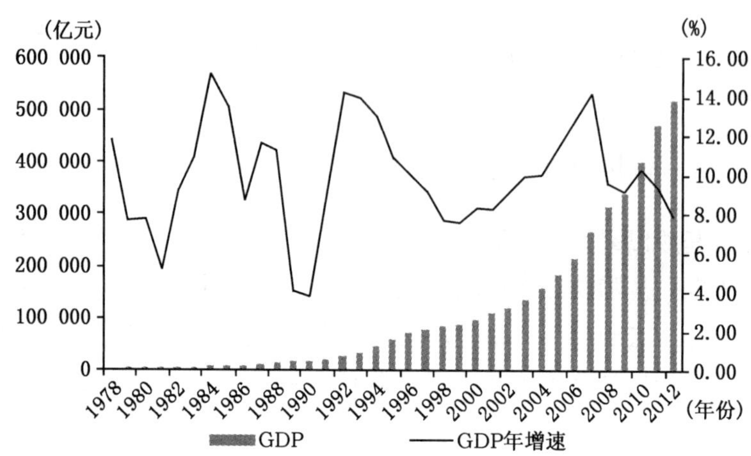

资料来源：国家统计局。

图 5—27　中国国内生产总值与同比增速

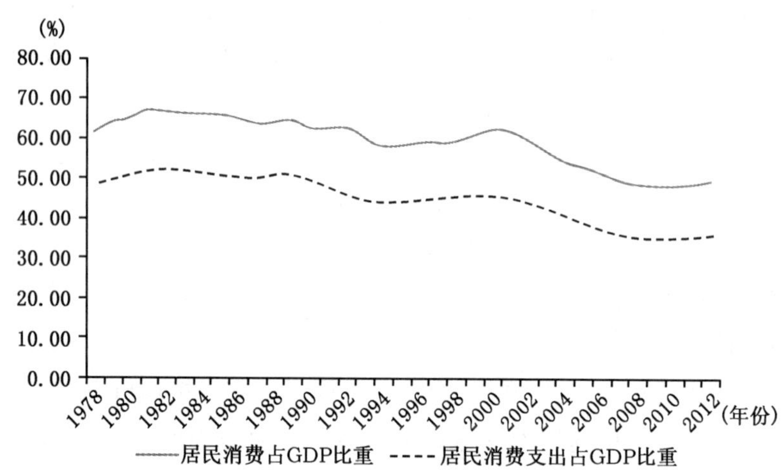

资料来源：国家统计局。

图 5—28　居民消费占 GDP 比重与居民消费支出占 GDP 比重

而言，要达到藏富于民的理想状态还需要经历一个较为漫长的过程。

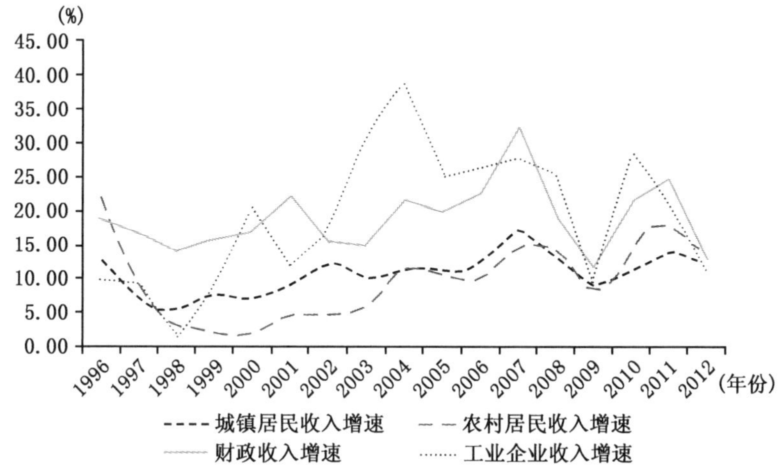

注:财政收入为国家财政收入总额;工业企业指全部国有及规模以上非国有企业;城镇与农村居民收入分别指人均可支配收入和人均纯收入。

资料来源:根据国家统计局数据计算得出。

图5－29 居民、政府、企业三部门收入增速对比

2. 中观财富总量与结构

(1)个人可投资资产总额逐年增长

随着国家财富总量的增长,居民财富也在不断积累,中国内地的家庭财富自2000年起年均增长率为13%,较全球平均5.8%的财富增长速度超出一倍以上,中国成为过去10年亚太地区最重要的新增财富来源。根据建设银行与波士顿咨询公司的测算结果,到2012年年底,我国个人可投资资产总额将超过73万亿元,居民金融服务领域蕴含着巨大的市场潜力(见图5－30)。

(2)财富在城乡居民之间的分布

居民财富总量不断积累的同时,城乡收入之间的差距却在日益扩大(见图5－31)。不同于发达国家已完成城镇化到城乡一体化的转变,我国还处在大力推进城镇化的阶段,城乡二元结构的长期存在形成了“城镇富、农村贫”的空间财富结构,这是区别于其他国家的一大显著特征。城镇家庭与农村家庭之间存在巨大的人均收入差距且在日渐增大,农村居民收入增幅远不及城

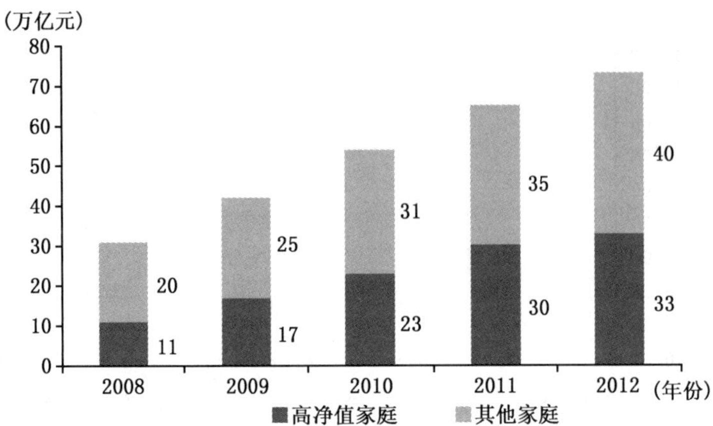

注：高净值家庭指可投资资产超过600万元人民币（或100万美元）以上的家庭；2012年为预测值。

数据来源：波士顿咨询，中国建设银行：《2012年中国财富报告》。

图5—30　中国个人可投资资产总额

镇居民，财富在城乡之间分配相当不均衡。未来随着城镇化进程的逐渐深入，这种城乡之间财富分配不均的现象有望得到一定缓解。

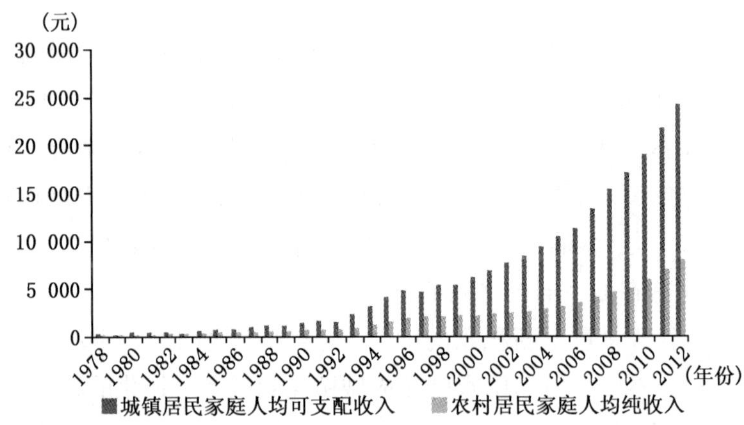

资料来源：国家统计局。

图5—31　城镇与农村居民家庭收入情况

(3)财富在居民群体之间的分布

中国的财富分布格局不仅是城乡财富格局失衡,财富在整个居民群体之间的分布情况也不够合理,与美国具有相同的特点,即"低收入者占比低、高收入者占比高、财富集中度高"。

中国人民银行金融研究所与西南财经大学中国家庭金融调查中心的数据显示,2011 年处于财富分布 90%以上分位数家庭的可支配收入占所有家庭可支配收入比重高达 56.96%,社会贫富分化十分严重。以城镇富裕居民和贫困居民为例,近 10 年来收入最高的 10%的群体与收入最低的 10%的群体的绝对差距在不断拉大,富裕家庭的收入相当于贫困家庭的八九倍之多(见图 5—32)。此外,自 2002 年我国测算基尼系数以来,就一直维持在 0.47 以上的高位,超过美国等贫富悬殊的发达国家。

财富在社会主体之间分配不均的局面是我国中产阶级一直难以形成和崛起的重要原因,也不利于"橄榄型"社会财富结构的建立。未来亟须改变当前的"金字塔型"结构,在居民全体收入均衡增长的基础上发展普惠金融。

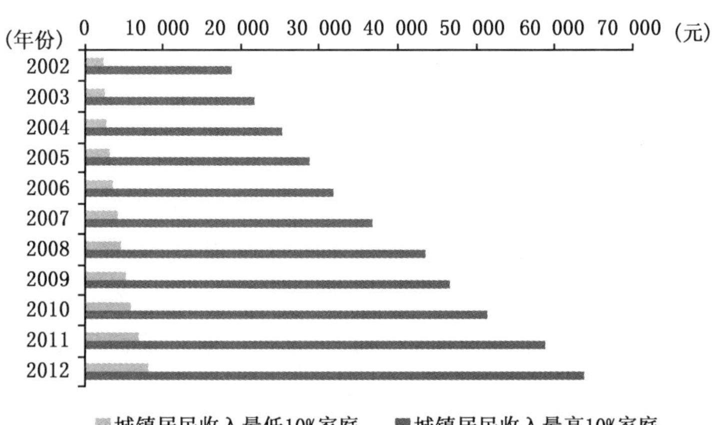

资料来源:国家统计局。

图 5—32　富裕群体与贫困群体收入对比

3. 微观财富总量与结构

从微观层面来看,收入水平对家庭财富结构有着深刻的影响。在经济持续高速增长的情况下，居民财富已累积到一定规模，因此要求更多的投资渠道来获得收益并分散风险，资产结构多元化的需求日渐强烈，居民开始大规模重新组合资产。一方面，金融资产在家庭财富中的份额上升，股票、债券、基金和保险等资产对储蓄存款形成了一定的替代，金融资产的规模和多样性程度都得到很大发展；另一方面，在家庭非金融资产中加大了对不动产的投资力度，住房投资金额和比重明显上升，汽车等耐用消费品也逐渐成为家庭资产池中的重要组成部分。总的来说，家庭财富结构不仅在实物资产与金融资产的比重上发生重大转变，而且实物资产与金融资产各自的内在结构也有了巨大变化。

(1)储蓄存款仍占家庭财富主要地位

不同于美国等金融市场发展程度较高的国家，我国居民的储蓄率水平极高，这不仅受我国保守的传统文化观念的影响，也与金融市场的不完善所导致的投资渠道狭窄有关。从国民经济核算中的住户部门金融交易资金流量表来看，存款仍是居民资金运用的主要途径，且多年来份额保持相对稳定，除 2007 年等个别年份外，均超过 60％的份额，2011 年年底住户部门存款占金融交易资金运用的比例为 64.32％，与过去相比略有下降。

(2)家庭财富构成

在中国家庭金融调查[①]中，家庭资产包括非金融资产和金融资产两大部分。家庭非金融资产包括：农业、工商业等生产经营资产，房产与土地资产，车辆资产，以及家庭耐用品等；家庭金融资产包括：活期存款、定期存款、股票、债券、基金、衍生品、理财产品、非人民币资产、黄金和借出款等。表 5－3 和表 5－4 分别展示了城市家庭和农村家庭的资产负债构成，从中可以得出如下结论：第一，城市户均家庭资产总额超过 150 万元，农村仅为 15 万元左右；第二，非金融资产占据家庭财富的主体地位，约占家庭资产份额的九成；第三，城乡家庭的负债率均比较低。

① 该调查由西南财经大学与中国人民银行金融研究所联合举行，并出版了《中国家庭金融调查报告 2011》。

表 5—3　　城市家庭资产负债表　　单位:元

资　产		负债及净值	
金融资产	111 714	负债	100 815
非金融资产（不包括住房）	1 456 961	净值	1 467 860
合　计	1 568 675	合　计	1 568 675

资料来源:《中国家庭金融调查报告 2011》。

表 5—4　　农村家庭资产负债表　　单位:元

资　产		负债及净值	
金融资产	30 996	负债	36 504
非金融资产（不包括住房）	123 436	净值	117 928
合　计	154 432	合　计	154 432

资料来源:《中国家庭金融调查报告 2011》。

(3)非金融财富

第一,房地产。2000～2012 年,中国房地产价格出现连续普遍上涨,住宅商品房销售均价由1 948元/平方米上升至5 430元/平方米;别墅、高档公寓平均销售价格由4 288元/平方米上升至11 460元/平方米(见图 5—33)。北京、上海、深圳等一线城市的均价和涨幅更高。

鉴于商品房价格的快速上涨和可观收益,将有众多投资者和投机者进入房地产市场逐利。据《中国家庭金融调查报告 2011》的结果显示:2011 年城市户均拥有住房已经超过了 1 套,为 1.22 套,拥有一套住房的城市家庭占 69.05%,拥有两套住房的城市家庭占 15.44%,拥有三套及以上住房的城市家庭为 3.63%。当前,房地产已成为家庭非金融资产配置的重要方向,这也极大地促进了房地产贷款和住房按揭贷款等业务的繁荣。

第二,汽车。在家庭所有的耐用消费品资产中,汽车属于金额较大的品类,随着居民生活水平的提升,城镇家庭汽车拥有量也在逐年增加,从 1999 年的每百户不足 1 辆到 2012 年年底已突破 20 辆,即超过 20%的家庭拥有汽车作为交通工具(见图 5—34)。汽车大规模进入普通家庭,丰富了家庭非金

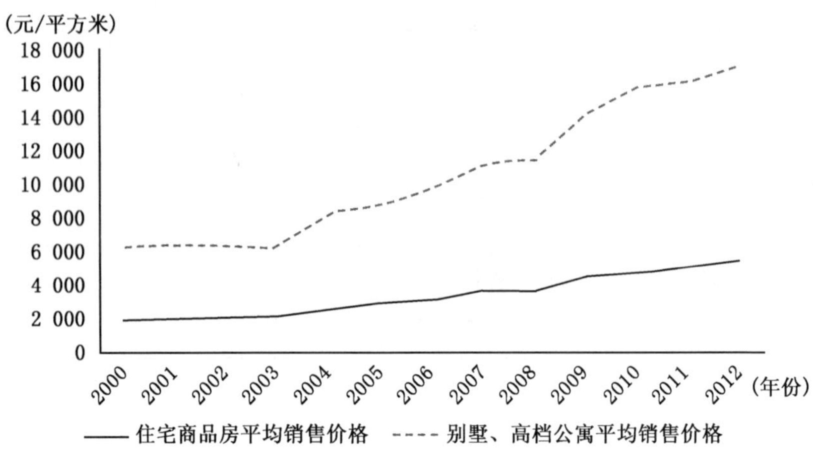

资料来源：国家统计局。

图 5—33 商品房销售均价

融资产的类型，也为汽车金融在中国的兴起创造了有利条件，未来这一领域仍具有广阔的市场前景。

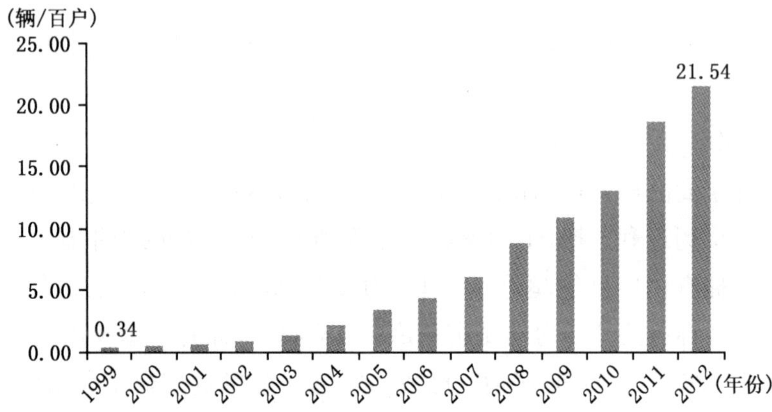

资料来源：国家统计局。

图 5—34 城镇家庭每百户平均家用汽车拥有量

（4）金融资产

在家庭收入增加的同时，人们对金融资产的需求也越来越旺盛。与此同时，资本市场不断地发展与改革，出现越来越多的投资工具可以帮助居民实现财富增值，从而居民的家庭金融投资行为也日益复杂，家庭金融资产的多样性程度和规模都取得了很大发展。近年来，中国居民金融资产结构呈现出如下特点和变化趋势(见图5—35)：

第一，无风险资产是居民金融资产的主要组成部分，但其份额正逐年下降。以手持现金、储蓄存款和国债为代表的无风险资产比重从2004年的85.2%跌至2010年的71.9%。其中，国债的比重持续下降，通货资产比例波动下降，储蓄存款份额虽有所下降但余额持续上升，且依然在居民金融资产结构中占据主要地位。截至2012年年末，居民存款余额为41.02万亿元，同比增速达到16.55%。

第二，金融资产结构优化，风险资产比重上升，资产多元化格局形成。一方面，证券类资产价值整体上升，在经历2007～2008年的资本市场波动之后，近几年比重趋于稳定，保持在15%左右。截至2012年，个人投资者持有的A股已上市流通股市值为4.6万亿元。另一方面，保险准备金份额虽然保持稳定增长，但仍低于发达国家20%以上的平均水平，表明居民对各种保险产品的投资水平仍有很大提升空间。总的来说，居民金融资产结构由以前单一的现金、储蓄结构向债券、股票、保险等多元化结构转变。

第三，理财产品颇受投资者青睐，已成为居民最重要的财富管理工具之一。随着居民对于获得财产性收入的要求越来越高，理财产品呈现加速发展态势，截至2012年年末，银行存续理财产品达3.1万种，资金余额为6.7万亿元，同比增长64.4%，比同期各项存款增速高50.3个百分点。信托计划余额达7.47万亿元，证券公司管理受托资金规模为1.89万亿元，基金管理公司管理公募基金和专户理财资产规模约3.62万亿元，其中有相当部分属于居民的金融资产[①]。理财产品是利率市场化改革推进过程中的过渡性产物，预计未来一段时期内还将在市场上彰显其重要的投资价值。

① 中国人民银行：《中国金融稳定报告2013》，中国金融出版社2013年版。

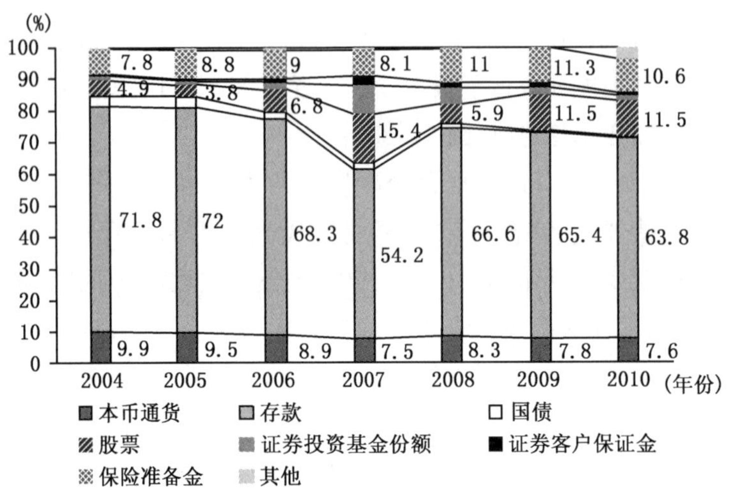

注："其他"主要包括代客理财资金和资金信托计划收益。

资料来源：中国人民银行：《中国金融稳定报告2012》①。

图5—35 居民金融资产结构

5.5.2 中国财富结构变化对未来金融产业发展的影响与启示

财富结构的变化对金融机构和金融市场的发展方向乃至整个金融体系的竞争格局都有着深刻的影响。通过梳理我国宏观、中观、微观三个层面的财富结构现状和变化趋势，我们可以得出许多有益结论，从而为金融行业找准未来发展的着力点提供参考依据。

1. 中国宏观财富结构不甚合理，未来结构的改善要求金融业在服务对象侧重点上作出适当调整

从财富总量和增速来看，国民财富规模持续快速增长，但近年来增速有所放缓，这也使得近几年金融业特别是银行业利润增幅下降；从政府、企业和居民三个部门的财富划分来看，政府和企业部门拥有较多的财富，而居民部

① 该报告中披露的有关资产结构的数据截至2010年，这是从权威机构中可以获得的最近年限的数据。

门的财富积累数量和速度都相对不足，这也是当前金融业“重企业、轻居民”现状形成的重要原因之一。

面对未来宏观财富结构的改善，金融机构和金融市场一方面应继续大规模为政府和企业提供金融产品和服务，如政府和企业债券发行与承销、企业上市和再融资相关业务、小微企业金融服务、风险投资和产业基金等。另一方面，虽然居民财富相对企业和政府来说处于弱势地位，但随着今后我国居民部门财富力量的增强，零售金融业务也将大有可为。金融机构不应只着眼于大客户，而应立足长远，瞄准未来具有增长潜力的领域，如消费金融、社区银行等。

2. 中观层面的财富在社会主体之间分配不均，未来需要优化金融资源配置

就社会主体财富结构而言，居民的财富总量逐年增长，但从内部构成来看，社会财富呈现出向城镇地区和高收入人群集中的明显倾向，财富分配的不均衡现象较为严重。这种现状在一定程度上造成了金融资源配置的不合理，由于金融资源的偏向性，农村居民和低收入者无法获取足够的金融支持，更无法享有财产性收入，因而进一步加剧了社会贫富差距。

未来高净值群体的增加及其财富的增长意味着金融企业应当加大对财富人群的服务力度，优化财富管理和私人银行服务，开启金融业务私人定制化的时代。与此同时，尽管存在财富在地域上分配不均的现象，但总体来看，财富的总量是普遍增加的，且农村地区增速快于城镇地区。这表明金融企业可以抓住为农村地区提供更广更优金融服务的先机，从迅速成长的市场中获取利润增长的新源泉。此外，国家的政策导向也表明发展农村金融事业的重要性，使全体人民都受益的普惠金融将是未来发展的方向。

3. 微观层面财富结构的最显著特征是资产结构多元化，未来多元化趋势将引领金融创新继续进步

第一，在家庭财富组成中，非金融资产占绝大部分但金融资产比重日渐上升；第二，实物资产主要由房地产和汽车构成；第三，家庭金融资产结构逐步优化，风险资产比重上升，居民对金融创新产品的接受度提高，但储蓄存款仍占家庭财富的主体地位。家庭的高储蓄率成为近年来我国投资主导型经

济增长模式的重要支撑，而居民对金融资产多样性和金融服务高质量的需求也成为金融产品创新和服务优化的强大推动力。

从微观的财富结构变化趋势来看，实物资产中房地产和汽车投资倾向的加强有利于消费金融的进一步发展，与之相关的金融服务增长潜力巨大；居民人均保险资产持续增长的态势以及与发达国家之间存在的较大差距，说明保险业在此方面还有很大的拓展空间；股票、基金、理财产品、信托等金融资产比重的上升意味着居民投资意愿和风险承受能力的提升，资产管理行业面临良好的市场机遇。未来居民金融资产多元化的程度越高，对金融资产的收益性、安全性和流动性的要求也就越高。因此，我国的金融机构和金融市场应当借鉴发达国家的有益经验，推出更多适合我国国情的金融创新产品和服务，并不断完善现有产品和服务，以满足广大投资者分散风险和财富保值增值的需求。

海外篇

第六章

美国量化宽松政策逐步退出对中国的影响

核心观点

2008年金融危机爆发以后，虽然各国央行已经积极采取常规货币政策，但是常规货币政策的传导途径已经失效，同时政府财政早已不堪重负。于是，央行承担了最终的救助责任，以美联储为首的发达经济体央行纷纷求助于非常规政策措施，开始实施大规模量化宽松政策。2009～2013年，世界经济在量化宽松政策的保驾护航下艰难复苏，量化宽松带来的充足流动性给金融市场带来了一场盛宴，此间以核心国家股市为代表的风险资产屡创新高。受量化宽松政策影响，大量国外廉价的资本涌入新兴经济体寻找收益率，推升了新兴市场资产在2011～2012年出现一波高峰。

如今，美国的量化宽松开始退出，虽然不会立刻转向紧缩，但是这标志着廉价资金时代即将结束。在流动性收紧的情况下，部分脆弱的新兴市场国家必然将遭受巨大冲击，甚至发生金融危机。

作为新兴市场“领头羊”，中国也不能例外。在QE（Quantitative Easing，量化宽松）退出的背景下，中国的利率有上升压力，而人民币有贬值压力。综合各方面来看，2014年中国的流动性将依然紧张，而人民币将保持区间震荡态势。为了应对QE退出可能带来的风险，中国在长期必须坚持结构改革，短期内需要防范流动性压力和利率上升对地方债务、影子银行等风险的冲击。

6.1 美国量化宽松政策可能的退出节奏与路径选择

6.1.1 美联储已经开始退出量化宽松政策

2008年金融危机爆发，为挽救金融系统，美联储推出史上最为激进的货币宽松政策：将联邦基准利率降低至0～0.25%的近零利率水平，随后通过QE向金融体系注入天量流动性。至今，美联储零利率政策已维持近五年时间，而其资产负债表规模由不足1万亿美元增加至3万亿美元以上，扩充了近两倍以上。天量的量化宽松在给金融市场带来一场盛宴的同时，也不断有置疑和担忧的声音，包括美联储内部也常常产生争论。现在，美联储终于开始启动退出宽松政策的进程。

2013年12月18日，美联储经过了为期两天的公开市场委员会（FOMC）会议，在这个具有转折性、标志性意义的货币政策会议上，美联储公布了以下三项政策：其一，逐步削减QE规模。将从2014年1月开始每月削减100亿美元的资产购买，即每月资产购买总额从850亿美元下降至750亿美元，其中国债与MBS分别削减50亿美元。其二，强化低利率前瞻性指引。只要失业率维持在6.5%之上，并且通胀率低于2.5%，就维持联邦基金利率在0～0.25%区间水平不变。值得注意的是，这意味着即使失业率降至6.5%，但只要通胀率没有达到2.5%，美联储就不会上调联邦基金利率。其三，若此后美国公布的经济数据表明就业情况持续改善且通胀率符合预期目标，美联储会考虑进一步缩减资产购买规模。自此资本市场上关于美国QE退出的种种猜测正式告一段落。

自 2013 年 5 月伯南克首次提出将逐步退出 QE 以来，市场纷纷猜测 QE 退出的时间点，金融市场表现随着退出预期起伏动荡。此次公开市场委员会会议决定的时间点较市场广泛预期的 2014 年 3 月略微提前。需要明确的是，此次缩减购债规模并不意味着美国的货币政策立刻开始从紧。从货币政策的数量工具看，美联储仍在向市场释放大量的流动性，只是比原来规模有一定程度的缩减。2014 年 1 月开始只是缩减购债规模，美联储在当月仍有 750 亿美元的购债规模，因此美联储向市场注入流动性的大趋势并没有改变，只是规模有所减小，这也就意味着未来一段时间，美联储的资产负债表仍将处于扩张阶段。QE 减量仅是政策工具的切换，并不意味宽松货币政策的终结，这从声明中“仍将在很长时间内维持宽松货币政策”也得到了印证。在本次的议息决议中，美联储重申只要通胀水平不高，就算失业率降至 6.5%的门槛，也不会急于加息。在会议之后的申明中，美联储的措辞淡化了失业率对利率调整的指导作用，分离了加息和 QE 缩减的预期，对压低长期利率起到了积极的作用。美联储通过非常清晰的前瞻性指引来引导市场对于宽松货币政策和利率的预期，从而对冲 QE 减量可能给市场情绪和风险偏好带来的负面冲击。

基于美联储的会后声明及经济预测，总的来看，未来 QE 调整将基于就业市场、通胀等经济数据和预期，以及 QE 带来的相关收益与成本的比较。由于 2013 年 11 月美国经济数据向好，尤其是非农数据的超预期、QE 宣布退出，使得市场情绪反而由退出量化宽松带来流动性收紧而对经济造成负面冲击的担忧，转向对美国经济基本面好转的信心上涨，对美国经济复苏前景更加乐观。这一点从决定宣布后美股市场大幅攀升的市场表现可见一斑。在会后的新闻发布会上，伯南克答记者问时表示，不排除在经济重新衰退的情况下，扩大量化宽松的可能。未来美联储的政策变化仍将取决于美国经济基本面的情况，但是就目前美国经济的种种表现来看，市场已经形成了美国将逐步退出量化宽松政策，走向货币政策正常化的共识预期。

6.1.2 美国经济增长趋稳是美联储开始削减资产购买的基础

根据美联储的声明，美联储的宽松政策退出与否取决于数据依赖（Data Dependency）。2013 年以来美国经济复苏的可持续性更加明显，内生增长动力不断增强。根据美联储历次的会议声明和纪要来看，美联储主要关注六个方面：就业情况、通胀、商业投资、家庭支出、房地产市场、财政限制。从实际情况来看，这些数据均在不断改善，政府财政也不断向好，债务上限争端已经解决，即使 2013 年 10 月份政府停摆也没有影响当年三季度经济增长。

美国经济复苏可持续性得到加强，抛开短期经济形势的波动，美国已经基本完成金融危机之后的自我修复，正逐步展现出长期复苏的迹象，多项内生性动力将支撑经济进入强势复苏，且具有可持续性，美国经济不仅增速稳定，且增速持续高于其他发达国家（见图 6－1）。2013 年三季度美国经济增速季调后实际 GDP 环比回升至 4.1％。2014 年 1 月耶伦表示："我认为今年的经济增长动能将会更强，在美联储决策委员会中的大部分同事和我自已都认为，2014 年美国经济增速有望升至 3％以上。经济复苏的确非常缓慢，但是我们在逐步创造出就业岗位。我预计通胀率将会回到 2％的长期目标上来。"

美国的就业状况正在稳步改善。新增非农就业人数平均每月约 20 万人，这实际上是与金融危机前经济繁荣时期基本一样，远远好于平均水平。但是美国的失业率一直在稳定下降，以当前的速度，很可能到 2015 年上半年就能下降到美联储所预期的 6.5％的门槛值。当然，即使失业率降至 6.5％以下，美联储也不一定会采取加息行动（因为美联储也清楚，失业率不代表一切），美联储在近期的市场前瞻指引中将失业率表述为加息的一个必要非充分条件，6.5％的失业率只是一道门槛，并非必然触发加息。如图 6－2 所示。

通胀方面，预计在未来几年内美国通胀水平将维持稳定，2016 年之前不会超过 2.5％的门槛。换言之，美联储停止 QE 和零利率政策将主要是因为就业市场的好转，而不是因为通胀水平的高涨。近期虽然美国的 CPI 有所抬头，但美联储关注的两大经济指标之一的核心 PCE（Personal Consumption Expenditure，人均消费支出）同比增速却在回落，已经降至 1％附近，接近

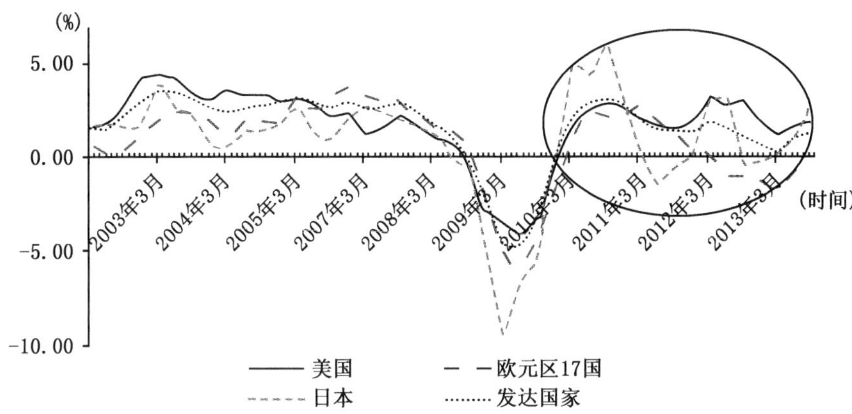

资料来源：Wind 资讯，第一财经研究院。

图 6—1 主要发达国家真实 GDP 同比增速

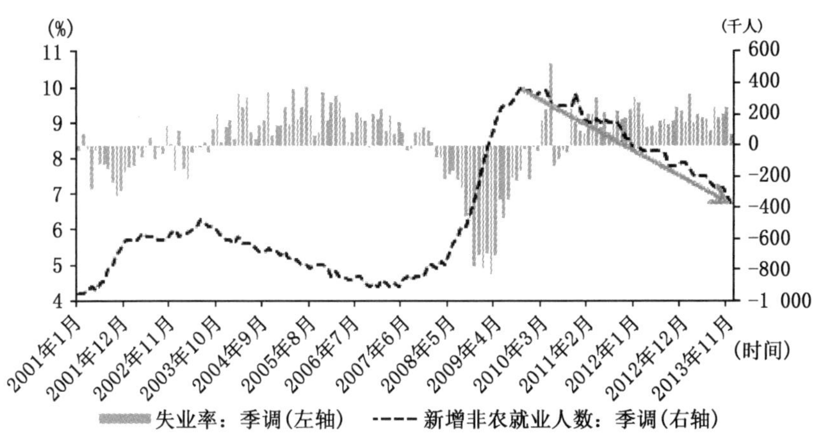

资料来源：Wind 资讯。

图 6—2 美国就业情况分析

2011 年的最低水平(见图 6—3)。当时美联储为避免经济通缩而推出 QE2。但是现在美联储并没有担心通缩危险。通胀水平短期内下滑，但应该不足为虑，因为随着经济逐步复苏，核心通胀水平会随之走高，整体维持一个温和上升的态势。从实现美联储“充分就业”和“稳定物价”这两大任务的角度来说，越来越没有理由继续资产购买计划。

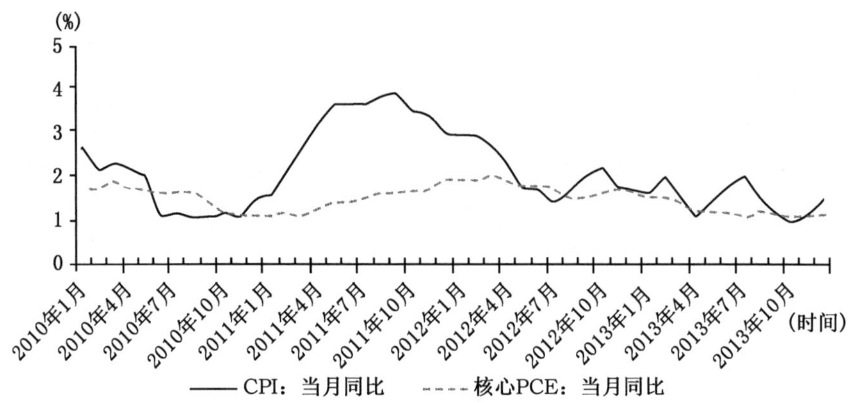

资料来源：Wind 资讯。

图 6—3　美国通胀情况

美国经济产能也在增强。由图 6—4 可以看出，美国工业生产无论是从工业产值还是产能利用率均处于上升的态势，2013 年 12 月，美国工业产能利用率上升到 79.21%，制造业指数临近金融危机前水平，达到 99.29（2007 年＝100），显示了美国实行再工业化之后制造业的竞争优势。

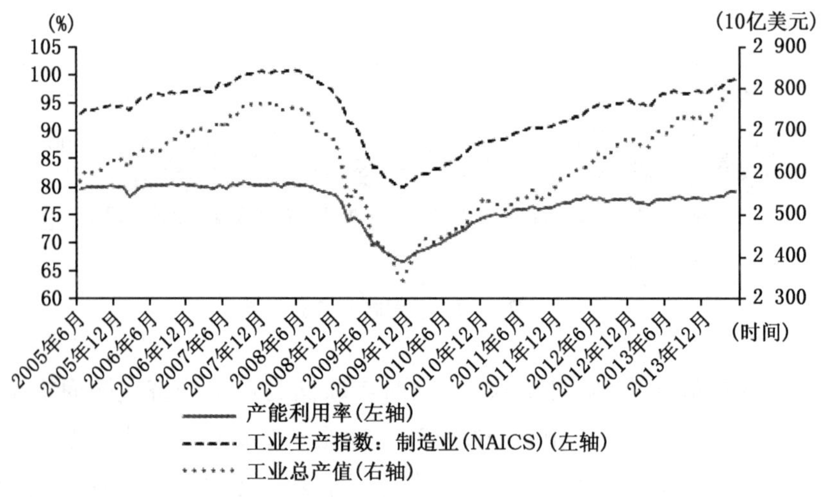

资料来源：Wind 资讯。

图 6—4　美国产能情况

次贷危机之后，美国房地产泡沫破裂，美国私人部门（主要是家庭和金融部门）开始了痛苦的去杠杆化，信用进入萎缩周期，这是把美国经济拖入衰退深渊的直接原因。但是，现在美国私人部门已经基本走出金融危机的阴影，风险集中释放的阶段已经过去。从资产负债表角度看，家庭、企业、金融部门的去杠杆已经取得重要成就并接近尾声，具备了再度加杠杆的基础。美国家庭部门去杠杆已接近完成，负债比率和财务负债比率已经回落到20世纪80年代的水平，负债比率降至近30年最低。

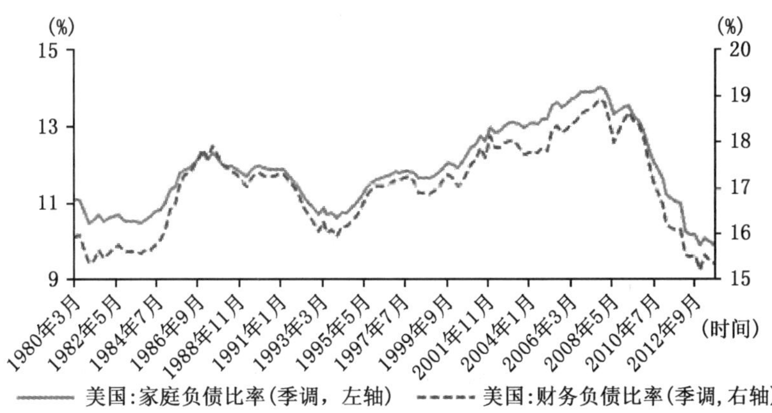

资料来源：Wind资讯。

图6—5　美国家庭部门债务压力30年最低

研究发现，美国房地产周期与经济周期基本保持着高度的相关性。美国房地产泡沫破裂是导致金融危机最直接、最根本的原因，但当前美国房地产市场已经结束衰退并走上复苏之路。房地产业已经从拖累经济增长的罪魁祸首，转变为推动美国经济增长的正面力量。如图6—6所示，美国房价已经大幅回升，其中大城市房价更是已经接近危机前水平，有些热点城市的房价甚至超过了2007年的水平。美国房地产周期一般为20年，包括7年缓慢上行短调，5年快速上升，2年疯狂，4年衰退及萧条。按照周期来看，当前已经走出衰退，进入上行。房地产市场的复苏带来正向的财富效应，将进一步促进消费。

未来美国将主要从三个方面改善经常账户状况：能源独立，减少石油进

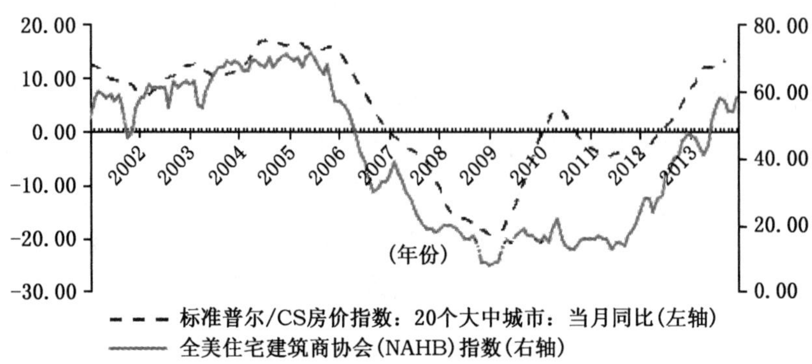

资料来源：Wind 资讯，第一财经研究院。

图 6—6　美国住房价格走势

口、增加天然气出口，减少能源赤字；再工业化实现"进口替代"，减少制造业赤字；构建的 TPP（Trans-Pacific Partnership Agreement，跨太平洋伙伴关系协议）和美欧自由贸易区，促进服务贸易，增加出口，提升服务业顺差。美国的经常账户逆差自经历 2006 年的最差时期后已经开始大幅收窄，经常账户赤字/GDP 从接近 6%下降到只有 2.71%（见图 6—7）。经常账户是经济体外部平衡和内部平衡的连结点，经常账户顺差通常意味着收入增加、储蓄上升，债务的堆积就比较慢，这是一个经济体竞争力强的一种表现。

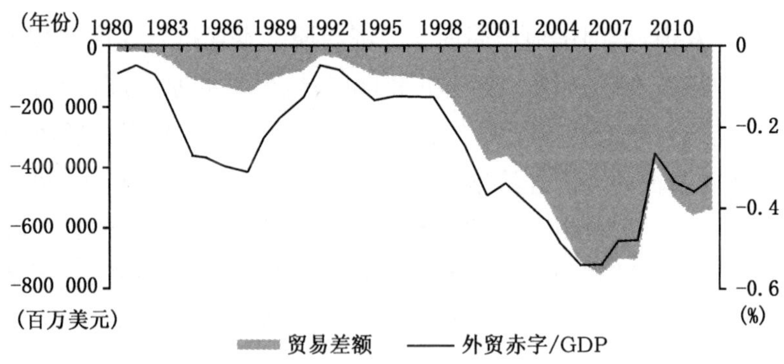

资料来源：Wind 资讯。

图 6—7　美国外贸条件状况改善

从公共部门来看，美国当前财政情况大幅改善，财政赤字大幅缩减。据美国财政部报告显示，2013 财年美国联邦政府赤字6 800亿美元（占 GDP 的 4.1%），较 2012 年大幅降低 38%。事实上，美国财政转向的拐点可能在 2009～2010 年就发生了，财政赤字在 2009 年达到峰值 1.4 万亿美元（或 GDP 的 9.8%）后便开始下滑，2013 年6 800亿美元的赤字与 2009 年相比已经缩减超过一半（52%），仅相当于 GDP 的 4.1%。2013 年年初开始的自动减赤，对于美国财政情况的好转也非常有帮助。根据美国国会预算办公室的估计，未来美国的财政赤字还有进一步下降的空间（见图 6—8）。此外，2013 年 12 月 11 日，民主和共和两党达成的初步预算协议意味着 2015 年 9 月 30 日之前，美国联邦政府不会再次陷入被迫关门的窘境，这为美联储退出宽松货币政策提供了良好的财政环境。

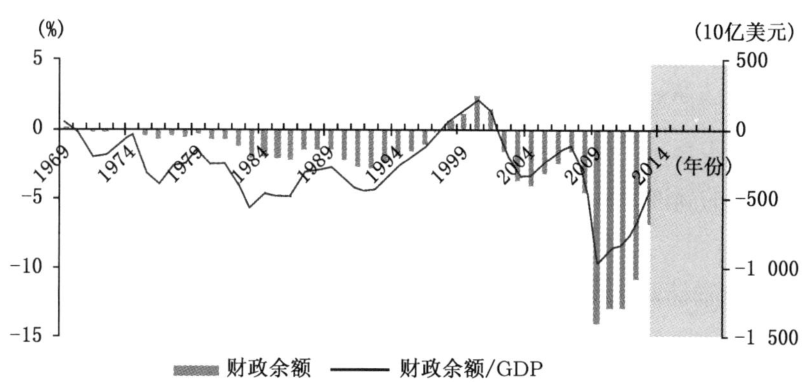

资料来源：CEIC。

图 6—8　美国财政状况

2013 年 9 月，在金融市场普遍预期美联储将退出 QE 时，美联储给了市场一个意外，并未宣布退出政策。当时 QE 退出延迟的一个重要原因就是美国政府的财政争端。但是现在，这一问题已经不复存在。美国这个巨大的经济体，从需求端的政府、家庭和企业三部门来看，只有政府部门仍然在借钱，但是政府的财政状况正迅速好转并已经开始出现盈余，而企业和私人部门的财务状况正在迅速好转，这是一个巨大的变化。长远来看，这个变化对于美国经济，乃至对全球经济的影响将至为深远。根据美元货币发行机制，财政赤字、财政扩张是美元发行的基础，美国财政部门的转向将起到美元全球流动性扩张力度减弱甚至收缩的作用，加上美联储的政策转向，这将给全球金融体系带来深刻改变。

综上所述，美国已经基本完成金融危机之后的自我修复，正逐步展现出长期复苏的迹象，多项内生性动力将支撑经济进入强势复苏，且具有可持续性。美国经济的强劲复苏将为美国退出量化宽松政策，使货币政策走向正常化奠定坚实的基础。

6.1.3 量化宽松政策可能的退出步骤

随着美国经济的平稳复苏，未来美国宽松政策的退出将大致分为四个步骤：减少购买资产、停止购买资产、低利率政策退出、缩减资产负债表，美联储可根据美国经济复苏的情况控制和调整宽松政策退出的节奏。在美国经济平稳复苏的情况下，市场对大致的时间已有相应的预期。

第一步是减少每月的资产购买量。伯南克在 2013 年 12 月公开市场委员会会议的新闻发布会上表示，在未来的会议中将会继续关注资产购买量减少的问题，而每次减少 100 亿美元资产购买量可能是最基本的。金融市场对 2014 年美联储政策节奏的基准预期是：全年共计八次货币政策会议，每次会议削减 100 亿美元规模的资产购买额度，八次会议之后恰好将当前 850 亿美元的 QE 额度削减完毕。但是，具体的资产购买规模缩减节奏预计是美联储将会更加依赖于美国经济增长展望来决定。

第二步是彻底停止量化宽松。大概将在 2014 年进行，如果按照每次公开市场委员会会议缩减 100 亿美元购买量，在经济和就业不出现意外的情况下，使资产购买计划在 2014 年年内减少为零是比较合理的推断。在这一过程中，预计美联储将会更加强化前瞻性指导原则，维持低利率的政策。

第三步是改变长期低利率的政策，正式结束宽松货币政策，使美国货币政策实现正常化，目前市场普遍预期首次加息可能发生在 2015 年年末或 2016 年年初。但美国非农就业人口增速在 12 月份骤然缩水至 7.4 万，同期失业率则意外回落 0.3 个百分点至 6.7%，离美国首次加息 6.5%的失业率门槛仅一步之遥，因此不排除美联储提前加息的可能性。在这一过程中，美联储将会提供更加明确的前瞻性指导。

第四步美联储将会致力于逐渐实现美联储资产负债表正常化。预计目标完成可能在 2016 年，需要在首次加息后至少再用一年时间。目前，美联储总资产超过 3 万亿美元，创历史新高，资产结构也由危机前的短期、中期国债为主转变为长期国债、抵押支持证券（MBS）和联邦机构债为主。美联储很可能选择 2016 年开始自然缩表。根据美联储多名官员表态，美联储不太可能主动抛售资产，而是让所持债券自动到期。若如此，美联储将在 2015 年保持资产负债表不增不减的状态，因其几乎不持有 2016 年之前自动到期的国债和 MBS 资产，也就是说，资产负债表收缩将在 2016 年开始。资产负债表正常化是美联储的长期目标，在缩减资产负债规模的同时，美联储也将对资产负债表结构进行调整。

6.1.4 量化宽松政策退出对新兴市场国家的影响

美国退出量化宽松是从自身经济、金融条件出发所作的决策，但是由于美国在世界货币、金融的中心地位，美国货币政策的重大变化将会波及整个世界。在 QE 退出的背景下，各国因为在国际货币、金融体系中地位不同，而会受到不同程度的冲击。由于自身经济、金融健康程度的不同，脆弱国家不排除发生危机的可能性。

传统的货币政策“不可能三角”（Impossible Triangle）是指一个国家不可能同时实现资本自由流动、货币政策独立和汇率稳定。而伦敦商学院教授 Helene Rey 在其最新的学术论文“全球金融周期和货币政策独立性”（*The Global Financial Cycle and Monetary Policy Independency*）[①]中指出，在资本账户不受限制的情况下，汇率制度将变得无效，世界主要经济体的货币政策将会出口到其他国家，一国资产价格、信贷增长、杠杆与周期性的资本流动高度相关。资本自由流动严重影响了相关国家制定独立的货币政策，全球金

① Rey, Helene.(2013)“Dilemma not Trilemma: The Global Financial Cycle and Monetary Policy Independence”, paper presented at “Global Dimensions of Unconventional Monetary Policy”, a symposium spousored by the Federal Reserve Bank of Kansas City, held in Jackson Hole, Wyo, August.

融流动对货币政策的影响要比经常账户不平衡的影响大得多。即一个国家不管实行的是浮动汇率还是固定汇率，只要资本自由流动，其货币政策就会受到主要经济体（特别是美国）央行政策的影响。按照此理论，美联储货币政策会通过国际资本流动影响全球的货币环境，美联储货币政策周期性变化就导致了全球金融的周期性扩张和收缩。这样，国际资本流动引起了全球的金融周期。

新兴市场处于国际货币金融外围地位决定了其金融动荡的格局，并与其自身结构性问题、资产回报率下降、全球去一体化、贸易区域化等一起导致经济增速下滑。发达国家货币和信用扩张，国内消费扩张，通过金融和贸易途径传导至新兴市场国家，带动新兴市场国家信用扩张和出口增加，新兴市场国家也进入扩张周期，全球经济走向繁荣。当发达国家特别是美国收紧信贷时，新兴市场国家外部融资条件必然趋紧，资本“大进大出”造成新兴国家的动荡，这实际上是历次新兴市场危机的直接诱因。

过去 30 年，国际资本流动规模大幅飙升，历次危机都伴随着国际资本的疯狂涌动。目前国际资本在新兴市场内部存量已经非常巨大，一旦出现大规模外逃，新兴市场危机将不远。有学者将新兴市场危机归纳为：开放带来物质高速增长，金融自由化带来货币繁荣昌盛（追涨），外资抛空带来金融危机（杀跌）。这首发展中国家现代化“三部曲”成为新兴市场国家面临的统一难题。图 6—9 显示，历次国际金融危机的爆发与美国货币周期保持高度相关性。

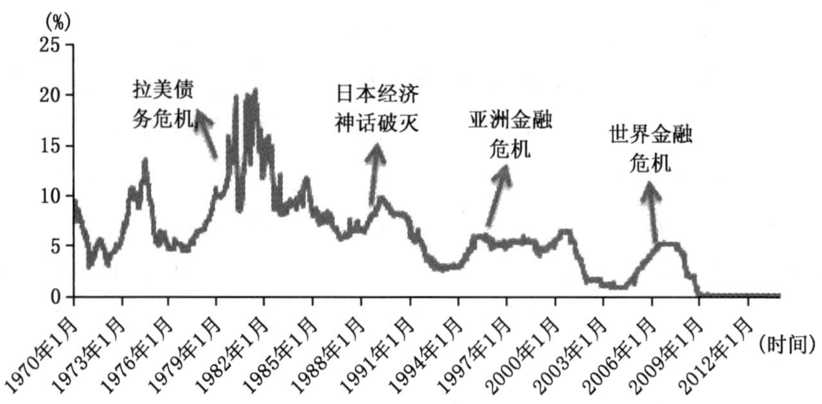

资料来源：IMF，第一财经研究院。

图 6—9 美国联邦基金利率走势

2013年6月开始,金融市场普遍预期美联储将于2013年9月份退出QE。随着QE退出预期升温,新兴市场国家资本加速外流,这一趋势可以从图6—10中清晰地看到。伴随资本外流,多数新兴市场国家的融资成本在这段时间开始大幅上升,流动性趋向紧张。之后在2013年9月,美联储并没有宣布退出QE计划,这给了新兴市场一个喘息时间,资本回流,流动性压力缓解。然而随着2013年12月18日美联储正式宣布退出QE,资本又开始流出新兴市场。

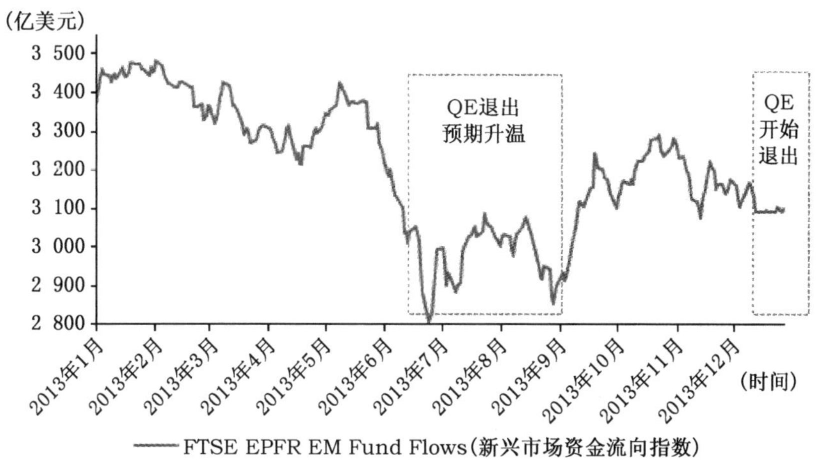

资料来源:彭博金融。

图6—10　新兴市场资金流向走势

宽松政策逐步退出将改变宽松的国际资本流动性环境。国际金融资本在不同国家和不同金融资产类别之间的流动导致各国金融市场以及各类金融相对价格之间的变化。尚处于结构调整阶段的欧洲和日本经济则会由于欧洲央行与日本央行实施的宽松货币政策能对冲QE带来的流动性缩紧影响,而新兴市场则由于结构性问题,政府所能采取的对冲措施较为有限,将面临着资本流出的压力。但由于较之1997年亚洲金融危机,目前新兴市场经济结构已发生了较大的改善,因此大规模爆发经济危机的可能性已大大降低。除了国际资本由新兴市场转向发达国家市场之外,金融危机阶段投资者为避险而将资本由股市转向债市的情形可能将有所逆转。在各金融资产中,由于发达国家整体经济向上,市场风险偏好也随之有所提升,国际资本呈现流出债市、流入股市的趋势。

2007~2012年,全球跨资产资本流动的主要方式是:股市净流出,债市净流入(特别是发达国家)。根据EPFR数据,2007~2012年全球股票基金资本净流出1 800亿美元(资产管理规模的5%),而债券基金资本净流入1.2万亿美元(资产管理规模的45%)。2013年上半年,股票和债券基金同时实现资本流入,而从2013年6月份开始,债券基金资本净流出1 780亿美元(资产管理规模的3.5%),与过去5~6年相比已出现小规模逆转,这或许是资金流向全面逆转为流出债市、流入股市的早期信号。

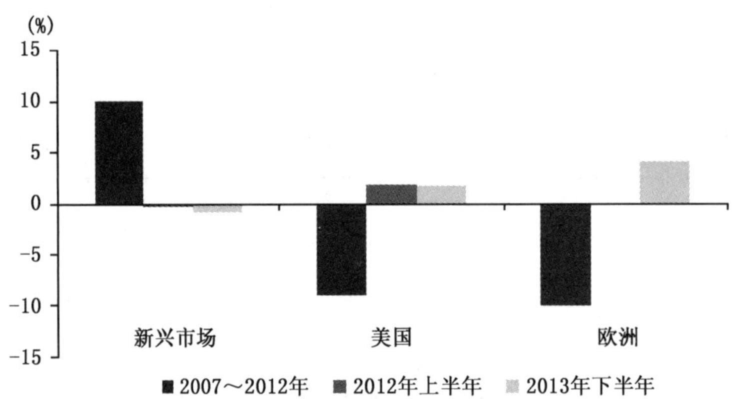

资料来源:EPFR。

图6-11　全球资金流向变动百分比(按地域)

因此,QE退出以及随之而来的流动性紧缩将会对新兴市场造成巨大的冲击,尤其是对经常账户赤字较为严重,对外贸易逆差不断扩大,资产价格由于以前资本大量涌入而呈现泡沫化,资本管制相对宽松的国家尤其如此。一旦资本开始外流,不可避免地将会导致本国货币贬值,由于这些国家经常账户长期保持赤字,国家外债规模较大且短期外债比例较高,如果短期内本国货币大量贬值,则很可能发生货币危机。在新兴市场国家中,巴西、印度尼西亚、印度、土耳其和南非具有较高的危险系数,因此,被很多机构称为"脆弱五

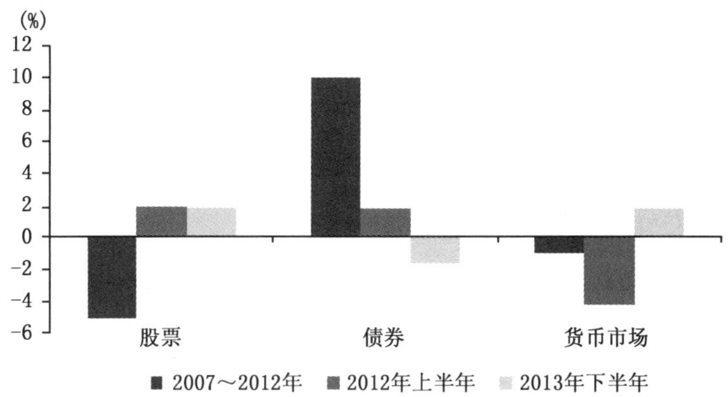

资料来源:EPFR。

图6—12　全球资金流向变动百分比(按资产类别)

国”(BIITS)。

总之,后QE时代,除了美联储QE退出的冲击,更重要的是全球经济、金融格局发生的方向性改变。这一改变的本质是:中心国家(美国)逐渐从金融危机创伤中完成自我修复,并率先进入持续的强劲复苏,而次中心(欧洲)和外围国家(新兴市场国家)将继续面临挑战甚至危机,增长前景显著差于美国。中心强、外围弱的格局变化将导致美国投资吸引力增加,国际资本逃出外围国家流回美国,全球利率水平提高,外围国家面临危机。就资产走势而言,这一格局变化将使得美元迎来大牛市,美债收益率长期上涨,美国股市表现优于其他地区;大宗商品长期牛市结束;新兴市场资产泡沫破裂,其货币、股市、债市表现低迷。大宗商品价格相对的下降也将会对外资和大宗商品出口具有相当依赖性的新兴市场国家产生负面冲击。

6.2　美国量化宽松政策逐步退出对我国金融体系的影响

中国作为新兴市场必然会受到美联储量化宽松政策退出的影响,总体而言,QE退出背景下,国际利率水平必然上升,从而推高国内利率。由于经常账户顺差的持续缩小,中长期来看人民币升值预期已经改变,但由于央行力推人民币国际化，人民币短期内不会贬值，维持小幅震荡是大概率事件。同时，我国资本管制尚未放开、巨额的外汇储备、出口保持顺差、中央政府负债水平低而稳健，因此在美国量化宽松政策逐步退出的冲击下，我国经济应能保持平稳。

6.2.1 国内利率中枢上移

2013年6月20日，表现银行间市场流动性状况的7天回购利率甚至在盘中一度攀升至28%（年化利率），创下了历史新高。资金紧张令市场弥漫紧张气氛。从2013年6月之后，市场发现“钱荒”并不是一时的现象，之后货币市场又有多次出现“钱荒”现象，国内流动性一直处于紧张状态。对此有很多解释，归纳起来大体可以分成三类：银行资产配置视角、利率市场化视角、通货膨胀视角。各解释虽均有其道理，但是上述因素不足以解释资金面的紧张程度及其持续性。不可忽视的一点是，2013年6月之后新兴市场国家的利率几乎同时上升，只不过中国的利率上升最为剧烈。全体新兴市场利率上移的背后只有一个共同因素，那就是当月对美联储退出QE预期导致大幅上升。从“钱荒”的逻辑来看，未来一段时间中国的资金面都将持续紧张，中国的利率中枢已经上移。

利率与人民币汇率其实是相互联系的，根据利率平价理论，国内利率水平等于国际利率水平减去本币预期升值幅度。美国是国际利率的标杆，美联储启动QE退出，已经打开了美债收益率上升的趋势。在人民币升/贬值预期基本均衡的情况下，国内利率必然随之上升，从图6－13可以看出这一相关性非常强。

美债收益率上升趋势已经确立，主要理由如下：美国经济持续复苏，支撑通胀和风险偏好上扬；退出宽松的政策方向已经确定，美债收益率将逐渐失去重要压制力量；估值处于历史低位，仍有较大的调整空间；风险下降，资金追逐更高收益资产，债市到股市的大轮动已经开始；技术上已经确认美债熊市。虽然美债10年期收益率近期快速上升至2.5%的水平，但长期来看仍然处于较低位置，未来的上行空间广阔。研究发现，如果没有量化宽松，10年期美国国债收益率的公允价值2014年将接近2.9%，2015年将为3.2%，因此

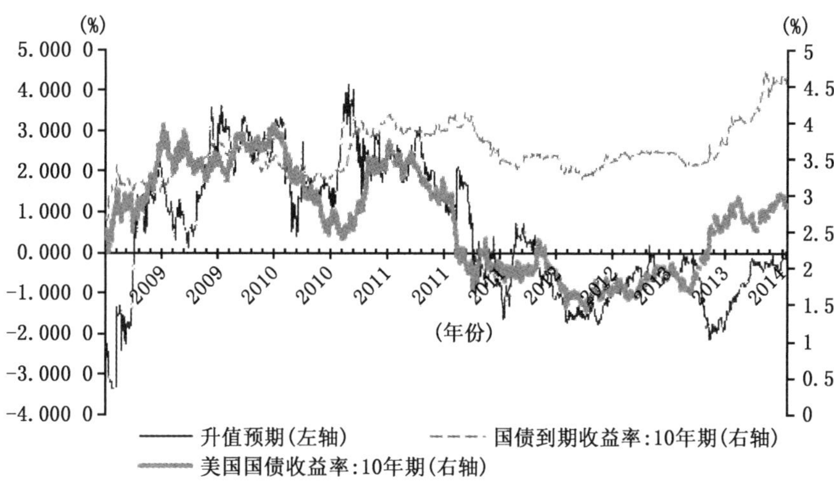

资料来源:Wind 资讯,第一财经研究院。

图 6—13 中、美国债利率与 NDF 人民币升/贬值预期

QE 对收益率的压制是十分明显的。随着美国经济逐步复苏,美联储 QE 退出计划即将启动,这一压制将被解除。

2014 年上半年,随着国际利率上升,由于国内储蓄率下降、投资率居高不下的现状难以改变,因此资金面偏紧的状况仍将持续,国债利率仍将维持高位运行。如果 2014 年下半年到 2015 年,投资率因为利率提高倒逼而大幅下降,那么人民币有望重新获得升值空间,国内利率水平也将随之回落。但是,考虑到中国全要素生产率、新增信贷边际产出比率、固定资产投资效果系数的同时下降,维持一定的 GDP 增长率需要更多的固定资产投资、更多的信贷支撑,尤其在 2008 年金融危机之后,这一趋势又被大大强化。因此,尽管我国的储蓄率在全球来看都非常之高,但相对于如此膨胀的融资需求,也就显得不充足了。尽管银行体系的信贷增加已经相当迅猛,但仍需要 20 万亿元的影子银行体系进行补充;尽管广义货币供应量 M2 已经保持了 14%以上的增速,总规模攀升至 108 万亿元,但市场仍然渴望着资金的补充更快一些、更多一些。

因此,可以引申出一个自然的结论:中国增长模式的转换和经济结构的调整刻不容缓，增长源泉应尽快从投资扩张转移至全要素生产率提升。目前的债务约束、杠杆约束、利率约束、资源环境约束已经日益严峻，形成新的增长模式是突围之道。可以预期，在增长方式发生实质性转变之前，我国经济的债务水平和杠杆率还将继续上升，资金市场也难以回归过去的宽裕局面。中国社科院金融研究所的研究显示，2012 年年底，综合考虑"非金融部门对金融系统形成的债务"、"非金融部门相互信用形成的债务"、"非金融部门从国外部门借入的外债"之后，中国非金融部门（政府、企业和居民）整体债务规模为 114.8 万亿元人民币，达到 GDP 的 221％。

6.2.2 若外部风险不加速升级，人民币汇率或将维持当前区间震荡

对于美联储开始退出宽松政策背景下的人民币汇率走势，有三大问题值得关注：人民币会不会继续升值，均衡值在哪里？美联储 QE 退出曾经引发不少新兴市场国家汇率下跌，对人民币汇率影响如何？人民币汇率在波动性方面会有什么新变化？

首先，人民币汇率现在已经大体接近均衡水平。在 2013 年，由于日元大幅贬值以及主要新兴市场货币总体下滑，人民币真实汇率指数从 2013 年年初的 110 上涨至年底的 117.8，涨幅达到 7.1％。如果从 2005 年 7 月的汇改算起，人民币真实汇率已从 85 上涨至 117.8，累计升值幅度为 38.6％。当前这个汇率水平是否已经接近均衡呢？实际上，2009～2012 年，我国净出口对 GDP 的贡献依次为－3.5％、0.4％、－0.4％、－0.1％，大体在 0 附近波动，从这个数据来看，人民币汇率确实已经接近均衡水平。十八届三中全会的相关文件也显示，未来的汇率政策主题将是如何"保持人民币汇率在合理均衡水平上基本稳定"。

其次，美联储 QE 退出会对人民币汇率带来一定的贬值压力。不少研究认为，美联储宣布 QE 退出的前提是美国经济的实质性好转，中国作为美国最大的贸易伙伴，这首先意味着会提振中国的出口，这对人民币汇率是一个支撑。但事实上，美国经济的强劲对中国的溢出效应已经大不如前，美国通过自身调整，把贸易赤字较危机前缩减了 1/3，近期频频出现的"脱钩论"（decoupling，指新兴市场经济体和美国经济走势背道而驰）即是此意。另外，

2013 年 6 月 QE 退出“预演”冲击到了很多新兴市场货币，人民币汇率虽未贬值，但 NDF(Non-delivery forward，无本金交割远期外汇)市场已经显示了升值预期消退的趋势。

最后，人民币汇率浮动区间扩大以及双向浮动弹性增强是未来的改革主方向，这一方面意味着汇率体制更加市场化，另一方面也意味着单边升值的阶段即将结束。

分析人民币的走势首先不得不讨论人民币汇率的决定逻辑。短期汇率的决定因素通常是外汇的供给与需求，套息交易越来越成为决定汇率短期需求的重要力量。短期来看，人民币应会维持区间震动；长期来看，人民币的升/贬值预期则主要是受我国经常账户差额走势的影响，而经常账户收窄是大趋势。

人民币的升值预期由储蓄投资缺口决定，根据投资储蓄恒等式，经常项目差额是用来度量投资与储蓄缺口。当经常账户余额大于零，则人民币有升值的预期，反之有贬值预期。一般经常项目差额占 GDP 比重在 3%以内时，表示本币基本平衡。如图 6－14 所示，我国的经常项目顺差近年来不断收窄，从图 6－13 中也可以看出，2012～2014 年年初，人民币升值预期一直为负。当然，这是从中长期的角度来看，短期来说，人民币贬值压力不会立刻显现。

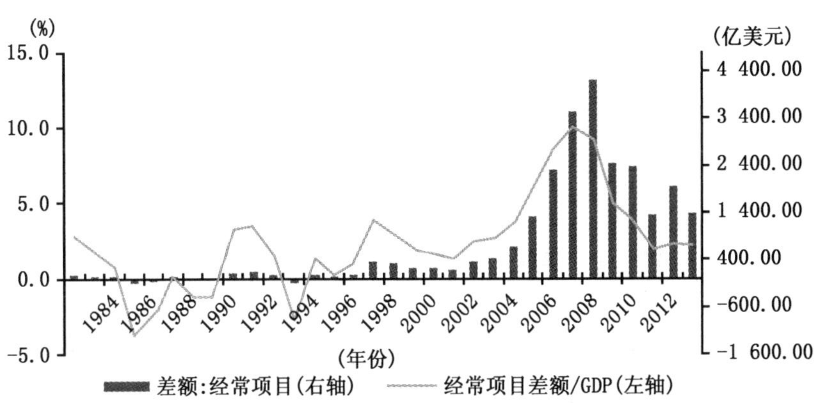

资料来源：Wind 资讯。

图 6－14　经常项目顺差不断收窄

经常账户快速收窄反映了两方面的变化：国内储蓄率下降，投资率上升。其中，投资率的持续上升更为重要，特别是在2009年之后表现得更为突出。一方面，受人口老龄化以及人口红利消退影响，我国的储蓄率下降是长期趋势，我国的国民总储蓄率已经由2010年的峰值52.1%下降至50%。另一方面，投资却持续上升。由于国内投资的扩张，引致境外资本流入的扩大，统计口径内的国内机构外债借入规模快速上升，外债从2008年的3 900亿美元上升至2013年的8 229亿美元。

套息、套利交易的增加更是放大了这一现象。在汇率上，央行面临两难的选择：要么顾及经常账户，要么顾及资产价格。需要顾及经常账户是因为美元升值、日元贬值，这个重磅组合对出口部门的压力大幅增加；顾及资产价格，就是要稳住庞大的泡沫，以避免人民币贬值的自我实现路径。资本管制短期是有效的，但长期总有办法规避，当前各种渠道资金的进出规模已经非常大。

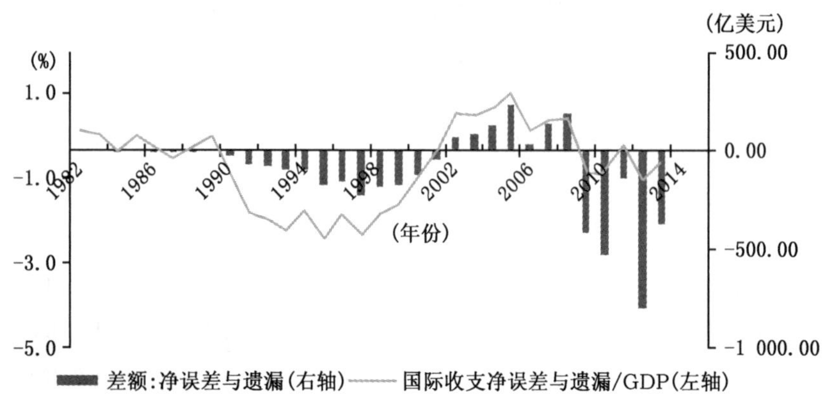

资料来源：Wind资讯。

图6—15　国际收支统计的误差与遗漏项显示的热钱流动

2012年年初开始，中国外汇占款的波动性已明显增强。这种状态随着美国货币政策走向正常化过程的不断展开和我国经济改革不断走向深化将会继续下去。2013年12月贸易差额较上月减少81.6亿美元，实际使用FDI较上月增加36亿美元，利用残差法估算的热钱流入约为421亿元，较上月减少

963 亿元。

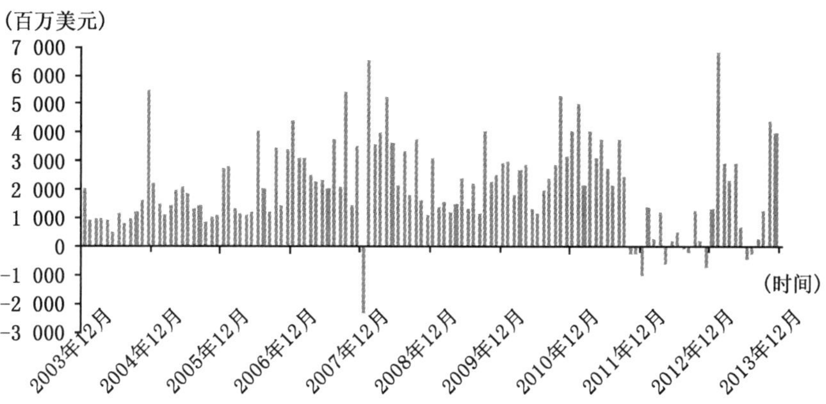

图 6－16　金融机构外汇占款余额

长期来看，我国的经常账户盈余收窄是必然趋势。自 2009 年起，顺差开始大幅收敛，过去四年净出口对 GDP 的贡献依次为－3.5％、0.4％、－0.4％、－0.1％，基本回归平衡。这种变化主要是由于金融危机之后美国、欧洲与日本的发展战略和政策调整所致。

美国方面，美国总统奥巴马在国情咨文中提出雄心勃勃的“出口倍增计划”，立志要把贸易赤字缩小，后来又进一步提出“再工业化”战略。现在看来，该计划已经取得显著进展，美国贸易赤字从最大时期的 670 亿美元/月缩减至 2013 年年底的 410 亿美元/月，压缩幅度达到 39％。如图 6－17 所示，目前美国贸易赤字较最高点时已经削减 39％，贸易赤字削减的趋势将随着美国经济复苏的加速继续下去。

欧洲的贸易账户也发生了不同寻常的转变。欧债危机使欧洲深陷泥潭，此后开始谋求增长模式的重大调整。如图 6－18 所示，欧元区先是削减贸易逆差恢复贸易平衡，从 2012 年开始更是实现了贸易顺差的飞速增长，2013 年年底已经超过 200 亿欧元/月，处于欧元区历史上的最高水平。欧元区经济由“净进口”转变为“净出口”的状态，并重新进入国际外贸市场的竞争中，这对以出口为导向的新兴市场国家造成的冲击是双重的，对于中国更是如此。

日本经济面临的困难局面日益严重，一是 GDP 持续负增长，二是物价持

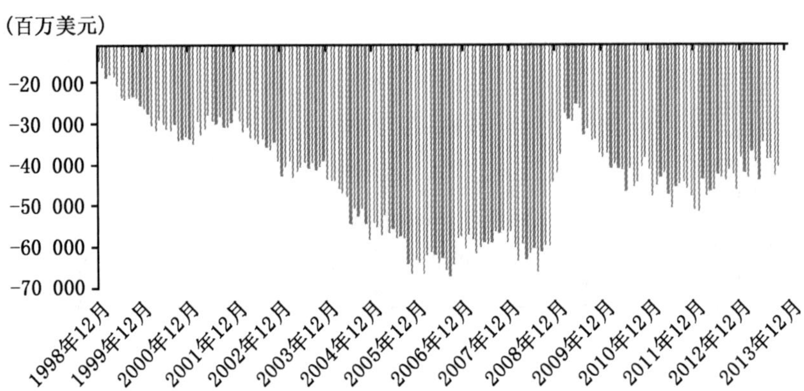

资料来源：Wind 资讯。

图 6—17　美国贸易差额（季调）

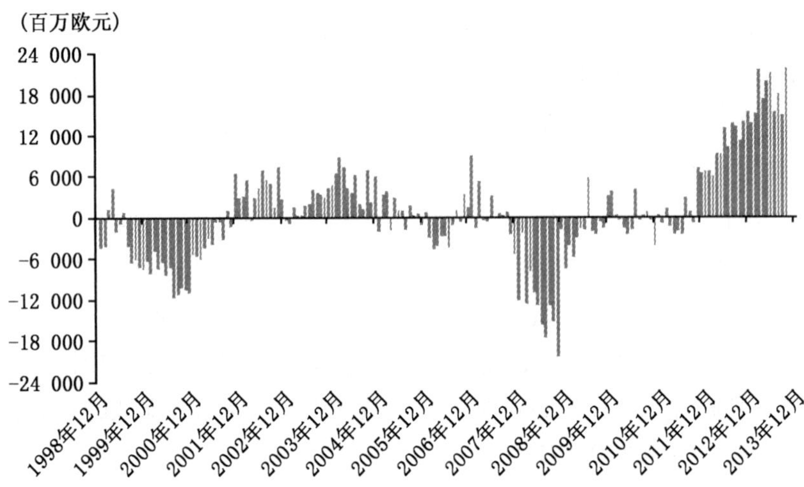

资料来源：Wind 资讯。

图 6—18　欧元区经常项目净值（季调）

续通缩，三是贸易顺差逆转为持续且严重的逆差。如图 6—19 所示，日本外贸从此前的 100 亿美元/月的顺差，逆转为超过 100 亿美元/月的逆差。为破解日本经济面临的困难局面，日本在 2012 年年底、2013 年年初大张旗鼓地提出“安倍经济学”。安倍经济学包括无限额的货币宽松、大规模的财政刺激、融入 TPP(跨太平洋伙伴关系协议)、放松管制、促进创新等一篮子增长战略。安倍经济学的“三支箭”同时发力,而且三支箭皆为猛药,为此,安倍经济学的一个重要维度就是日元大幅贬值,2012 年以来日元/美元已经贬值了接近 40%。日元的大幅贬值会对中国外贸出口产生一定的冲击。

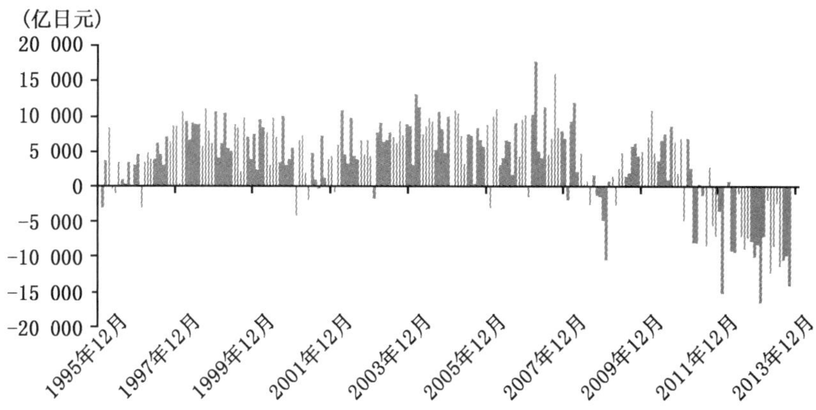

资料来源:Wind 资讯。

图 6—19 日本经常项目差额:货物和服务

综合来看,QE 退出背景下,热钱会出现流出,但由于 QE 退出步调较缓慢,对人民币不会产生特别大的压力。对于美国来说,经济仍有可能出现反复,从而导致美联储政策的反复。对于中国而言,由于中国国际收支情况良好,经常项目持续顺差,外汇储备充足,监管体系健全,以及资本项未充分放开,QE 退出对中国的冲击有多道防线,央行对汇率浮动区间扩大和资本项可兑换改革的推进应当放在 QE 退出之后。在央行力推人民币国际化的背景下,若外部风险没有急剧上升,人民币在 2014 年应该会维持在当前区间震动。从更长期来看,由于经常账户顺差持续收窄,以 NDF 为表征的人民币升值预期实际上在 2011 年 4 季度之后已经持续为负值,QE 退出将加大人民币贬值压力。

6.3 政策建议

2014年中国经济将会在内外风险交织的背景下继续推进经济改革，在QE退出背景下，新兴市场国家金融危机爆发的风险提升，中国流动性紧张局面将会因此而更加严重，持续的流动性偏紧和利率中枢上移将加大企业债、城投债、影子银行等的偿付压力，甚至可能挤破局部地区的房地产泡沫，由此引发地方政府债务危机和信托风险。因此在2014年应当重点关注流动性风险，以及由此造成的利率上升之后，中国经济可能出现的危机。在风险应对方面，中长期应当重点关注中国国内的结构性矛盾的化解，而短期内则应当对流动性紧缩的状态给予高度关注，并采取相应措施予以应对，为中长期结构矛盾化解争取时间和创造条件。

6.3.1 国内外货币政策环境

国际政策环境方面，随着美联储在2013年年底削减QE启动，2014年将是QE退出之年，随后会有更多国家的央行跟进，共同形成一个“去QE”、压缩央行资产负债表、基准利率正常化的“三位一体”的全球货币环境。

2013年美联储货币政策转折，对中国以及世界都具有深远意义。从2009年3月至2014年年初，美联储先后推出了三轮大规模的资产购买计划（LSAP），资产负债表规模从危机前的8 500亿美元膨胀至目前的4万亿美元，扩大了470%，这样激进的货币扩张政策在美联储100年的历史上也是绝无仅有的。美联储终于在2013年12月份的FOMC会议上宣布，正式开始削减QE步伐，后续逐步淡出资产购买政策，重心转移至低利率政策上。可以预期，美联储的政策方向率先扭转之后，其他央行也会陆续加入这个行列，在全球范围内形成一个货币政策收紧周期。

自2013年以来，中国人民银行面对“钱荒”依然坚持货币政策稳健中性，其立场清晰可见，纵使有局部宽松举措稳定市场，但未来不期待方向性转变。回顾2013年以来央行的货币政策操作，不难理出其中的政策逻辑：宁愿容忍货币利率的上升，也要遏制货币数量的过快增长。2013年具体货币政策操作如下：2 月份央行启动正回购操作，对流动性进行回笼；5 月份央行重启三月央票，对 M2 增速过快进行抑制，当时 16.1%的 M2 增速远超 13%的年度目标，社会融资总额同比增长 50%以上；6 月份货币市场首次出现资金紧张局面，但央行盯住的 M2 增速依然偏高，社会融资总额增长依然过快，央行推出宽松措施并不适宜；7 月份以来央行开始扭曲操作，通过 SLF(Standing Lending Facility，常设借贷便利)和逆回购增加短期流动性供给，同时运用 3 年期央票回笼长期流动性，在总量上依然保持中性姿态和稳健立场，不进行流动性的扩张。在这种货币政策立场下，债券市场和货币市场在 2013 年年底发生了第二次“钱荒”和利率冲击。

央行为何坚持不放水？为何对利率上升容忍度如此之大？为何如此侧重和执著于货币数量的管理？因为中国经济的杠杆水平太高已经引起了决策层的高度警惕。我国地方政府和企业债务水平膨胀迅速，社会融资总额增幅过大，体现在金融部门则是影子银行膨胀、银行同业资产激增、金融机构杠杆水平上升、金融风险随之积蓄。央行之所以在货币市场紧张的情况下仍保持稳健立场，体现了决策层以此为契机约束债务膨胀、约束影子银行、敦促金融机构降低杠杆。进入 2014 年，决策层稳健中性的政策立场会继续，地方政府、企业、金融机构去杠杆的进程也会继续，中间可能伴随阵痛，但应理解为经济去杠杆进程的“应有之痛”。

6.3.2 政策建议

1. 关注流动性与国际资本流动

短期来看，央行主要的目标在于使用适当的金融工具与手段，将 QE 退出对我国金融市场流动性的冲击降到最小。在长期来看，央行应当致力于国际资本流动背景下银行业风险的化解。由于目前我国经济基本面相对良好，外汇储备以及可供央行选用的政策工具与手段尚有很大的选择空间。

第一，央行应加强在跨境资本流动方面的监测和监管，加强资本账户管制，对国际资本流动，尤其是短期资本流动进行统计分析，防范相关金融风险。而在人民币资本项目可兑换方面应当更为审慎，努力实现资本流动的双向平衡，维持外汇市场的平稳。第二，要灵活运用公开市场操作、存款准备金率等多种手段和工具，对国内流动性进行调节。这就要求央行平衡对冲国际流动性紧缩冲击和国内经济结构矛盾，防止由于货币的过分投放导致国内经济结构风险的进一步攀升，而使风险化解更为困难；同时也要防止由于流动性的不足而激化国内经济结构矛盾，导致信用危机的爆发。第三，合理引导市场预期，防止由于市场预期的叠加而导致相关调控措施的失效，甚至因此而导致市场情绪走向恐慌，对金融体系造成冲击。第四，还应加强与发达国家和发达经济体的沟通，保持相互之间政策的协调性，与新兴市场在应对 QE 退出方面加强合作，与各利益相关新兴市场国家启动双边互换协议，进一步扩大互换协议的范围和规模，由此而增强应对国际流动性方面的冲击。第五，在世界范围内广泛地建立信息共享机制，从而加强对全球宏观和金融市场动态的掌握，在应对相关冲击方面掌握更大主动权。

短期来看，央行可以通过相关工具对流动性进行管理来对冲 QE 退出带来的影响。但从更长期的角度来看，QE 退出而造成的全球流动性紧缩对我国的影响主要是作用于我国经济结构性问题，进而对我国产生负面影响。因此，央行应当从化解我国经济结构性问题出发，加强对整个银行体系风险的管理和化解。

根据审计署 2013 年审计结果显示，银行贷款在地方政府债务中所占比重达到了 56.56%，相较于 2010 年占比有所下降，但是依旧占比过大。2014 年以来地方债务“野蛮发展”，而由于正规融资渠道的缺失，往往是以地方融资平台方式进行相关融资。一方面，由于地方政府在以 GDP 为核心的考核体系的驱动下，有着强烈的投资冲动，因此从融资方角度有强烈的扩展地方债务的动机。而另一方面，由于银行业中国有股份仍然占据绝对优势，而不彻底的商业化和利率市场化改革使得利差收入成为商业银行收入的主要部分。为了追逐收益，银行具有强烈的扩张信贷的冲动，而在避险要求下，具有政府隐性担保的地方政府债务风险评估被软化，因而备受商业银行的青睐。由此，银行贷款在地方债务中占据着绝对比重，这也使得地方债务所具有的风险集中在银行体系，而由于潜在存在着国家信用对国有商业银行的担保的问题，国有商业银行也就难有主动应对这种风险进行缩减的动力。而在监管部门意识到这种银行体系与地方债务相捆绑造成的风险上升，而信用违约爆发的危机会越来越严峻的情况下，监管部门出台了相应的监管措施对地方融资平台进行了相应的治理，其核心就是压缩银行系统向地方融资平台的借贷。但是在利益的驱动下，这种监管的效果是有限的，尽管降低了银行贷款在地方债务资金来源中的占比，但是另一方面，却使得相关部门采取了“信政合作”等一系列其他融资方式，这些融资方式所涉及的经济关系更加复杂，对其进行监管更加困难，这也是影子银行迅猛发展的重要原因。因为这部分融资信息更加不透明，监管更加困难，相关风险监控也就几乎处于真空状态，由此我国经济埋下隐患。

因此，央行应当继续加强对商业银行与地方债务之间这种复杂关系的治理和监管，降低银行业在利益驱动和政府信用担保下造成的杠杆率过高的问题。一方面要降低银行业整体的杠杆率，以降低银行业整体风险水平，另一方面要促使商业银行所承载风险的分散化，将相关风险向市场部分转移，并做好相关风险“防火墙”的建设和管理，防止局部经济由于流动性等断裂而导致信用危机的爆发，对经济其他部分产生连锁影响。只有这样才能从根本上将 QE 退出对我国金融体系产生严重影响的可能性降到最低。

2. 关注影子银行风险

目前银行作为地方政府债务的主要资金来源，同时也是房地产市场重要的资金来源，影子银行业务的发展，也使得银行成为相关经济风险的集中部门。如果风险集中到一定程度，在国际流动性紧缩的情况下，国际资本的流出很容易就会成为信用危机爆发的导火索，银行部门则又会成为经济危机爆发的源头，因此对相关风险的监管和化解尤其重要。

由于银行业在追求利益的激励下，由此提高杠杆水平会使得整个银行体系流动性紧张，一旦外部流动性也走向紧张，很容易导致整个银行体系风险的骤增。在 2013 年 QE 将会退出市场预期的影响下，部分国际资本流出新兴市场，由此才有 2013 年 6 月的“钱荒”。而这种情况下，一方面会直接推高市场利率，使得相当部分的产业，尤其是私营企业由于成本升高而减少信贷，从而引发经济下滑；另一方面则会使得银行因为流动性缺乏而发生兑付风险。对目前银行业所处状态进行分析，首先要解决银行相关行为的经济原因。

我国目前经济增长模式是出口和投资拉动型，出口主要取决于国际环境，尤其是发达国家经济增长状况，而投资则主要由地方政府主导。目前，国有经济占据着很多经济领域控制权，而私人资本往往要进入这些领域还存在着很大障碍。一旦发生如 2008 年金融危机的情况，世界经济结构会遭到破坏，由此而导致世界贸易的不景气，中国出口将陷入低迷，此时会使我国经济产生一系列变化。首先是政府为了保增长、促就业而加大政府投资力度，这也是我们看到地方政府债务在此后迅速攀升的原因。另一方面是社会资金由于外贸下滑，相关产业投资机会会消失，市场资金投资渠道缺乏，实体产业要么因为外部环境不景气而收益率低下，要么因为国有企业主导而效率低下或投资渠道缺乏。因此，房地产业由于规模大、“大而不倒”，事实上有着国家隐性担保的效果，因此在经济整体不景气的情况下，出于避险或是盈利目的，房地产是良好的选项。总体而言，无论是作为投资者的地方政府还是社会资金均进入了有国家隐性担保的领域。而这个领域中绝大部分都是项目周期较长，并且相当部分收益无法实现自我维持，因此地方政府就会采取继续扩大融资规模，并且有足够动力维持作为财政收入重要来源的土地出让价格，这又进一步支持了房地产的上涨。如此一来，这个有着国家隐性担保的领域犹如吸收社会资金的“黑洞”。一方面，这部分领域风险越来越高，因为这些以固定资产为主的领域无法自身产生收入流实现自我维持，最终要靠其他经济领域的繁荣来支持，否则和“墓碑”没有什么区别；另一方面，由于资金的不断进入会抬高这种类似“庞氏骗局”中的资金收益率，由此而不断挤出实体领域的投资资金。短期内将会形成虚拟经济收益率高于实体经济收益率的效果，这种情况在房地产市场表现尤其明显。长期来看，最终将形成政府提供过多的公益项目，而房地产由于没有实体经济产生收入的支持而泡沫破灭。尤其是当风险积累到一定程度、市场情绪脆弱时，外部流动性收紧、部分外资流出，则很可能会造成恐慌，泡沫迅速破灭而形成金融危机。

银行业短期内是要清理相关表外业务，压缩风险较高业务。随着 QE 退出带来国际资本流动性收紧的情况下，国际环境将会出现新的不确定性，因此银行应保持足够的储备金以应对外部环境的变化。而长期来看，则是要明确这部分与国家政府隐性担保有关的业务规模，并明确量化有政府担保的部分，使地方政府债务面临的约束刚性化。这就迫切要求建立起国有商业银行破产制度与保障措施的具体安排，使银行商业行为彻底与国家信用分离，而这一措施应当与地方政府破产制度的建立一同推进，由此才能真正建立完整的经济体系的风险隔离制度，从根本上不给国际流动性收紧对银行体系造成冲击提供任何突破点。

第七章

人民币国际化路径选择

核心观点

人民币国际化是使命的召唤，是一项金融安全战略。一方面，它是对激烈货币竞争的正面回应，是中国积极参与国际事务、力图提高国际话语权的有力证明；另一方面，是通过外部压力倒逼新一轮改革的契机，是金融改革、要素价格体制改革甚至整个经济市场化改革的重要动力和必然事件。然而，人民币国际化是一项系统工程，需要各项改革的积极配合，并非一朝一夕可以完成。2004 年，中国政府支持香港经济、金融转型，批准香港持牌银行正式开办人民币业务，这一措施的出台被看作是中国正式推进人民币国际化的开端。自此之后，我国政府继续积极推进人民币国际化，对全球货币格局产生了巨大的影响。

7.1 人民币国际化已获得的进展

近年来，我国在政策上出台了多项有助于人民币国际化的措施，从开始允许进出口商使用人民币结算到香港离岸人民币存款市场的建立、香港人民币"点心债"发行以及中国人民银行与多国央行签署的货币互换协议。所有这些都构成了中国人民币国际化历程的起始脉络，同时也正是这些举措加速了人民币国际化的步伐。

7.1.1 我国签署货币互换协议的现状

货币互换(currency swap)，也称货币互惠信贷，是各国中央银行之间以短期贷款方式相互供应对方所需外币的一种协议。货币互换协议是指互换双方可在必要之时，在一定规模内，以本国货币为抵押换取等额对方货币，向两地商业银行设于另一方的分支机构提供短期流动性支持。通过货币互换，将得到的对方货币注入本国金融体系，使得本国商业机构可以借到对方货币，用于从对方进口商品。这样，在双边贸易中，出口企业可以收到本币计值的货款，有效规避汇率风险、降低汇兑费用。

早在1998年亚洲金融危机爆发后，在我国的倡议下，东盟10国，以及中国、日本、韩国就建立了金融合作机制，简称"10＋3"金融合作机制。2000年5月，"10＋3"财长会议在泰国清迈举行，取得了金融合作的第一项实质性成果——《清迈协议》，其主要内容是在增加东盟原有货币互换规模的基础上，以日本和中国拥有的大量外汇储备为信誉，构建"10＋3"双边货币互换网。其主要目的在于稳定金融市场，解决短期国际收支问题，打击国际游资对货币的投机活动。根据该协议，整个"10＋3"范围内有375亿美元的资金以备使用。

2009年6月3日，东盟10国与中国、日本、韩国3国财长发表联合公报宣布，规模为1 200亿美元的亚洲区域外汇储备库将于2009年年底前正式成立并运作。根据这份公报，在亚洲区域外汇储备库中，中、日、韩3国出资比例为80％，东盟10国为20％。其中，中国和日本各出资384亿美元，韩国出资 192 亿美元，分别占储备库总额的 32%、32%和 16%。在发生金融危机时，储备库将以借贷方式向出现流动性困难的成员提供资金帮助。2010 年 3 月 24 日，东盟与中、日、韩（“10＋3”）财长和央行行长以及中国香港金融管理局总裁共同宣布《清迈协议》正式生效。按照协议规定的条件和程序，参与国可在总规模达1 200亿美元的外汇储备库中，用本币与库内外汇储备兑换。《清迈协议》的生效标志着东亚金融一体化进程的启动，也是我国推动金融国际化的表现之一。与此同时，货币互换协议也有利于为“10＋3”国家有效地抵御汇率风险，促进区域内经贸发展。

自 2008 年 12 月至 2011 年 6 月，中国人民银行与韩国、中国香港、马来西亚、白俄罗斯、印度尼西亚、阿根廷、冰岛、新加坡、新西兰、乌兹别克斯坦、蒙古国、哈萨克斯坦 12 个国家与地区签署了双边货币互换协议，总金额达到8 412亿元人民币。与上述国家和地区签署的互换协议具有不同的目的，有的是为了满足双边贸易的需求，如阿根廷、马来西亚、印度尼西亚等；有的是为了企业融资的便利，如韩国等；有的作为储备货币，如白俄罗斯等；有的是作为人民币的境外市场，如中国香港。无论出于什么用途，人民币互换协议有利于扩大人民币的流通范围，加快推进人民币国际化进程。

目前，人民币互换协议的规模不断扩大。2011 年 6 月 23 日，中俄两国央行签署双边本币结算协定，中俄本币结算从边境贸易扩大到了一般贸易，并扩大了地域范围，两国经济活动主体可自行决定用自由兑换货币、人民币和卢布进行商品和服务的结算与支付；2011 年 10 月 26 日，中国人民银行与韩国银行续签中韩双边本币互换协议，互换规模由原来的1 800亿元人民币/38 万亿韩元扩大至3 600亿元人民币/64 万亿韩元；2011 年 11 月 22 日，中国人民银行与香港金融管理局续签货币互换协议，互换规模由原来的2 000亿元人民币/2 270亿港币扩大至4 000亿元人民币/4 900亿港币；2011 年 12 月 22 日，中国人民银行与泰国银行签署了规模为 700 亿元人民币/3 200亿泰铢的双边本币互换协议；2011 年 12 月 23 日，中国人民银行与巴基斯坦国家银行签署了规模为 100 亿元人民币/1 400亿卢比的双边本币互换协议；2012 年 1 月 17 日，中国人民银行与阿联酋中央银行签署了规模为 350 亿元人民币/200 亿迪拉姆的双边本币互换协议；2012 年 2 月 8 日，中国人民银行与马来西亚国家银行续签了中马双边本币互换协议，互换规模由原来的800亿元人民币/400亿林吉特扩大至1 800亿元人民币/900亿林吉特；2012年2月21日，中国人民银行与土耳其中央银行签署了规模为100亿元人民币/30亿土耳其里拉双边本币互换协议；2012年3月20日，中蒙两国签署补充协议，将互换规模由原来的50亿元人民币/1万亿图格里克扩大至100亿元人民币/2万亿图格里克；2012年3月22日，中国人民银行与澳大利亚储备银行签署了规模为2 000亿元人民币/300亿澳大利亚元的本币互换协议，这是我国与发达国家签署的首个货币互换协议；2012年6月26日，中国人民银行与乌克兰国家银行在北京签署了中乌双边本币互换协议，互换规模为150亿元人民币/190亿格里夫纳，有效期3年，经双方同意可以展期。2013年3月26日，巴西与中国签署了一项300亿美元的货币互换协议，预计这一安排将为两国之间不断增长的贸易规模提供保障；2013年6月22日，中国人民银行与英格兰银行签署了规模为2 000亿元人民币/200亿英镑的中英双边本币互换协议，期限为3年，英国也由此成为首个与中国签订货币互换协议的G8国家央行。

7.1.2 跨境贸易人民币结算的现状

所谓跨境贸易人民币结算是指以人民币报关并以人民币作为进出口贸易的结算货币。此举可以避免次贷危机后美元、日元和欧元汇率不稳定带来的风险，也可降低我国对外贸易中进出口企业的交易成本。2009年4月8日，国务院常务会议决定在上海、广州、深圳、珠海、东莞五个城市开展跨境贸易人民币结算试点，试点的境外区域主要是港澳地区和东盟。同年7月1日，中国人民银行、财政部、商务部、海关总署、国家税务总局和银监会六个部委联合下发《跨境贸易人民币结算试点管理办法》，7月3日，中国人民银行下发了《跨境贸易人民币结算试点管理办法实施细则》，自此，人民币迈出国际化的重要一步。由于跨境贸易人民币结算试点取得极大成效，广受试点企业欢迎，2010年6月19日，六部委联合下发《关于扩大跨境贸易人民币结算试点的通知》，将跨境贸易人民币结算的境外地域从港澳地区和东盟扩大到所有国家和地区，将国内试点地区扩大到北京、天津、内蒙古、辽宁、吉林、黑龙江、江苏、浙江、福建、山东、湖北、广西、海南、重庆、四川、云南、西藏、新疆18

个省、自治区和直辖市。广东省的试点范围从四个省内城市扩展到全省，并增加了上海市和广东省出口货物贸易人民币结算试点企业数量。在试点工作取得良好成效的背景下，为了更好地满足企业需求和促进贸易投资的便利化，2011年8月24日，六部委再次联合下发《关于扩大跨境贸易人民币结算地区的通知》，将结算地区扩大至全国。

跨境贸易人民币结算的开展，是迈向人民币国际化的第一步，实现了人民币的国际结算功能，但是该业务在实践中仍然存在诸多问题。按照《跨境贸易人民币结算试点管理办法》的规定，我国人民币跨境清算有两种方式：一种为清算行模式，即跨境贸易人民币结算通过人民币清算行进行，该模式主要针对有人民币业务清算行的中国香港和澳门地区。在该模式下，一方面，人民币业务的境外清算行被授权与境外参加行签订人民币业务清算协议，为其开立人民币账户和办理人民币拆借业务；另一方面，人民币业务的清算行与中国人民银行的大额支付系统相连接，按照央行的有关规定从境内银行间外汇市场、银行间同业拆借市场兑换和拆借资金，与境内人民币市场建立人民币流动、清算渠道。另一种为代理行模式，即通过境内银行代理境外银行进行人民币资金的跨境结算和清算。在该模式下，具备国际结算能力的境内银行与境外银行签署人民币代理结算协议，为其开立人民币同业往来账户，利用该账户完成人民币资金的跨境结算和清算。虽然目前跨境人民币清算体系已经基本建立，但中国与周边很多国家和地区的贸易结算仍然是通过银行间一对一的代理账户进行。

随着跨境贸易人民币结算试点范围的不断扩大，跨境贸易人民币结算量也在迅速增加。2013年全年跨境贸易人民币结算业务累计为4.63万亿元，较2012年的2.94万亿元同比大增57%，反映出在人民币国际化持续推进下，货币使用度飞速增长。2013年人民币直接投资结算业务为5 337亿元，较2012年的2 802亿元同比增90%。以人民币结算的跨境贸易中，货物贸易2013年达到3.02万亿元，同比增46.6%，服务贸易及其他经常项目全年增长约84%，至1.61万亿元。由于香港地区与中国内地贸易关系紧密，人民币跨境贸易结算多发生在香港。不过，随着人民币国际化日益推进，在其他地区作为支付货币的比例也在提高。环球银行金融电信协会（SWIFT）的报告称，人民币已成为仅次于美元的第二大常用国际贸易融资货币，国际贸易采用人民币计价及结算的比率截至 2013 年 10 月已增至 8.66%。尽管有学者认为该数据虚高，但跨境人民币贸易结算量迅速增加不可否认。

7.1.3 人民币跨境流通的现状

1. 人民币流出境外的渠道

人民币流出境外的渠道主要有如下几种形式：

第一，边境贸易进口支付，包括边境小额贸易、边民互市、边境经济技术合作的进口支付等。其中，边民互市和边境经济技术合作的进口支付规模较小。而过去我国边境贸易结算多以美元进行，近年来，以人民币作为结算货币的边境贸易增多，如中蒙、中越、中缅等贸易多以人民币结算，其中，中蒙和中越的边境贸易人民币结算比例已超过 90%。

第二，境内居民出境旅游和探亲消费。主要包括出境旅游关费缴纳和境外旅游消费支付。在我国周边国家，如泰国、新加坡、马来西亚等国的大多数餐馆、旅店、商场均可用人民币进行结算。

第三，境外投资、项目承包。这是指我国一些企业在周边国家进行境外生产投资所流出的人民币，以及内地居民委托境外居民投资资本市场所使用的人民币。

第四，周边国家和地区"地摊银行"、地下钱庄。近年来，由于我国居民到周边国家的消费和投资增加，很多国家设立了地下人民币汇兑机构，有的国家通过发放营业执照使其合法化，比如，早在 2002 年，越南政府就为本国的"地摊银行"颁发了经营许可证。据统计，中越边界的"地摊银行"约有 600 多家。

第五，境内居民境外赌博、走私、购买毒品支付和境外洗钱等。据公安部公布，我国境内不法分子在境外从事的走私、毒品买卖等活动都是以人民币进行支付的。另外，除了澳门特别行政区外，越南、缅甸、韩国、朝鲜、马来西亚等国境内都设有专对中国居民开设的赌场，以及一些违法官员通过各种途径将赃款带出国境进行洗钱，这已经成为人民币流出的渠道之一。

人民币回流境内的渠道包括：入境旅游和探亲消费支付；边境贸易支付；

境外居民在我国进行的直接投资和购买资产；通过银行体系的回流，主要是境外居民在我国口岸金融机构的人民币存款和外方银行转存进我国银行的人民币；货币走私。

2. 人民币跨境流通的规模

对人民币跨境流通规模的测算有两种方法，其中比较常用的一种是直接估算法，即人民币向周边国家流出量减去流入量，具体来说：

跨境流通数量 Q=（边境贸易量 E1＋出境旅游 E2＋境外投资 E3＋地下汇兑 E4＋其他交易活动 E5）－（入境旅游探亲 I1＋贸易支付 I2＋投资 I3＋银行体系 I4＋走私 I5）

按照直接估算法，姜波克（1994）对 1993～2003 年间的人民币流出数量进行了预测性估计，认为到 2003 年年底，人民币累计输出额应达2 000亿元[①]；香港瑞银华宝（2003）根据 2001～2002 年统计的出入境人员急剧增加的情况测算，认为人民币境外流通数量已经达到2 000亿元[②]；李婧、管涛、何帆（2004）估计，2002 年人民币跨境流通规模在 1 200 亿～1 400 亿元，海外的人民币存量在 50 亿～120 亿元[③]；徐洪水、胡雪君（2004）认为，2003 年人民币周边流通总额应在1 510亿元以上[④]；中国人民银行（2005）调查结果表明，2004 年全年人民币跨境流通量为7 713亿元，净流出量 99 亿元，在周边国家和港澳地区滞留量为 216 亿元[⑤]；姚晓东、孙珏（2010）认为，2009 年人民币跨境流通规模约为4 247亿元，人民币境外滞留规模为1 050亿元，其中，港澳地区约为 800 亿元，周边地区约为 200 亿元。

从以上学者测算的数据来看，虽然结果不尽一致，但均反映出一个基本趋势：人民币境外流通和境外持有的规模整体趋势在不断扩大。但经历了两次明显波动：一次是在 2000～2002 年，人民币跨境流通和持有规模出现显著增加，2003 年出现下降；另一次是在 2004 年后人民币的跨境流通和持有规模

---

① 姜波克：《人民币自由兑换论》，立信会计出版社 1994 年版。

② 瑞银宝华：《香港人民币离岸中心何时问世》，《中国金融家》，2002 年第 4 期。

③ 李婧、管涛、何帆：《人民币跨境流通的现状及其对中国经济的影响》，http://www.iwep.org.cn/pdf/2004/rmbkjlt-hefan.pdf。

④ 徐洪水、胡雪君：《人民币周边流通与国际化》，《上海金融学院学报》，2004 年第 5 期。

⑤ 中国人民银行：《中国人民银行 2005 年四季度中国货币执行报告》。

再次显著上升。

3. 人民币跨境流通的地域分布

据中国人民银行调查统计，2004年年末人民币现金在周边国家和港澳地区的滞留量约为216亿元，其中滞留越南的数量最大，为64亿元，约占总额的30%；其次为港澳地区和缅甸，人民币现金滞留量均为50亿元左右，分别占滞留总量的23%左右。2004年人民币跨境流出入总量为7 713亿元，净流出约为99亿元，其中流往港澳地区的人民币现金流量最大。人民币在周边国家的部分地区接近可自由兑换，兑换的主要方式是通过“地摊银行”、对方国家的金融机构、货币兑换点、商店等。从周边国家持有人民币的动机来看，分为三种类型：第一是人民币跨境流动出于旅游、消费、留学等目的，主要是港澳地区；第二是与中国边贸较为发达的国家和地区，出于交易动机持有人民币，主要是越南、俄罗斯和蒙古；第三是本币贬值较大、货币信用较低的国家，出于保值和贮藏的目的持有人民币，主要是缅甸、朝鲜和老挝。

在香港地区，人民币的兑换业务频繁，人民币存款数额也较高。据香港金管局的统计数据显示：2011年7月，通过香港经营人民币兑换机构进行的人民币兑换交易，共有9 577.2亿元人民币被兑换成港元及其他货币；与此同时，有等值于9 675.7亿元人民币的港元及其他货币被兑换为人民币。香港汇至内地的人民币汇款交易有62 411笔，涉及金额801.2亿元人民币。截至2011年7月底，在经营人民币业务的认可机构开设的人民币活期及储蓄存款户口有2 272 286个，人民币定期存款户口有473 364个，存款总额达5 722亿元人民币。

在蒙古国，蒙方商业银行均已开办人民币兑换业务，人民币与蒙图汇率自由挂牌，人民币现钞在银行可以自由兑换。而在蒙古国的首都乌兰巴托，大多数银行都开办了人民币储蓄业务，且储蓄利率很高。在非银行体系，蒙古国的乌兰巴托至少有百余家公开货币兑换点。蒙古国对人民币的需求主要出于边贸、现钞汇兑、边境消费、投机、储存等目的，且供应需求远大于回流需求。根据测算，截至2009年，滞留在蒙古国的人民币现钞为46.02亿元。

在朝鲜，人民币通过中朝贸易、旅游、非旅游出入境人员携带、公务或贸易人员开车出入境缴纳费用、银行调入调出等方式流出中国国境，并在朝鲜大量沉淀。根据海关出入境统计数据测算，2005～2008 年，人民币在朝鲜的流出量为 31.08 亿元，流入量为 26.17 亿元，在朝鲜存量为 4.912 亿元。而中国人民银行延边中心支行在 2006 年的专题调查结果显示：滞留在延边州周边国家的人民币大约有 4 亿元。由于朝方银行信誉较低，朝方商社手中握有大量的人民币。

在俄罗斯，由于政府限制人民币在俄境内流通，且中俄边贸的俄方企业多要求以可兑换货币结算，因此，人民币的认可度不高，流通不畅。双边货币账户互设业务进展缓慢，人民币在贸易结算中所占份额微乎其微。

此外，在缅甸，人民币有“小美元”之称，被当作硬通货使用，流通较广。在老挝东北三省，人民币可以完全替代本币流通，最远深入到老挝首都万象一带。在柬埔寨，人民币被广泛作为贸易结算货币使用并作为国家的储备货币。

中国周边国家共有 23 个，包括朝鲜、韩国、日本、俄罗斯、蒙古、哈萨克斯坦、吉尔吉斯共和国、塔吉克斯坦、阿富汗、巴基斯坦、印度、尼泊尔、不丹、缅甸、越南、老挝、泰国、柬埔寨、菲律宾、马来西亚、新加坡、文莱、印度尼西亚。但是，人民币的流通范围主要集中在港澳地区和越南、老挝、缅甸和柬埔寨等国。

7.1.4　人民币债券发行现状

人民币债券是指以人民币作为结算单位的债券，定期获得利息，到期偿还本金，本金和利息均以人民币支付，主要包括“熊猫债券”和“点心债券”。

“熊猫债券”是指国外机构对中国市场发行的以人民币计值的债券。2005 年 9 月，中国人民银行、财政部、国家发改委和中国证监会联合发布《国际开发机构人民币债券发行管理暂行办法》，允许符合条件的国际开发机构在内地发行人民币债券。同年 10 月，世界银行辖下国际金融公司和亚洲开发银行在中国内地银行间分别发行 11.3 亿元和 10 亿元熊猫债券，这是中国首次引入境外机构发行人民币债券，但其后熊猫债券的发行机构仅限于国际金融机构。

“点心债券”是指发债人（既包括国内机构也包括国外机构）在香港面向

除中国外的其他国家发行的人民币债券。自 2007 年国家开发银行首次在香港发行人民币债券以来，香港作为人民币债券市场已经发行了数十次人民币债券，但是大部分发行机构都是中国国有企业，如国家开发银行和中国进出口银行。2009 年汇丰银行（中国）和东亚银行（中国）获准在香港发行人民币债券；2010 年 8 月，麦当劳在香港发行人民币债券，是发行人民币债券的第一家外资企业。2009 年以来，财政部也在香港连续三年分别发行了 60 亿元、80 亿元和 200 亿元的人民币国债。2011 年以来，人民币债券的发行增速较快，仅前 5 个月，就已经有 28 家发债主体在香港发行了总额为 280 亿元的人民币债券，相当于 2010 年全年总额的 78%。截至 2011 年 6 月，累计有超过 50 笔人民币债券在香港发行，总额约1 020亿元，发债主体也由最初的内地金融机构扩大至 2009 年的财政部及香港银行在内地的附属公司，随后进一步扩大到普通企业和国际金融机构。而马来西亚央行已经买入人民币计值债券作为外汇储备，日本市场对人民币债券的需求也颇为积极。人民币离岸债券的收益比较可观，但是发行量太少，远远低于市场需求，就好像香港人喜欢吃的点心，好吃但不多，由此缘故，人民币离岸债券被香港人形象地称为“点心债券”。

虽然人民币债券受到周边国家和地区追捧，但是，相比于全球的资本市场，人民币债券的数量少得可怜。截至 2009 年年末，人民币债券在全球债券的比重仅为 0.06%，可是从人民币离岸债券的发展势头来看，未来的发展前景还是较为乐观的。

7.1.5 我国金融行业对外开放的现状

1. 我国金融业“引进来”的情况

改革开放之初，我国金融业就开始了对外开放、引进外资的实践。2001 年我国加入 WTO 时，就承诺在 5 年的过渡期后，全面开放金融市场。

银行业方面，改革开放之初，外资银行在我国仅设立了代表处，到 2001 年，多家外资银行在华设立了分支机构，2001 年我国加入 WTO 后，承诺全面开放银行业，2006 年后给予外资银行国民待遇，允许外资银行在华开展人民币业务。2006 年，中国银监会首次批准了渣打银行、东亚银行、汇丰银行、恒生银行、日本瑞穗实业银行、日本三菱东京日联银行、新加坡星展银行、花旗银行、荷兰银行 9 家外资银行将境内分行改制为法人银行。这是第一批被批准设立的外资法人银行。截至 2008 年 6 月末，中国银监会已经批准 24 家外资银行分行改制为法人银行。外资银行的在华业务也随之呈现突飞猛进之势。至 2008 年 6 月底，全国除了西藏、青海等少数区域外，外资银行在其他地方均已设立了分支机构。有 12 个国家和地区的银行在我国设立了 27 家独资银行，2 家合资银行；有 24 个国家和地区的 73 家外国银行在华设立 116 家分行；有 46 个国家和地区的外国银行在华设立代表处共 241 家。获准经营人民币业务的外国银行分行 55 家，外资法人银行 26 家，其中 13 家可全面经营人民币业务。外资银行在华本外币资本总额已达到13 502.65亿元。

证券业方面，截至 2006 年年底，我国共有中外合资证券公司 8 家，中外合资基金管理公司 25 家。外资金融机构通过 QFII 制度可以投资 A 股市场，截至 2006 年 11 月，共有 51 家境外机构获得 QFII 资格；截至 2007 年 5 月，QFII 规模扩大至 126 亿美元。外资证券机构还可以直接参与中国证券市场，截至 2006 年 6 月底，在北京、上海、深圳三地共有外资证券经营机构代表处 100 家，其中取得业务资格的有 68 家。据中国银监会公布数据显示，截至 2011 年年末，中国境内上市外资股（B 股）共计 108 家。

保险业方面，截至 2007 年第 3 季度，共有 15 个国家和地区的 47 家外资保险机构在华设立了 135 个营业机构，21 个国家和地区的 140 家外资保险机构设立了近 200 家代表处。世界主要跨国保险金融集团和发达国家的保险公司都已进入我国开展业务。

2. 我国金融业“走出去”的情况

1980 年以前，我国只有中国银行在境外设有分支机构。改革开放以来，我国金融机构通过并购、设立新机构等方式，有计划、分步骤地走向国际金融市场，深度拓展海外市场。2007 年招商银行在美国设立分行标志着中资银行进军美国市场的重大突破。截至 2007 年年底，我国共有 5 家中资银行控股、参股 9 家外资金融机构，在美国、日本、英国、德国、澳大利亚、新加坡、中国香港、中国澳门等 29 个国家和地区共设立 60 家分支机构，海外机构总资产达 2 674亿美元。有 14 家境内证券期货经营机构在香港设立机构，有 148 家境内企业境外发行上市。共有 41 家中资保险公司在海外设立保险营业机构和保险代表处。据中国银监会公布的数据显示，截至 2011 年年末，中国境内企业香港上市(H 股)达到 171 家。

截至 2010 年年末，中国工商银行在 28 个国家和地区共设立了 203 家境外机构，其中境外分行及其分支机构 21 家，境外控股公司及其分支机构 181 家；与 132 个国家和地区的1 453家境外银行建立了代理行关系。基本建成跨越亚、非、欧、美、大洋五大洲，渠道多样、层次分明、定位合理、运营高效的全球金融服务网络。中国建设银行已经在东京、纽约、香港、法兰克福、首尔、新加坡、胡志明市、约翰内斯堡、悉尼均设立了分行，在台北和莫斯科设立了代表处。中国银行是中国国际化和多元化程度最高的银行，在中国内地、中国香港、中国澳门及 29 个国家为客户提供全面的金融服务。2006 年 6 月和 7 月，先后在香港联交所和上海证券交易所成功挂牌上市，成为首家在内地和香港发行上市的中国商业银行。其中，中国银行在港澳地区共设有 17 家分支机构，在除港澳之外的亚太地区共设有 34 家分支机构，在欧洲地区共设有 21 家分支机构，在美洲地区共设有 11 家分支机构，在非洲的赞比亚和约翰内斯堡共设有 2 家分支机构。中国农业银行已经在新加坡、中国香港设立了分行，在伦敦、东京、纽约、法兰克福、首尔、悉尼设立了代表处。截至 2011 年 6 月底，招商银行在香港拥有永隆银行有限公司和招银国际金融有限公司 2 家全资子公司，以及 1 家分行(香港分行)；在美国设有纽约分行和美国代表处；在伦敦和台北设有代表处。此外，交通银行在东京、首尔、中国香港设有分行；国家开发银行在中国香港设立了分行，在莫斯科和开罗设立了代表处。

3. 我国资本项下自由兑换的情况

根据《国际收支手册》(第五版)的规定，国际收支平衡表包括经常项目、资本与金融项目和平衡项目。经常项目主要包括货物、服务、收入和经常转移。资本与金融项目包括资本项目和金融项目两项，其中资本项目的主要组成部分包括资本转移和非生产、非金融资产的收买、放弃。金融项目反映金融资产与负债。平衡项目是反映经常项目和资本与金融项目收支差额的项目。由于经常项目与资本项目收支总量经常是不平衡的，需要通过增减国家储备求得平衡，所以，它又称为官方储备项目，包括错误与遗漏、分配得到的特别提款权、官方储备和对外官方债务四项。

目前，我国的经常项目已经实现完全开放，资本账户中已有部分项目是开放的。自1996年12月1日起，我国接受《国际货币基金组织协定》第八条第2款、第3款、第4款的义务，实行人民币经常项目下的可兑换。在过去的十几年里，我国一直在稳步推进资本项目的开放。自2002年以来，我国不断放宽国内企业境外投资的限制，简化境外投资审批手续，加大参与境外投资企业的金融扶持力度。目前，我国实施鼓励外商投资的政策，对外商直接投资只进行真实性审核。我国逐步放开证券投资，于2002年12月开始实行QDII制度；2004年年初，国务院批准全国社保基金投资海外市场，同年8月允许保险外汇资金境外运作；2006年5月，我国允许银行集合境内外汇或使用人民币购汇投资境外金融市场，支持证券经营机构集合境内机构和个人自有外汇投资境外证券市场，允许符合条件的保险机构购汇投资境外固定收益类产品及货币市场工具，并对个人项下资本交易的限制开始松绑。据央行发布的报告显示：2002～2009年，我国共出台资本账户改革措施42项。按照国际货币基金组织2011年《汇兑安排与汇兑限制年报》，目前我国不可兑换项目有4项，占比10%，主要是非居民参与国内货币市场、基金信托市场以及买卖衍生工具。部分可兑换项目有22项，占比55%，主要集中在债券市场交易、股票市场交易、房地产交易和个人资本交易四大类。基本可兑换项目14项，主要集中在信贷工具交易、直接投资、直接投资清盘等方面。总体来看，目前我国资本管制程度仍较高，与资本账户开放还有较大距离。

4. 人民币离岸金融市场的发展情况

目前，在人民币尚未实现完全可兑换的情况下，要实施人民币国际化战略，必须借助于离岸金融市场的建设。香港作为一个自由港，是亚洲金融中心之一，本身具有作为离岸金融市场的很多有利条件，比如：政府管制少，经济自由度高，经济开放度高，和中国内地保持着紧密的经贸关系，具有完善健全的金融体系，并且建立了完善的离岸金融的法律法规和制度安排。自2003年11月起，中国人民银行和香港金管局签署《合作备忘录》，香港开始办理人民币业务，2004年2月25日起，香港持牌银行开始办理人民币存款业务。2009年香港成为跨境贸易人民币结算试点地区，随着业务范围的扩大以及中央政府政策的大力扶持，目前香港人民币业务不断扩大。现在，香港地区是发展最成熟的人民币离岸市场，其人民币存款、资金池规模在境外人民币离岸市场中遥遥领先，尤其在两岸人民币双向流动方面也是其他地区难以匹敌的。早在 2004 年年初，香港地区的银行就开始提供人民币存款服务，截至 2009 年年底，香港人民币存款余额仅为 627 亿元。香港人民币存款市场的飞速发展与人民币跨境贸易结算紧密相连，截至 2012 年 12 月底，香港人民币存款余额已经飙升至6 030亿元，与 2009 年年底相比增长了 8.6 倍。

2013 年 9 月 29 日，经国务院批准，中国(上海)自由贸易试验区正式挂牌成立，中国(上海)自由贸易试验区是中国政府设立在上海的区域性自由贸易园区，属中国自由贸易区范畴。上海自贸区具有国际性及双边性，侧重于金融改革试点。中国(上海)自由贸易试验区举行挂牌仪式的当天，国家有关部门及上海市领导即为第一批入驻自贸试验区的企业和金融机构代表颁发了证照。首批入驻自贸区的包括 25 家企业和 11 家金融机构，其中 11 家金融机构包括工行、农行、中行、建行、交行、招行、浦发银行及上海银行 8 家中资银行，花旗、星展 2 家外资银行和交银金融租赁 1 家金融租赁公司。上海自贸区与其他离岸人民币市场相辅相成，可促使人民币流动性增加，有助于进一步推进人民币国际化进程。

5. 人民币国际化所处阶段的基本判断

从上述货币互换协议的签署情况、跨境贸易人民币结算的情况、人民币跨境流通的情况、人民币债券的发行情况、我国金融业对外开放的情况、我国资本账户开放的情况和人民币离岸市场建设情况来看，我国与周边国家的货币合作正在逐步扩大和深入，货币互换的数额也在不断攀升，但是货币合作的区域局限于亚洲地区，其主要目的是规避双边贸易中的汇率风险。作为贸易结算货币，人民币的试点工作刚刚在全国展开，虽然规模飞速扩大，但存在一些需要完善的问题，值得在实践中探索和解决。人民币在境外的流通范围也较为狭窄，主要在与中国有频繁经济往来的周边国家与地区及东南亚国家。我国的金融业虽然已经实现了对外开放，但是走出国门的银行很少，主要是四大国有商业银行，在全球开设的分支机构也比较少。我国的资本账户尚未完全开放，人民币仍然是不可完全兑换货币，这限制了人民币海外业务的开展。人民币离岸市场的建设也处在探索时期，人民币债券的发行量较少，但是发行形势较为乐观。

整体来看，虽然人民币尚非国际货币，但是国际市场已经出现了对人民币的少量需求，我国也已经初步实现了在周边国家进行人民币结算的功能，应该说人民币现在已经处在国际化的初级阶段，并且从市场的反馈来看，人民币国际化具有良好的市场前景。

7.2 人民币国际化进程中面临的问题

中国推进人民币国际化的进程在战略和政策取向上，可从两个层次上用“三步走”来概括。

首先，在地域扩张上采取“三步走”，即坚持人民币周边化、人民币区域化、人民币国际化的取向。其逻辑顺序为，先人民币周边化，推进人民币在港、澳、台三地及越南、老挝等周边国家的流通；再人民币区域化，不断提升人民币在其他亚洲国家的地位，使之逐步成为区域性主导货币；最后逐步使人民币实现国际化。

其次，在货币职能上也采取“三步走”，即坚持人民币结算货币、人民币投资货币、人民币储备货币的取向。其逻辑顺序为，先人民币结算货币，逐步增加人民币在全球国际贸易结算中的份额；再人民币投资货币，使人民币逐步成为主要国际金融市场上的主要投资币种；最后逐步使人民币成为储备货币。

表 7—1　国际化货币职能

货币职能	官方用途	私人用途
价值储藏	国际储备	货币替代（私人美元化）和投资
交易媒介	外汇干预载体货币	贸易和金融交易结算
记账单位	盯住的锚货币	贸易和金融交易计价

人民币国际化具体可分为四个阶段：第一阶段是对经常项目下的国际收支实施自由兑换，即政府不对私人部门因商品和服务贸易等的交易需要而进

行的本外币兑换进行限制，仅仅对私人部门的交易真实性进行检验。第二阶段是资本项目可兑换，即政府不对私人部门因投资和金融交易等的需要而进行的本外币兑换进行限制，迄今除比利时等屈指可数的小型开放经济体之外，绝大多数发达国家在基本上实现资本项目可兑换的同时仍然保留政府对资本流动的少量限制。第三阶段是政府推动本币的国际化，使其成为其他国家可接受的交易、投资、结算和储备货币，至今最主要的国际货币显然是美元和欧元。第四阶段是政府对并不发生跨国交易的、境内居民的本外币兑换不进行限制，即完全自由兑换阶段。目前人民币已经走完第一阶段，正在努力走完以后相应的阶段。

7.2.1 跨境人民币结算中的问题

近年来，人民币在周边地区的流通范围越来越广，越来越多地被用于边贸支付结算。在东南亚地区，人民币已经成为仅次于美元、欧元、日元的硬通货；在西南边境地区，人民币有"小美元"之誉；在蒙古、俄罗斯、哈萨克斯坦、马来西亚、印度尼西亚、菲律宾和韩国等其他周边国家，人民币也被用作支付和结算货币。通过旅游、劳务输出等渠道，人民币现钞越来越多地进入了新加坡、马来西亚、泰国、越南等国的货币兑换市场，人民币在这些地区形成了一定规模的流量和存量。在我国港澳地区，人民币的可接受度更高，港澳地区金融机构的人民币存款稳步增长。2009 年 7 月，人民币跨境贸易结算正式启动，上海、广州、深圳、珠海、东莞五个城市成为人民币跨境贸易结算首批试点城市。

但是，跨境贸易结算还须进一步完善制度安排。自人民币跨境贸易结算正式启动以来，业务规模遭遇"瓶颈"。截至 2013 年 12 月末，全年跨境贸易人民币结算达 4.63 万亿元，较 2012 年的 2.94 万亿元同比大增 57%，表明人民币国际化持续推进背景下，货币使用度正在加速增长。而据测算，2012 年香港跨境贸易人民币结算额高达 3.8 万亿元，占比高达 82%，香港的人民币离岸中心地位凸显无疑。尽管人民币跨境贸易结算存在时间短、企业对业务办理流程不熟悉和使用外币结算惯性一时不能彻底改变等客观因素，但人民币若想成为国际贸易中的结算货币，依然需要在政策措施和制度安排上进一步完善。具体可从如下五个角度入手。

1. 资本账户管制严格，人民币并没有实现资本项目下的可自由兑换

与其他国家相比，虽然我国资本账户的开放步伐有所加快，但管制仍然较多，如在货币市场工具、资本市场证券交易、商业信贷、金融信贷以及个人资本流动等多方面。即使开放的部分也主要是针对直接投资等实体经济，对非居民的证券投资、不动产投资等主要投资渠道依然管制严格，限制了非居民将境外人民币调入境内投资的意愿。这些都对境外人民币的回流通道形成阻碍。

另外，境外企业通过人民币结算得到的人民币收入，若是不兑换成外汇，其性质就转换为资本和金融账户，此时的境外人民币是否还能够自由兑换成外币以及境外人民币回流境内用于直接投资时能否享受外商投资的优惠政策等，还需要出台相应的政策加以解决。

2. 挑战货币政策和金融监管

在货币政策方面，人民币通过跨境贸易结算会形成境外人民币债权，当这种债权达到一定规模时，在我国获得铸币税好处的同时，也会形成一些问题。除了这种海外持有的规模在很大程度上取决于我国的经济发展、综合实力、中央银行在国际上的地位、信誉、宏观调控能力以及金融监管的效力等。跨境贸易人民币结算以及人民币离岸市场的发展会进一步刺激国际热钱涌入境内，而这对于我国目前存在的巨大货币供给量以及通货膨胀的问题来说无疑是雪上加霜。并且，此时货币供给量也难以继续作为货币政策的调控目标，因为境外人民币资金会随着境内外两个市场利率变化而流动。

而在金融监管问题上，境外人民币的大量流通为国际游资提供了新的投机机会。投机的外资“逢高退出，获利回吐”，会对尚未发展成熟、风险控制能力不强的我国金融市场造成冲击，给金融监管带来巨大挑战。

3. 对外汇的监管和政策有待改进

首先，长期以来我国的外汇管理制度是以外汇收付和结售汇为基础的。当实行跨境贸易人民币时，企业收汇出汇都使用人民币，这就造成人民币来源上出现混淆。尤其是在多次转汇后的支付渠道容易与国内支付发生混淆，因此，如何界定境外企业持有的是人民币而非其他来源成为问题。

其次，我国现行的本外币账户实行分别管理，通过贸易结算形成的人民币究竟应该归为一般人民币账户还是等同于外汇结算账户还有待进一步明确。

再次，随着企业收付汇都是人民币出口收汇核销的操作需要重新调整，关于出口退税操作依据和凭证以及国际收支统计申报等方面也需要重新制定规则。而实行人民币结算也加大了政府对跨境资金管理的难度。

4. 境外企业对人民币的接受程度不高

在国际分工中，我国出口产品大多为低附加值产品，处于国际市场产业链中下游。在由发达国家主导的国际贸易游戏规则中，我国企业并不具备国际贸易结算的货币选择权。而对于境外企业来说，货币历史惯性的存在使其更倾向于使用美元、欧元、英镑、日元等国际货币作为结算货币。另外，由于境外企业对人民币贸易融资产品缺乏了解且人民币持续升值预期的存在，人民币结算对于境外企业并没有太大的吸引力。目前离岸市场人民币贸易信贷余额规模大约只有几十亿元，也很难与存在于离岸市场的庞大美元存量相匹敌。

5. 国内外清算结算渠道尚未通畅

当人民币作为可自由兑换货币通过国际结算的主渠道(信用证、托收和汇款方式)进行结算时，对银行的国际结算以及国内清算渠道都有一定的要求，但我国现有的银行结算体系仍存在以下问题:缺乏统一的支付清算网络系统，各银行的电子汇兑系统自成一个体系，跨行结算清算不能解决，现有的人民币清算系统和制度安排缺乏灵活性;人民币清算系统和清算制度未达到国际要求，同时在清算规则、清算行准入、清算账户开立、清算时间和清算效率等方面，也不能满足人民币跨境结算的清算要求。

7.2.2 人民币可兑换问题和离岸金融市场问题

目前，人民币经常项目已基本实现可兑换，而资本项目尚未实现可兑换。从理论上讲，人民币资本项目可兑换是人民币国际化所必然要求的技术性条件。这是因为，人民币国际化是以资本项目可兑换为基础的，资本项目可兑换本身是人民币国际化的核心内容。一种货币如果不能自由兑换，其在国际范围内的接受程度必然十分有限，也将成为一种高风险货币。人民币国际化与货币的可自由兑换是既有密切联系，也有区别的两个完全不同的概念。资本项目可兑换是指一种货币不仅可以在国际收支经常性往来中自由兑换成其他货币，而且可以在资本项目上进行自由兑换。一国实施资本项目可兑换，即意味着取消对一切外汇收支的管制。而货币国际化则是一国货币成为国际通用货币或是成为各国政府的外汇储备货币，主要表现出三个基本特点，即可兑换性、普遍接受性和价值的相对稳定性。显而易见，资本项目可兑换属于外汇管理范畴，反映的是货币可兑换的程度；货币国际化属于货币职能范畴，反映的是货币从国家货币走向区域货币、最终演变为世界货币的一个动态发展过程。

对于人民币资本项目可兑换进程，我国金融业发展和改革"十二五"规划中有清晰阐释，即在 5 年间人民币资本项目可兑换逐步实现。目前"十二五"规划已经棋至中盘，在自贸区实现资本项目可兑换是金融改革的必然。根据中国人民银行 2012 年发布的报告显示，我国加快资本账户开放的条件已经基本成熟，其中完全可兑换和基本可兑换的资本项目达到了 2/3。如果区分主权货币，80 多项中 1/3 已开放。

离岸市场发展和货币国际化是齐头并进的。离岸市场设立在货币发行国以外，不受货币发行国司法管辖，并且离岸市场是一种货币国际化过程中不可分割的一部分。目前，虽然存在有限的人民币离岸市场交易，如香港和其他一些亚洲市场都有人民币 NDF 交易，但是这些市场上交易的人民币远非标准的离岸货币。在人民币完全可兑换前，人民币离岸市场很难到位。如果没有发达的离岸市场，人民币不可能成为一种国际货币。

近期上海自贸区的成立，已在自贸区内审慎推动部分"资本项目下的人民币可兑换"的试点业务，试水人民币自由兑换和跨境资本流动，简化人民币资本项目可兑换手续，由核准制改为备案制，甚至可以直接登记，大大提高了便利化程度。这样可以探索面向国际的外汇管理改革试点，建立与自由贸易试验区相适应的外汇管理体制，全面实现贸易投资便利化；让企业直接以投资为目的，自由兑换人民币，方便资本跨境投融资，鼓励企业充分利用境内外两种资源、两个市场，实现跨境融资自由化；深化外债管理方式改革，促进跨境融资便利化,跨国公司总部外汇资金集中运营管理试点,促进跨国公司设立区域性或全球性资金管理中心。自贸区为进一步促进服务贸易发展和推动人民币资本项下可兑换积累经验,加速人民币自由兑换的整体进程。

7.2.3 人民币国际流通量问题

从技术层面来看,人民币国际流通量不足将成为推进人民币国际化进程中的最大难题。从国际经验来看,英国在金本位时代通过资本输出向世界各国输出了巨额的英镑;美国在布雷顿森林体系时代通过经常项目逆差向世界提供了美元流动性;日本则在20世纪80年代通过大规模跨国投资向各国提供日元资金。近年来,尽管中国对外直接投资大幅度增长,但其规模占全球的比重仍然很小,根据UNCTAD统计显示:2004年为0.74%,2005年为1.3%,2006年为1.53%。这样狭小的规模显然难以支持未来人民币国际化的需要。具体体现在双顺差与本币输出渠道缺失之间的矛盾。

国际货币输出通常有两个渠道:其一是贸易收支逆差输出,美元的输出属于这一渠道;其二是资本收支逆差输出,日元和早期德国马克的国际化便利用了这一渠道。

然而,受资本转移型经济崛起的影响,中国不具有上述两种本币输出渠道。首先,中国的贸易收支为顺差,顺差主要源自加工贸易。这是因为外资企业利用中国的加工贸易为发达国家市场提供商品供应,而加工贸易就其性质而言必然会出现顺差。以下公式反映了加工贸易的这一特性:

加工贸易收支=加工贸易出口-加工贸易进口

=(加工原材料进口+加工费)-加工原材料进口

=加工费

获得加工费是加工贸易进行的前提条件,因此上式中的加工费必然是正数,这意味着加工贸易必然出现顺差。

另外,为了保持汇率稳定,中国人民银行一直延续了买入外汇方式的市场干预。受此影响,本来应该转化为对外投资的外汇收入几乎都转化为外汇储备,这一状况抑制了资本项目下的对外投资。另外,由于对内投资超过了对外投资规模,中国长期持续了资本收支顺差格局。

基于以上两方面因素的影响，进入 21 世纪后，中国一直维持了经常收支和资本收支双顺差的格局。依据国际货币逆差输出理论进行判断，人民币国际化面临输出渠道缺失的不利条件。当前，人民币之所以大量滞留于香港地区是因为人民币决算主要发生在输出人民币的进口贸易中，而回流人民币的出口结算严重受阻。这一失衡状态主要起因于以人民币升值预期为基础的投机需求，一旦人民币升值预期消失，境外人民币数量有可能出现大幅度下降趋势。

7.3　基于国际经验的人民币国际化政策建议

货币国际化的过程实际上是不同货币之间相互竞争的过程。历史表明，在不同的时期，总有一种主导货币会作为国际交换媒介和价值储藏手段而支配其他货币（见图 7—1）。英镑在 18 世纪和 19 世纪是全球最主要的国际储备货币，但随着战后美元地位崛起，英镑让出了核心储备货币的地位。20 世纪 70 年代到 90 年代，两大新兴经济体日本和德国货币地位的提升是国际货

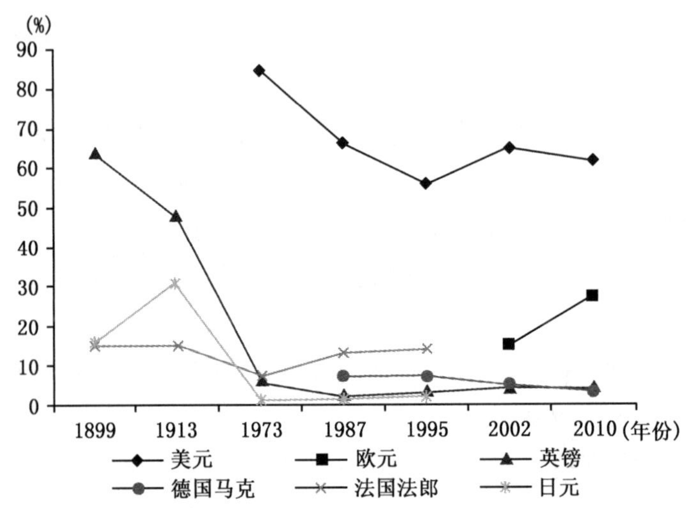

资料来源：IMF，Lindert（1969）。

图 7—1　国际货币体系的变迁：各货币占全球外汇储备比例的变化

币舞台上的又一重大变迁。金融危机爆发后美国政府负债水平大幅上升再次引发了对以美元为核心的货币体系的普遍担忧,这为提升人民币国际地位创造了机会。

7.3.1 英镑:金本位制下货币的国际化

1. 英镑国际化的发展路径

英镑是研究金本位制下货币国际化较好的案例。整个19世纪,英国经济处在全盛时期,相应地,英镑处于国际货币体系的核心地位。英镑国际化是在全球经济发展极不平衡的情况下实现的,其具体实现路径可分为两个阶段:

第一阶段,建立币值稳定的英镑体制与维持英镑的可自由兑换。随着英国生产力发展的突飞猛进,产品市场上的品种数量繁多,为稳定英镑价值,1717年牛顿为黄金定价,英国开始实行金本位制。

为进一步保持英镑币值稳定,1844年英国颁布了《银行特许法》,将钞票发行权集中在英格兰银行。为保证英镑的可自由兑换,19世纪英国同采用复本位制的欧洲大陆国家主要是法国,积极进行中央银行间的合作。通过一系列贷款和金银互换合作,提高了英镑的国际支付能力。

第二阶段,打造与欧洲国家间的自由贸易网络。英国通过适度的贸易逆差和大量的对外投资扩大英镑对国际经济和金融领域的影响力,逐步提高英镑的国际地位,促使各主要工业国纷纷向英镑靠拢。采用金本位制,导致以英镑为核心的国际金本位体系在19世纪70年代最终形成。

2. 英镑国际化的影响因素分析

第一,稳定的中央银行制度和积极的金融创新。英国最早建立了以币值稳定为核心目标的金本位制度,并且凭借英格兰银行的优越地位,运用再贴现率政策调节短期资金流动,影响国际收支,实现英镑的持续可兑换性。

第二,产品的贸易优势。一方面,英国通过技术领先控制了欧洲的工业品市场,并在欧洲各国实现工业化以后,迫使其加入以英、法为核心的自由贸易网络;另一方面,英国通过其庞大的殖民体系,控制了以加拿大、澳大利亚、新西兰为代表的多个殖民地国家,将英镑推向更为广阔的领域。

第三，持续的国际投资领导者地位。整个19世纪，英国是对外投资最活跃的国家，对外投资总量始终处于世界主导地位。之后，由于各工业国家的不断崛起，英国的垄断地位不断下降，但其在海外投资上的巨大影响力的长期保持，为英镑确立稳定的国际货币地位提供了重要保障。

7.3.2 美元：霸权国家货币的国际化

1. 美元国际化的发展路径

初步获取战后国际金融领域霸主地位。20世纪初美国开始成为全球经济大国，并出现花旗银行、摩根公司等一批金融业巨头。两次世界大战后，欧洲与日本受到战争的摧毁，而美国则通过战争加强了自身的经济实力，一跃成为首屈一指的经济大国。第二次世界大战结束时，美国的工业制成品占世界制成品的一半，对外贸易占世界贸易总额的1/3以上；国际投资急剧增长，并成为欧洲最大的债权国；持有的黄金和外汇储备约占全球的70%。无论在政治、军事还是经济领域，美国均已成为全球最有影响力的国家。

1929年全球经济危机之后，英国、美国相继放弃金本位制，国际货币体系一片混乱。1944年7月，44个国家达成布雷顿森林体系，核心在于建立以美元为中心的"双挂钩"兑换体系。之后在布雷顿森林体系安排、全球对美元需求和美元输出等措施的共同推动下，美元在20世纪50年代成为全球关键货币，与黄金共同成为世界各国主要的储备资产（见表7—2）。

表7—2　1949～1959年世界货币用黄金和美元储备情况　单位：百万美元

年份	货币用黄金				美元储备			黄金和美元储备		
	总额 A=b+c+d	美国 (b)	外国 (c)	国际机构 (d)	总额 E=f+g	外国 (f)	国际机构 (g)	美国 H=b−f	外国 I=c+f	国际机构 J=d+g
1949	35 055	24 563	9 041	1 451	8 226	6 409	1 817	18 154	15 450	3 268
1950	35 498	22 820	11 184	1 494	10 197	8 393	1 804	14 427	19 577	3 298
1951	35 664	22 873	11 261	1 530	10 173	8 271	1 902	14 602	19 532	3 432
1952	35 968	23 252	11 024	1 692	11 719	9 864	1 855	13 388	20 888	3 547
1953	36 396	22 091	12 603	1 702	12 739	10 825	1 914	11 266	23 428	3 616
1954	37 056	21 793	13 523	1 740	14 019	11 895	2 124	9 898	25 418	3 864

续表

年份	货币用黄金				美元储备			黄金和美元储备		
	总额 A=b+c+d	美国 (b)	外国 (c)	国际机构 (d)	总额 E=f+g	外国 (f)	国际机构 (g)	美国 H=b−f	外国 I=c+f	国际机构 J=d+g
1955	37 716	21 753	14 155	1 808	15 230	13 028	2 202	8 725	27 183	4 010
1956	38 246	22 058	14 496	1 692	16 433	14 590	1 843	7 468	29 086	3 535
1957	38 960	22 857	14 923	1 180	16 600	14 861	1 739	7 996	29 784	2 919
1958	39 851	20 582	17 937	1 332	17 637	15 598	2 039	4 984	33 535	3 371
1959 年 3 月	40 073	20 486	18 216	1 371	18 251	16 052	2 199	4 434	34 268	3 570
1959 年 6 月	40 332	19 746	18 677	1 909	20 055	16 776	3 279	2 970	35 453	5 188
1950～1958 年的变化	4 796	−3 981	8 896	−119	9 411	9 189	222	−13 170	18 085	103

资料来源：特里芬：《黄金与美元危机》，商务印书馆 1997 年版，第 6 页。

20 世纪 70 年代布雷顿森林体系瓦解后，美元重新确立其国际货币地位。20 世纪 80 年代，国际经济形势发生了两种转变：日本方面，经济并未受两次石油危机的影响，成功进行国内产业转型；而美国方面却出现贸易和财政双赤字。1984 年，美国对外贸易赤字高达1 600亿美元，占当年 GDP 的 3.6%。同时在里根政府的减税政策下出现了庞大的财政赤字。1985 年，美国已经由净债权大国沦落为净债务大国，对外净债务为1 114亿元。在双赤字的影响下，美国政府提高国内基准利率以期引进国外资本，但也造成美元不断升值。

由于美国及美元在新的国际经济体系中仍具有核心地位，为解决美国因美元汇率过高而导致的巨额贸易逆差问题，1985 年 9 月，美国、日本、英国、法国和联邦德国签订“广场协议”，从而开创了美元本位制下的国际协调、联合干预的新模式。

表 7—3　　主要经济指标的国际比较　　单位：亿美元

经济指标	国家	1980 年	1985 年	1986 年
名义国民生产总值	美国	26 317	40 149	42 403
	日本	10 480	13 308	19 657
	联邦德国	8 165	6 265	8 958

续表

经济指标	国家	1980 年	1985 年	1986 年
经常收支	美国	19	−1 290	−1 332
	日本	−107	559	858
	联邦德国	−159	168	395
贸易收支	美国	−255	−1 221	−1 451
	日本	21	560	928
	联邦德国	90	283	655
对外纯资产余额	美国	1 063	−1 114	−2 678
	日本	115	1 298	1 804
	联邦德国	330	580	930

资料来源：马成三：《日本对外贸易概论》，中国对外经济贸易出版社 1991 年版。

2. 对美元国际化的思考

美元国际化是继英镑之后进一步发展起来的高级形式，是在国家货币体系和国际金融体系走向成熟之后得以确立的。从美元模式和英镑模式的重大差别中能够看到，当前的国际金融市场已经相当发达，美国通过掌握国际资本市场和各种金融产品市场的话语权牢牢树立美元的霸主地位，因此其他货币短期内要通过金融扩张同美元争夺霸主地位是相当困难的。但是，这一点却坚定了这样一个信念，金融发展是货币国际化的重要前提。要想实现人民币的国际化就必须建立发达的金融市场体系，并实现金融市场的全面对外开放，扩大资本在国际金融市场影响的深度和广度。

7.3.3 德国马克：主动推进的货币国际化

回顾历史上的货币国际化案例，曾经的英镑和现在的美元的国际化之路是无法复制的。英镑的国际化是建立在拿破仑战争失败和“日不落帝国”的基础上实现的，美元的国际化是建立在两次世界大战和冷战苏联集团瓦解的基础上实现的，特定的历史环境不会重现，因此对中国的借鉴意义有限。相比之下，德国马克和日元的经验可能对人民币更具参考价值，其依靠经济规模和贸易规模的增强加快了本国货币在区域内其他国家中的使用，最终成为强势货币。表 7—4 通过 5 国货币在 SDR 中权重的变化反映了自 20 世纪 80 年代以来，德国马克和日元的国际化事实。

表 7—4 **SDR 的权重及其变化(5 国货币定值)** 单位:%

货币 \ 年份	1981～1985 年	1986～1990 年	1991～1995 年	1996～2000 年
美元	42	42	40	39
德国马克	19	19	21	21
日元	13	15	17	18
法国法郎	13	12	11	11
英镑	13	12	11	11

资料来源:《世界经济年鉴》各相关年份数据。

1. 德国马克国际化的发展阶段

20 世纪 70 年代,布雷顿森林体系瓦解、美元信誉受损为德国马克崛起创造了机会。德国马克的国际化大体经历了以下三个阶段:

20 世纪 50 年代:起步阶段。经过战后经济的恢复,德国对外贸易规模不断扩大,于 20 世纪 50 年代开始逐步放松外汇管制、实行马克的自由兑换。1954 年 9 月,德国废止了限制马克自由兑换的“封锁马克账户”,设立自由资本马克账户,放宽了对非居民在德国投资的限制,迈开了德国马克国际化的第一步。

20 世纪 60 年代:快速发展阶段。冷战格局下,为寻求政治独立和经济发展,德国、法国、意大利等国家组建欧洲共同体,借助于不断扩大的共同体市场,德国经济高速增长、对外贸易迅速发展,马克在区域经济中扮演着越来越重要的地位。

20 世纪 70～90 年代:成功实现国际化阶段。面对布雷顿森林体系崩溃、石油危机和世界经济危机的多重冲击,德国始终保持低通胀率,而同期日元、美元通胀率均超过了 6%;对外方面,马克表现出稳步的升值势头,其国际地位空前提高。如表 7—5 所示。

表 7—5 **6 国通货膨胀率的比较** 单位:%

年份 \ 国家	美国	英国	日本	法国	瑞士	德国
1970～1974	6.1	9.6	10.7	7.7	7.1	5.6
1975～1979	8.1	15.7	7.5	10.2	2.9	4.2

续表

年份＼国家	美国	英国	日本	法国	瑞士	德国
1980～1984	7.5	9.6	3.9	11.2	4.4	4.5
1985～1989	3.6	5.3	1.2	3.6	2.1	1.3
各年平均	6.3	10.0	5.8	8.1	4.1	3.9

资料来源：World Economic Outlook；殷醒民：《从德国马克的国际化过程看金融稳定的基础》，《世界经济文汇》，1998 年第 1 期。

同时，在欧洲货币一体化进程中，德国马克依靠自身稳定的币值成为欧洲货币重要价值的基础。欧元开始流通以来，马克就退出了流动领域。马克的消亡表明德国通过近半个世纪的努力，成功借助地区经济、金融合作，将马克演化为欧元。从这个意义上来说，马克成功实现了国际化。

2. 德国马克国际化的原因解读

德国马克国际化一方面源于第二次世界大战后 50 年间德国经济增长速度大体保持在 4%～5%区间内，这种增长态势使德国经济稳步跻身于世界经济强国（见图 7－2）。与同时期英国与美国相反，德国的出口依存度高于进口依存度，出口竞争力的提高使马克具有对英镑与美元升值的条件，为德国马克国际化创造了良好的对外条件。

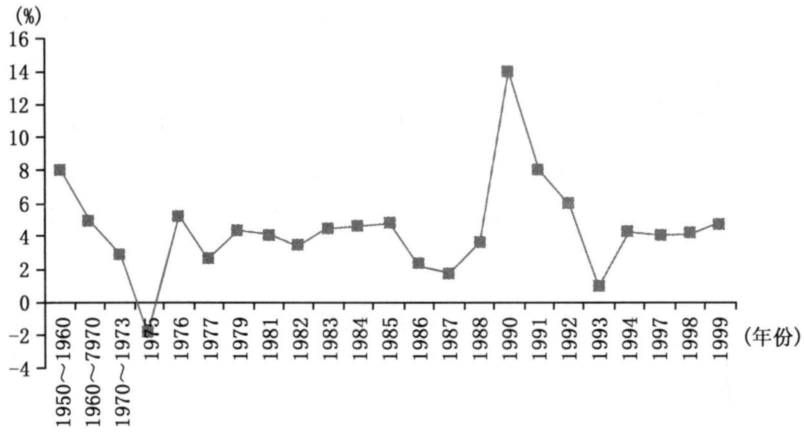

资料来源：《世界经济年鉴》各相关年份数据。

图 7－2　德国国内生产总值年平均增长速度

另一方面，由于德国政府在应对升值压力时，较早主动地对汇率进行了调整，其主动渐进升值过程避免了汇率的大幅波动。在固定汇率时期，德国分别于 1961 年和 1969 年对马克汇率主动做出调整。1971 年德国实行浮动汇率后由于布雷顿森林体系下汇率失衡的积累，马克开始不断升值。1973～1979 年，马克累计升值幅度达 44％左右，1980～1985 年，成功连续贬值 5 年，从而缓冲了之后的升值高潮。

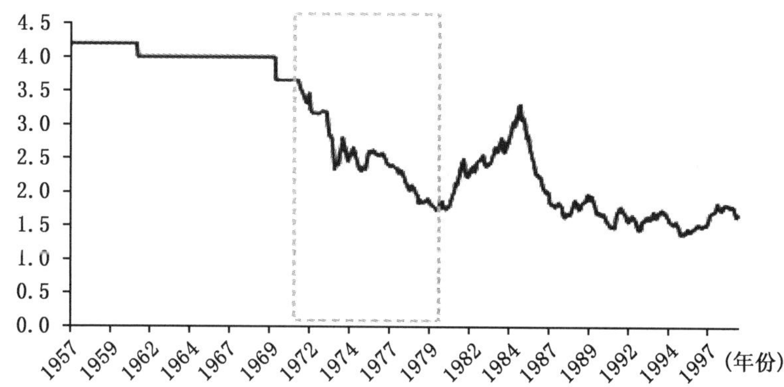

资料来源：CEIC。

图 7—3　德国马克历史汇率（DEM/USD）

3. 德国马克国际化对我国的启示

（1）注重国内金融与国际金融的协调

伴随着金融国际化进程，国际金融活动与各国国内金融活动之间有着密切关系（见图 7—4）。

上述错综复杂的关系，对任何一国的金融过程都是存在的，要求 A 国与 B 国之间的政策要协调；世界银行、IMF（国际货币基金组织）、EC（欧洲货币局）、BIS（国际清算银行）等对各国政策可能产生的冲突予以协调。德国在推动马克国际化时选择与法国一起引领欧洲一体化，一方面建立欧洲联盟和统一市场，另一方面推行货币一体化，使新诞生的欧元一度成为能与美元抗衡的最主要货币。

（2）金融开放的顺序不容忽视

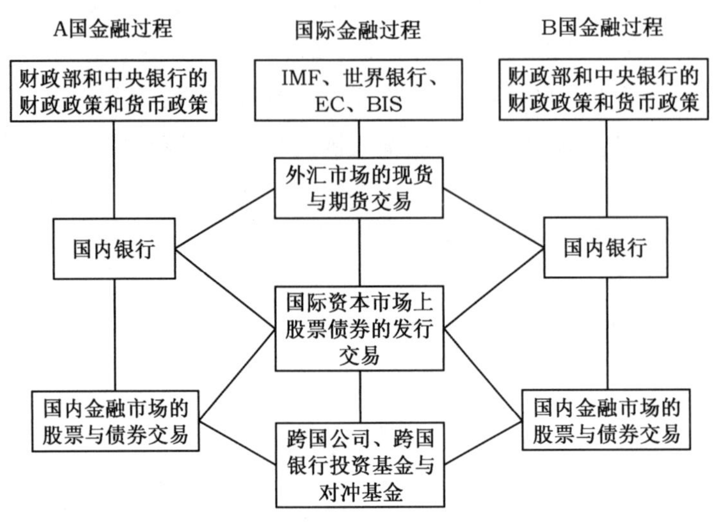

图 7—4　国际金融活动与各国金融活动的关系

就德国而言，20 世纪 60 年代末到 80 年代初央行采取了控制资本流动的措施，同时注重推动国内金融市场改革，至 1967 年已完全放开了利率管制。另一方面，面对大规模贸易顺差，德国政府在允许马克升值的同时更加注重保持较低的通胀水平，促使德国企业实现产业链升级以及保持竞争力。而对资本流入的管制也帮助德国抵御大量“热钱”带来的冲击。至 20 世纪 80 年代中期，德国金融市场已相当发达，德国央行越来越难以控制市场对马克资产的需求，因此，德国最终取消了在全球市场上发行马克债券的限制。

综上，马克国际化的经验表明，我国要充分认识到国际合作的重要性，积极参与国际政策协调，把握亚太经合组织等机构为各国政策沟通提供的交流机会。另外，德国将金融改革（如利率市场化）放在优先位置，在此之后很长时间才开放资本账户并显著推动了马克的国际化进程，先国内金融改革后开放资本账户不失为一项明智的选择。

7.3.4　日元：消极被动的货币国际化

1.“被动式”日元国际化战略

日元国际化的进程始于20世纪70年代初日元兑美元升值开始，到20世纪80年代初已经基本实现了40%的对外贸易采用日元结算。1980年日本开始放松资本自由流动的管制，并且附加了严格的前提以及审查条件，直至1984年才取消外汇换为日元的限制。1987年按照国际货币基金组织的统计，日元在国际货币储备中的占比达到7%。但直至1986年东京的离岸市场与在岸金融市场仍完全分离，严格限制离岸和在岸市场的转账以及限定离岸市场中的贷款不能用于为日本国内项目融资。日元实现真正意义上的完全可兑换是在20世纪90年代日本经济失去吸引力之后。自此之后，由于经济泡沫的崩溃及长期经济停滞的影响，日本的平均经济增长速度在1%左右，很多时候都是负增长。这种经济的低迷使得日本经济全球化和金融国际化严重受挫，日元国际化出现了停滞和倒退局面。

日本政府采取被动式"日元国际化"战略。20世纪80年代中期之前，日本政府担心外国人大量持有日元可能会削弱其对货币供应的控制力、增大汇率波动，以及货币需求增加会导致日元进一步升值、损害日本企业的出口竞争力，因此对货币国际化的态度不积极。20世纪80年代中期开始的金融自由化和日元国际化过程中，有两股力量发挥着决定作用：一股是美国政府要求日本政府开放国内金融市场的压力；另一股是"广场协议"后日元升值的压力。为使国内金融、资本市场免受国际压力的影响，日本政府推行"日元国际化"的各种努力都是在确保不影响国内金融秩序的前提下展开的。

2. 日元国际化的成功与最终失败

从日元国际化经验中可以看到，一方面实现贸易货币的进程可能非常迅速；另一方面改革的先后顺序至关重要。接下来分别进行具体分析。

首先，日元实现贸易货币功能的程度可以用日本出口贸易中日元结算的比例来衡量。结果表明，日元结束固定汇率并对美元大幅升值的最初10年内，日元就完成了其贸易货币的功能。日本出口贸易中日元结算的比例从20世纪70年代初的约为0增加到80年代初的40%。

从20世纪70年代初到90年代初，日元兑美元汇率在20年内持续升值，可以划分为两个阶段。第一个阶段即前10年是日元作为贸易货币地位的提升，这一阶段日元在日本出口贸易中作为结算货币的使用比例显著提升，同

1980年 开始实施外汇与贸易管理法案；
建立资本自由流动原则，除非特别有所限制；
但是，这一法案包含一系列关于实施该法案的特别要求：如建立大量外汇管理制度和提前通知条款等。

1984年 日元—美元委员会认可金融自由化的重要作用，并提出日元国际化项目的计划；
外汇换为日元的限制被取消；
日本居民可以向非本国居民借出或借入日元；
放松日元债券的发放限制，允许外国机构发放日元债券和日本机构在海外发行日元债券。

1985年 扩大合格的外国人发放日元债券的范围；
取消对于外国人持有的海外日元债券的利息征税；
允许外国银行参与海外日元债券市场的交易。

1986年 在东京开立离岸市场，用来提升日元的国际化和吸引海外银行业来到日本；
离岸银行不受存款准备金率和其他限制，可以接受外国人的日元存款；
但是，日元离岸市场与在岸市场完全分离，以保证在岸市场银行管制的有效性。

1996～1999年 开始实施为期多年的日元国际化项目，被称为“大爆炸”。在该项目中，所有的剩余资本管制、证券投资和出借，以及本地居民在外国银行存款等限制都被取消，实现了日本金融体系的自由化。最终，外国人持有的国库券利息税也于1999年被取消。

图 7—5　日元国际化进程

时对应着美元结算功能的下降；第二个阶段伴随着日元的进一步升值，尽管日本出口中使用日元结算的比例没有进一步提升，但日元占全球外汇储备的比例继续上升，日元开始体现出储备货币的属性。

其次，尽管日本经济和贸易的崛起促进了日元国际化，但日本放开国内金融市场的进程十分缓慢，尤其是在放开利率管制方面，选择了“双轨制”。20 世纪 80 年代，日本仍然对国内利率实行较为复杂的管制，而从 80 年代中期实行的利率市场化实质是在整体利率结构仍受管制的背景下放开一些特定金融工具（如大额存单）的利率。日本利率至 1993～1994 年才完全放开。尽管日本推动了日元的贸易计价和结算，并发展了离岸市场，但较为封闭且

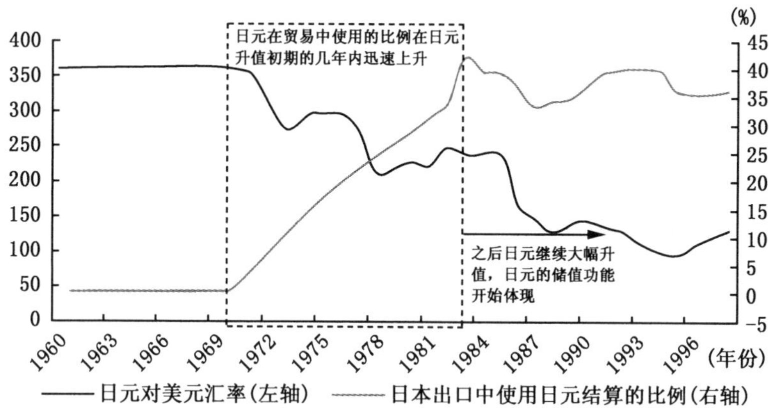

资料来源:BIS。

图 7—6　日元国际化的两个阶段

受到管制的国内金融市场制约了日元在国际贸易和投资中的使用,日元在全球外汇储备中的比重从未超过 1991 年达到的 9%的峰值水平。

20 世纪 80 年代,日本开始放开资本账户,资本流出基本放开,但对资本流入的限制仍然保留。直至 1996 年,日本经济泡沫破灭多年、金融体系坏账累累之后,日本政府才宣布了一揽子金融改革方案,然而此时经济基本面已经恶化,金融改革错失良机,无法推动日元国际化。

总之,日本曾经通过鼓励国际贸易结算使用日元,以及通过境外直接投资和境外贷款优惠利率等方式大量输出日元,推动了日元的国际化进程,这些方法是成功的。但是由于泡沫经济以及国内金融市场放开不及时,导致日元的国际化程度停滞不前,根本无法撼动美元作为国际货币的霸主地位。日元国际化的经验表明,第一,考虑到中国的贸易地位和人民币升值态势,只要相关国家政策或国际环境不出现大幅转向,人民币作为贸易货币地位将大幅提升;第二,在允许一些金融工具利率浮动的同时原有的利率管制基本不变,在发展离岸日元市场的同时保留对国内资本市场管制的“双轨制”策略不具备可行性,这样的改革顺序并不成功。

7.3.5 各国货币国际化经验总结

不论英镑、美元以强大经济基础作保证的货币国际化，还是德国马克、日元赶超中心国家的货币国际化，均满足以下条件：首先，该货币发行国制度上要允许该货币对外自由兑换，不论是有限自由还是完全自由；其次，经济体要有雄厚的经济和政治的综合实力作保证，其中包括经济规模和前景、金融市场深度和广度、与其他经济的联系紧密程度、政治影响力和政权稳定性；最后，这种货币的购买力必须相对稳定。

表 7—6　　各国货币国际化条件的满足程度

	美元	欧元	日元	人民币	英镑	澳元
经济规模大	★★★	★★★	★★	★★	★	★
在国际贸易与金融中发挥重大作用	★★★	★★★	★★	★★	★	★
金融市场深度国际化	★★★	★★★	★★	★	★★★	★★
货币可保值（通胀稳定和汇率稳定或处于升值中）	★★	★★★	★★★	★★★	★	★★★
外部性（其他人都在用，所以也用）	★★★	★★	★	★	★★	★

注：★★★：强；★★：中；★：弱。

7.3.6 人民币国际化路径选择

人民币国际化是循序渐进的过程。目前，世界政治经济格局发生着深刻的变化，特别是在国际金融形势动荡的今天，人民币国际化成为国际社会比较关心的问题。但是，人民币走向国际化并非刚刚开始。随着中国与周边国家和地区货币互换协议的签署以及中国内地与中国香港 CEPA 的实施，人民币国际化就已经开始了。

1. 人民币国际化的“三步走”策略

目前，尽管人民币并非完全可兑换，但是周边许多国家和地区都开始接受人民币，部分国家甚至将人民币作为储备货币。很多国家和地区都对人民币充满信心，因为人民币在过去 10 年中，包括亚洲金融危机爆发期间，都一直保持稳定，这增加了境外人民币持有者的信心。这种信心，不仅是来自人民币一直以来稳定的表现，而且根植于中国改革开放 30 多年来持续、快速、健康的发展历程。国内外普遍看好中国的发展前景，而持有人民币就相当于掌握了一种有利可图的资产。这些都是人民币国际化进一步推进的有利条件。

但是，人民币国际化的道路还很长。中国国内金融市场的深度、金融创新的广度、金融基础设施和法律制度的完善程度，甚至金融人才的充裕程度都与发达国家有很大差距，不是能够一蹴而就的。基于此，我们提出人民币国际化的"三步走"策略(见表 7—7)。

表 7—7　　人民币国际化路径展望

步骤	国际化阶段	职能	地域	自由化程度和核心战略
周边化	初级阶段	计价、贸易结算	主要是与中国边贸往来密切的周边国家和地区	人民币自由化程度低；扩大人民币跨境贸易结算范围
区域化	中级阶段	计价、结算、投资	超越国境在一定地理区域内流通，如亚洲范围内	自由化程度提高；提高货币自由兑换程度，增加境外人民币兑换点，建立人民币离岸金融市场，发行境外人民币计价证券
国际化	高级阶段	计价、结算、投资、储备	被世界多数国家认可与接受，或者在全球多个地理区域内流通	绝大部分资本项目已经开放；具有成熟的资本市场和外汇市场，具有完善的金融监管体系

"第一步"：人民币周边化。

人民币在国际化进程中的第一步，即充当区域贸易结算货币方面，已取得实质性的突破。《金融业发展和改革"十二五"规划》明确表示要做好跨境贸易人民币结算工作，扩大跨境直接投资人民币结算业务，支持境内银行业金融机构开展境外项目人民币贷款业务，逐步开展个人人民币跨境结算业务。截至 2013 年 3 月，中国已经与俄罗斯、蒙古、越南等 8 国签订了自主选择双边货币结算的协议，与港澳地区、东盟国家实行人民币结算试点。

2013 年第 1 季度人民币结算的对外贸易占中国对外贸易总额的 16.4%，

预计5年内该比率能够突破32%，届时，人民币将成为仅次于美元和欧元的全球第三大贸易结算货币，人民币的交易媒介职能国际化将取得显著进展。

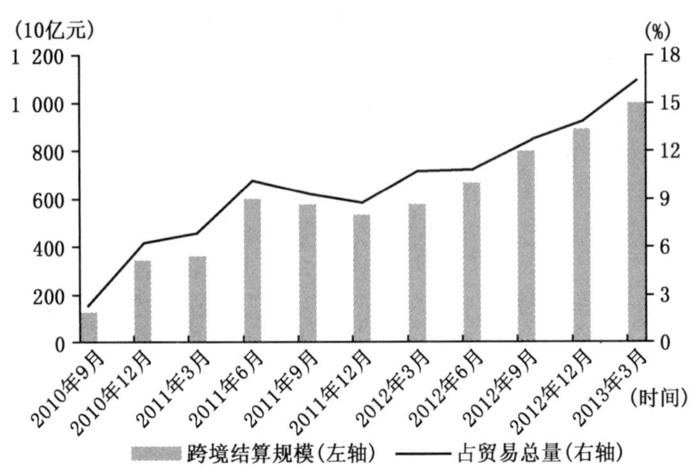

资料来源：CEIC。

图7—7　人民币跨境贸易结算规模和占比

“第二步”：人民币区域化。

人民币区域化是指在人民币国际化过程中，人民币越出中国国境，在一个较大的地理区域内行使国际货币的职能，及其在该区域内被逐渐认可的过程。除经济因素外，人民币区域过程中的周边因素也很重要，如中国树立的区域内负责任大国的良好形象；与区域内国家具有共同利益和政治互信；具有强大的军事、文化等综合实力支撑；能积极参与区域内事务并承担部分义务等。可以说，人民币区域化是建立在周边化基础上的、对我国综合实力更高要求的国际化阶段。可以考虑从建立周边地区的多边自由贸易区，即关税同盟开始，并将人民币作为区域内主要计值和结算货币之一。2003年中国—东盟自由贸易区成立以来，我国已建立了10余个自由贸易区。其中，周边地区建立的自由贸易区包括内地与港澳地区更紧密的经贸关系安排、中国—东盟自由贸易区、中国—巴基斯坦自由贸易区等。在此基础上，要建立更多的自由贸易区，由点连片。

“第三步”：人民币国际化。

金融危机使得当前国际货币体系的矛盾更加明显地暴露出来,欧元陷入债务危机的泥潭,美国将长期处于去杠杆化过程中,而日本仍将处于高收入陷阱中。中心货币国家经济的疲软为人民币国际化发展提供了难得的空间和契机。

人民币作为国际货币,必然要求我国具有更加雄厚的经济基础、完善发达的金融市场和体系完善的金融监管法规、优秀的金融人才、发达的离岸市场、通畅的人民币回流渠道、稳定的人民币币值以及市场化的人民币汇率机制等。

2. 人民币国际化的制度安排

由于制度调整的“棘轮效应”,人民币国际化的推进会暴露出国内金融体系不健全以及其他制度改革的必要性,从而倒逼其他改革,改善国内金融抑制的情况,最终促成中国建立起一个健全而市场化的现代金融体系。人民币国际化是一个系统工程,其中涉及多项改革,可以考虑中国应首先增大汇率弹性、完善货币政策框架、发展金融市场,而完全开放资本账户需谨慎。

(1)汇率制度改革:稳步推进

汇率是反映国际收支的重要变量,同时也是调节国际收支的重要工具。合理的汇率水平对于国际收支调节和防范国际金融风险具有重要作用。

第一,汇率形成机制改进:我国汇率制度是“有管理的浮动制度”。具体来说,即人民币汇率形成的基础是银行间市场的做市商制度:每个交易日开盘前,中国外汇交易中心根据各商业银行的报价,去掉最高和最低价后加权计算并调整,给出当天主要货币对人民币中间价,该交易日内人民币对美元的成交价不超过该中间价的一定区间。2012 年 4 月的调整扩大了该区间,从 −0.5%~+0.5%提高到了−1%~+1%,汇价的最大日振幅也从 1%提高到了 2%。这表明汇率形成过程中,市场的力量在发挥越来越大的作用。从 2005 年汇改到 2008 年应对金融危机采用盯住美元策略,然后 2010 年危机过后汇率再次放开,直到 2012 年 4 月加大日汇率波幅和结售汇制度改革,政府的日常干预有所减少,未来汇率形成机制将更加透明。

第二,外汇管理制度:从“藏汇于国”向“藏汇于民”转变。“藏汇于国”政策的代表“强制结售汇”是改革开放后“出口创汇”的目标和外汇资产短期情况下的产物。从20世纪90年代起，随着汇率并轨、经常项目可兑换以及外汇储备的快速增长，政府通过一系列措施放松了强制结售汇：逐步提高企业和个人的外汇留存比率，增加持汇限额，放宽结售汇审核，放松直至放开结售汇的强制性。随着强制结售汇正式退出历史舞台，政府给予银行在外汇市场上更大的操作空间，非银行私人部门能够保留更多的外汇，这能够降低外汇占款的增长速度，以及官方外汇储备的积累速度。外汇管理制度从"藏汇于国"向"藏汇于民"转变，不仅为资本账户自由化打下了基础，而且能够很大程度上促进国内私人部门的海外投资，解决海外投资品种单一、收益率低下的问题。

（2）利率市场化改革：继续推进

表7—8　利率市场化的改革历程

时　间	政　策
1996年6月	中国人民银行放开了银行间同业拆借利率
1997年6月	放开银行间债券回购利率
1998年	中国人民银行改革了贴现利率生成机制；小企业贷款利率的浮动幅度由10%提高到20%；农村信用社贷款利率的最高上浮幅度从40%变为50%
1999年	对于保险公司3 000万元以及5年期以上的大额定期存款利率，由保险公司和商业银行双方协商决定；10月，国债发行开始采用市场招标形式
2000年	放开外币的贷款利率以及300万美元（含300万）以上的外币存款利率
2002年3月	中国人民银行统一了中外资金融机构外币利率管理政策，实现中外资金融机构在外币利率政策上的平等待遇
2003年	不再根据企业的所有制性质和规模分别确定贷款利率的浮动区间，扩大金融机构贷款利率的浮动区间；7月，放开了英镑、瑞士法郎和加拿大元的外币小额存款利率管理，由商业银行自主确定；11月，对美元、日元、港币、欧元小额存款利率实行上限管理
2004年1月	中国人民银行再次扩大金融机构贷款利率浮动区间。商业银行、城市信用社贷款利率浮动区间扩大到0.9%～1.7%，农村信用社贷款利率浮动区间扩大到0.9%～2%
2004年10月	基本取消了金融机构人民币贷款的浮动上限
2007年1月	上海银行间同业拆借利率（SHIBOR）开始运行

续表

时　间	政　策
2012年6月8日	人民币贷款利率下限放开至基准利率的80%;存款利率上限放开至基准利率的1.1倍
2012年7月6日	人民币贷款利率下限放开至基准利率的70%

目前利率市场化的改革还没有彻底完成,同时金融工具还不够丰富,不能提供足够的产品去对冲金融风险,金融市场的广度和深度有待提升。预计未来改革的方向和力度不会改变,重点在于发展债券市场,以及形成有充分弹性的市场基准利率。

(3)资本账户开放:循序渐进

在汇率改革逐步推进的支撑下,中国的资本账户会随着人民币国际化的推进而逐步自由化。

专栏:中国人民银行关于资本账户开放的讨论

2012年2月,中国人民银行课题组在其官方网站上发布了一份研究报告,呼吁加速推进资本账户开放。报告认为:(1)若要等待利率市场化、汇率自由化或者人民币国际化条件完全成熟,资本账户开放可能永远也找不到合适的时机,可能最宝贵的战略机遇期已经失去;(2)过分强调前提条件,容易使渐进模式异化为消极、静止的模式,从而延误改革的时机;(3)资本账户开放与其"前提条件"并不是简单的先后关系,在很大程度上是可以互相促进的。

中国人民银行认为,如果在现阶段开放资本账户,风险基本可控,因为:(1)商业银行的资产负债绝大部分以本币计价,货币错配风险不大;(2)外汇储备资产以债券为主,市场价格波动不会影响外汇资产的本息支付;(3)短期外债余额占比较低;(4)房地产市场和资本市场风险基本可控。

同时,中国人民银行提出了未来几年开放资本账户的建议时间表(见表7—9)。

表 7—9　　中国人民银行的资本账户开放时间表

	将开放的主要领域	目　的	原　因
1～3 年	有真实交易背景的直接投资	鼓励企业进行海外投资	直接投资受经济波动的影响较小，当放松管制时，往往会更稳定，带来的风险较小
3～5 年	有真实贸易背景的商业信贷	促进人民币国际化	有真实贸易背景的商业信贷往往与经常账户密切相关，稳定性较强且风险相对较小。随着中国企业在国际贸易、投资、生产及金融活动中逐步取得主导权，商业信贷管制也应逐步放开
5～10 年	先开放流入、后开放流出，依次审慎开放不动产、股票及债券交易	基本实现资本账户可兑换	不动产、股票和债券交易与实体经济需求有一定联系，但往往难以区分投资性需求和投机性需求。一般原则是，按照市场完善程度“先高后低”，依次开放房地产、股票和债券市场

综上，未来开放资本账户的总体安排将以渐进式为主，并遵循先实体后虚拟、先机构后个人的原则，以降低短期资本流动过于频繁的冲击。